JN154604

実践
CVC
戦略策定から
設立・投資評価まで

KPMG FAS【編】

CORPORATE
VENTURE CAPITAL

中央経済社

はじめに

「CVC」―また流行りの英語三文字の経営専門用語か，と感じた読者の方もおられるだろう。CVC は Corporate Venture Capital の略称であり，日本語では「事業会社によるスタートアップ投資」と訳される。米国では60年近い歴史があり，すでに定着した投資手法の１つとなっている。一方，日本で CVC が本格化したのはここ５年間のことであり，これが投資手法として定着するか否かは，まさに今後の日本企業の取り組み次第である。

日本でもオープンイノベーションという言葉が浸透してきたが，外部経営資源を取り込むことでイノベーションを実現しようとする日本企業は加速度的に増加している。CVC を採用する日本企業も100社を超え，いよいよ大企業によるスタートアップ投資が活発化してきた。筆者は大企業と，イノベーションの尖兵であるスタートアップ企業が融合するための“触媒”の役割を CVC が果たすようになると確信している。

しかしながら，本書で紹介した企業やこれまで筆者らが CVC 設立を支援した企業をみても，イノベーションを起こすには，CVC といった仕組みの構築に加えて、人が大切であると感じる。変化に対して失敗を恐れずこうした取り組みを自主的に行うことのできる社員，そしてそうした社員を会社のアセットとして全力でサポートするトップによるコミットメントが最も重要である。

多くの日本企業が，失敗や変化を恐れることなく，まずは行動を起こし，そこから学んでいくプロセスを繰り返すことによって，日本社会全体にスタートアップ企業との連携，協業，支援の仕組みが当たり前になる日が来れば，日本がもっと面白くなる日が来るのもそう遠くはないであろう。日本に CVC が定着すれば，その際は，大企業とスタートアップ企業の融合による様々なイノベーションが日本のあらゆる領域で実現することが期待される。本書がその一助になることを願っている。

最後に，貴重な CVC の最先端事例としてインタビューにご協力いただいたニコン様，オムロン様，朝日新聞社様，富士通様，テックアクセルベンチャーズ様に心より御礼を申し上げたい。ご紹介事例は，各社のご関係者の皆様がゼロから作り上げてきた工夫，努力，苦労の結晶であり，各社にとっての貴重なノウハウであるにもかかわらず，日本におけるイノベーションの活性化になればと，いずれの企業様も掲載に快くご賛同いただいた。CVCを展開している日本企業の具体的な最先端事例は大変有用であり，本書において最も有益な章となった。また，執筆メンバーの乱文と執筆の遅延についても辛抱強く見守って下さり，適宜助言を提供下さった中央経済社の坂部秀治取締役，奥田真史次長には，この場を借りて改めて御礼申し上げる。

なお，本文中，意見に係る部分は筆者らの個人的見解であり，筆者らが所属する会社や会社グループとしての見解ではないことを念のため付言させていただく。

2018年９月

KPMG FAS　執行役員パートナー
岡本　准
KPMG FAS　執行役員パートナー
岩崎　拓弥

CONTENTS

第1章

CVC活発化の背景

1-1　外部環境の変化とベンチャーの台頭

［1］ デジタライゼーションとベンチャーの台頭

デジタル化がもたらした企業の付加価値の源泉をめぐる変化

事業会社によるスタートアップ投資はこれまでも行われてきた。ではなぜ，大企業によるスタートアップ投資が特に最近になって注目されてきたのであろうか。その要因として，デジタル技術を武器として競争環境に変化をもたらすスタートアップ企業が近年急増している点が挙げられる。

図表１－１は，2009年から2018年にかけて時価総額が10億ドル以上になったユニコーンベンチャーと呼ばれる未上場のスタートアップ企業を表している。一見してわかるように，ユニコーンベンチャーの企業数はここ数年で爆発的に増加しており，またこれらの企業の積上げ時価総額は，2018年７月時点で，お

図表１－１　ユニコーン（時価総額が10億ドル以上の未公開企業）の隆盛

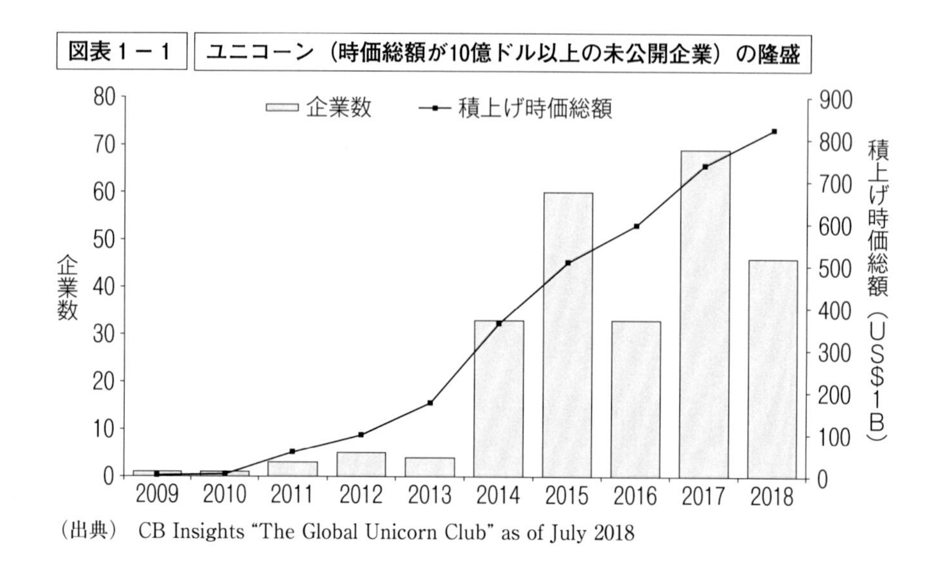

（出典） CB Insights "The Global Unicorn Club" as of July 2018

よそ8,200億ドルに達している。資本市場の影響で若干の変動は予想されるものの，未上場のスタートアップ企業から一定数のユニコーンベンチャーが誕生する潮流は今後も続いていくことが予想され，スタートアップ企業といえどもそれが市場に与えるインパクトは無視できない状況となってきた。

では，なぜスタートアップ企業の事業価値が大きく評価され，ベンチャーキャピタルやクラウドファンディングといった新たな資金提供者，そして本書の主題であるCVCファンドを通じた大企業からの資金が集まり始めたのであろうか。これには，デジタル化の進展を受けて企業の付加価値に変化が起きていることに加え，デジタル技術を用いたビジネスアイデア化するために必要な事業デバイスコストが低下したことで，事業化のハードルが下がったことが影響している。ベンチャー企業は，この２つの潮流を革新的なアイデアを用いてスピーディーに融合し，デジタル技術という武器をもって競争環境に破壊的イノベーションをもたらすことにより，市場におけるプレゼンスを急速に高めている。

インターネットやスマートフォンの急速な普及などを背景にした社会全体へのデジタル化の波が，企業の付加価値の源泉，つまり，儲けの源泉に変革を起こしている。成功を収めているスタートアップ企業は，この変革の流れをビジネスチャンスと捉えて事業化を成し遂げている。**図表１－２**は，先進国におけ

図表１－２　デジタル化による付加価値の源泉の変化

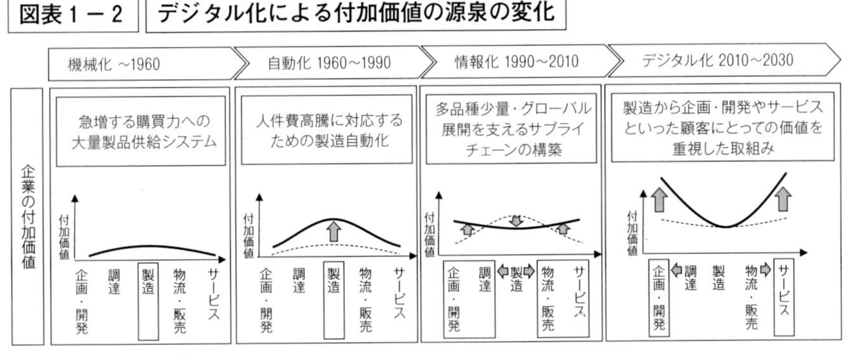

（出典）　KPMG分析

る企業の付加価値の源泉がどのようにシフトしてきたかを示している。1990年頃までは，所得水準の上昇による消費者の物質的欲求を満たすために，モノを大量にそして安く作るといった製造機能が企業の付加価値の最も大きな源泉であった。

こうした付加価値の源泉は，1990年を境に製造機能から企画・開発，調達，物流・販売，サービスといった川上と川下双方の領域へとシフトし始めた。そのような動きが起こった１つの要因は，グローバリズムの進展である。企業のグローバル化が加速し，それを支えるサプライチェーンの構築，および各市場にあわせたマーケティングや販売・サービス体制の確立が利益創出の鍵を握るようになったのだ。

さらに，社会の成熟化とともに消費者のニーズも高度化し始め，そこにインターネット，携帯電話，スマートフォンなど，通信技術の革新的な発展が加わった。i-mode など携帯電話のアプリサービスや，ケータイやインターネット上でのネットゲーム，また Amazon や楽天を始めとする E-commerce 企業など新たなビジネスモデルで事業を展開する企業が台頭し始めたのも1990年以降であった。

デバイスコストの低下によるデジタル化の進展

特に最近10年は，低価格や簡便性を実現する破壊的技術をもって，顧客体験価値をより重視した取り組みを行う企業が増加している。Facebook や Instagram など，ソーシャルネットワークという新しいコミュニケーションの形態を生み出した企業はその代表例である。また，民泊という新しいビジネスを生み出した Airbnb や，タクシー業者からの配車のみならず，一般人が空き時間に個人で所有する自家用車を使ったモビリティの仕組みを構築した Uber といったスタートアップ企業は，まさに市場に破壊的イノベーションをもたらしている。

ベンチャー企業が破壊的技術を用いたイノベーションを起こしやすくなったもう１つの大きな要因として，デジタル技術を用いたビジネスアイデアの事業

図表１－３　主要構成部品の価格低下

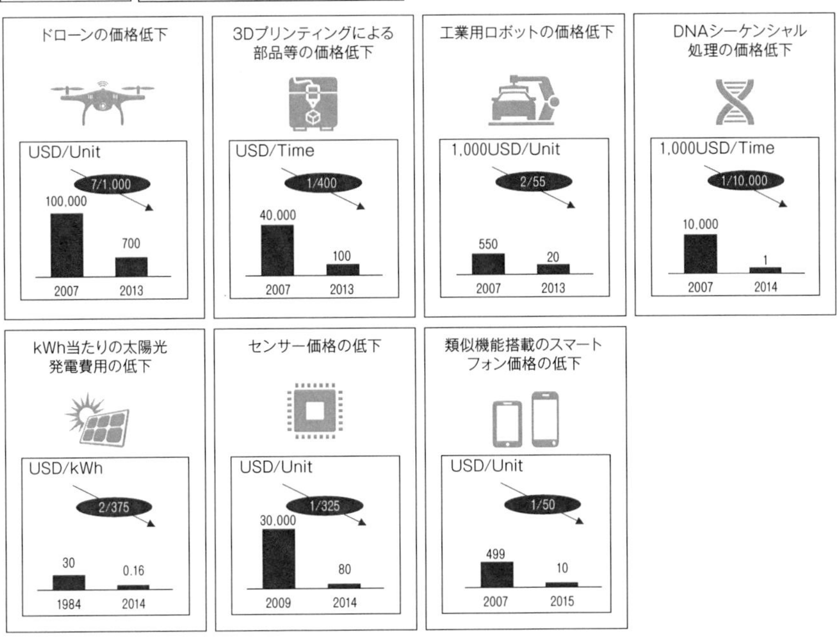

（出典）World Economic Forum White Paper Digital Transformation of Industries
KPMGにて翻訳

化に必要なデバイスコストが低下したことも挙げられる。**図表１－３**が表すように，センサー，３Ｄプリンター，ドローンなどの主要構成部品の価格は，この約10年の間に著しく低下した。これは，スタートアップ企業にとっての事業化に向けたハードルが，10年前より低くなっていることを意味している。例えば，コマツが出資している米国を拠点としたベンチャー企業のSkycatch社は，自社開発した全自動ドローンを利用した建設現場の測量や点検，データ解析ツールの提供，といった最新のハードウェアとソフトウェアを融合したスマートコントラクション事業を展開し，ドローン測量の市場を牽引している。

あらゆる業界がデジタライゼーションに対応する必要がある

今後ますますInternet-of-Things（IoT）技術やArtificial Intelligence（AI）

／コグニティブコンピューティングの発展によるデータ分析技術の活用が加速することが予想される。また，ロボティックスやVirtual Reality（VR）／Augmented Reality（AR），3Dプリンティングといった将来有望な技術の開発も日進月歩で発展をみせている。あらゆる業界の企業がこうしたテクノロジーを自社の製品やサービスに活用しようと試みており，顧客に新たな価値を提供するために，破壊的技術が及ぼす変化にいかにして対応するかが問われている。

[2] スタートアップ企業台頭の脅威

破壊的技術に対する備えは万全か？

昨今のデジタル化の進展を受けて，社会，経済の構造が劇的に変化している。こうした流れをビジネスチャンスと捉え，破壊的技術を武器に成功を収めているスタートアップ企業が台頭している一方で，大企業の多くはこうした変化に対応する体制を整備できていないことが懸念される。

2016年1月，KPMGインターナショナルは，破壊的技術が主要企業の組織や顧客に与える影響について理解を深めるべく，16ヵ国のメディア，通信，テクノロジー産業に属する1,740名のエグゼクティブ（各産業から580名ずつ）を対象として，各産業における破壊的技術の採用動向に関する調査を実施した。

新聞，映画，テレビ番組といったコンテンツ供給型の伝統的なビジネスからの転換が求められているメディア業界。コモディティ化した回線提供者となることを回避しつつ，ますますデジタル化し，拡大するネットワークを高速・安全かつ信頼性のあるインフラとして提供し続ける使命を負う通信産業。そして，元来イノベーターであり，既存の破壊的技術の多くが彼らによりもたらされたものであったが，今度は彼ら自身を新たな破壊的技術が凌駕しつつあるテクノロジー産業。ビジネスモデルの異なる産業のエグゼクティブがビジネスや組織に対する破壊的技術の影響をどのようにとらえているか，また，その影響に対してどのような備えをしているかを知るうえで，示唆に富んだ調査結果となっ

図表１－４　破壊的技術に対する考え方と対応準備への意識

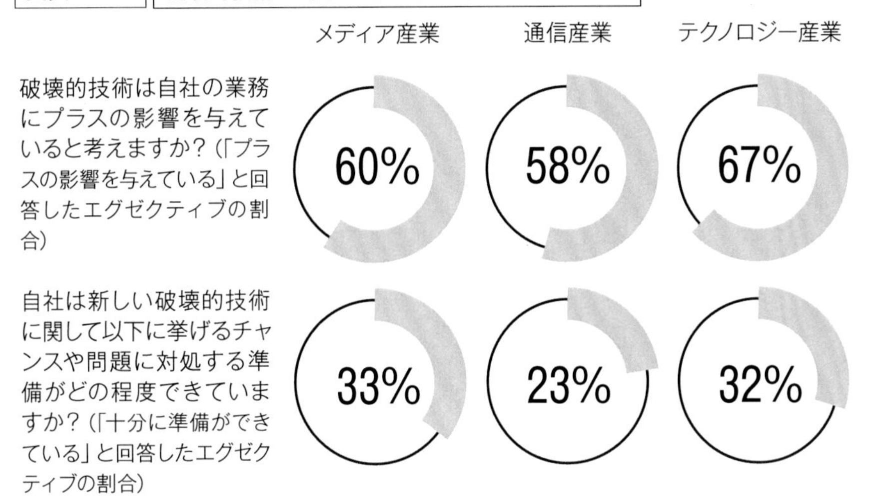

調査対象：メディア，通信，テクノロジー企業の経営・IT 意思決定者1,740名（各産業から580名ずつ）。
（出典） KPMG からの委託により Forrestor Consulting 社が2016年１月に実施した調査

た。

図表１－４が示すように，対象企業の約３分の２以上のリーダーが，破壊的技術は自社または業界にプラスの影響をもたらしていると回答した。その具体的な影響として，破壊的技術を背景とした新市場への参入機会，新規顧客との関わり方などから生まれる新たな収益モデル構築のチャンス，また，ビジネスの生産性と品質の向上，そして全体的なコスト削減の促進といったことが挙げられた。

しかしながら，破壊的技術がもたらすチャンスについては，どの企業も非常に楽観的である一方で，テクノロジーに関する戦略的な展望について十分に準備ができていると答えたエグゼクティブは，全体の３分の１以下にとどまった。これは，破壊的技術がもたらすビジネスチャンスに対する企業の考え方と，変化に対応するための実際の準備にズレが生じているという興味深い結果である。

例えば，**図表１－５**は，テクノロジー業界の企業を対象に，自社の組織のど

図表１－５　破壊的技術をめぐるチャンスや問題に対する備え

「自社は，新しい破壊的技術に関して以下に挙げるチャンスや問題に対処する準備がどの程度できていますか？（「十分に準備ができている」と回答したテクノロジー企業のエグゼクティブの割合）

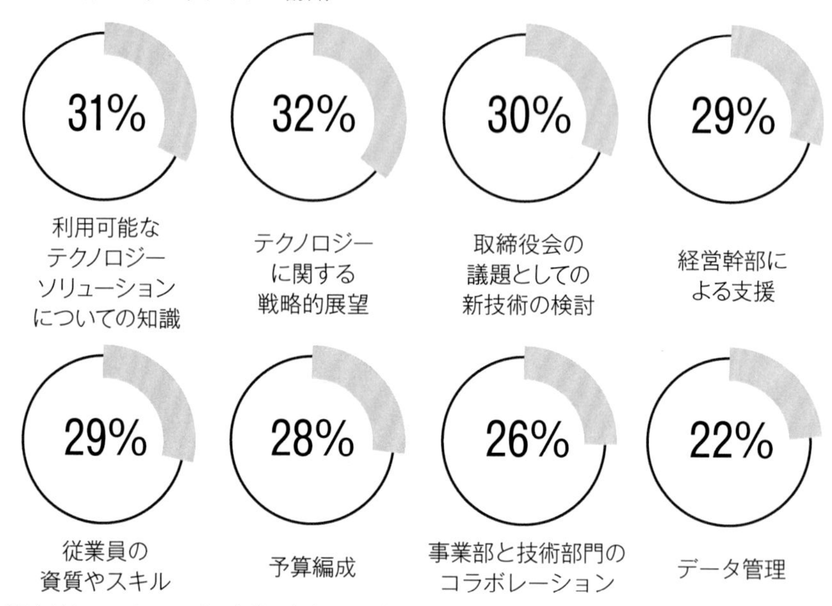

調査対象：テクノロジー企業の経営・IT 意思決定者580名。
（出典）　KPMG からの委託により Forrestor Consulting 社が2016年１月に実施した調査

のような領域で準備ができている，もしくはできていない，と感じているのかを調査した際の回答である。デジタル化に最も敏感そうなテクノロジー業界であっても，すべての項目で「十分に準備ができている」と回答した企業は３分の１未満であり，これは他の調査対象業界の回答結果とさほど変わらないという，こちらも興味深い結果であった。

破壊的技術が自社にビジネスチャンスをもたらすと考えるのであれば，他社にも同様のチャンスがあると考えられるはずである。破壊的技術に対する準備ができていないということは，要は，競争環境の変化が引き起こす悪影響に対しても準備ができていないといえる。

図表１－６　破壊的技術が与えている悪影響の原因

破壊的技術が自社の業績に与えている悪影響の原因はなんですか？

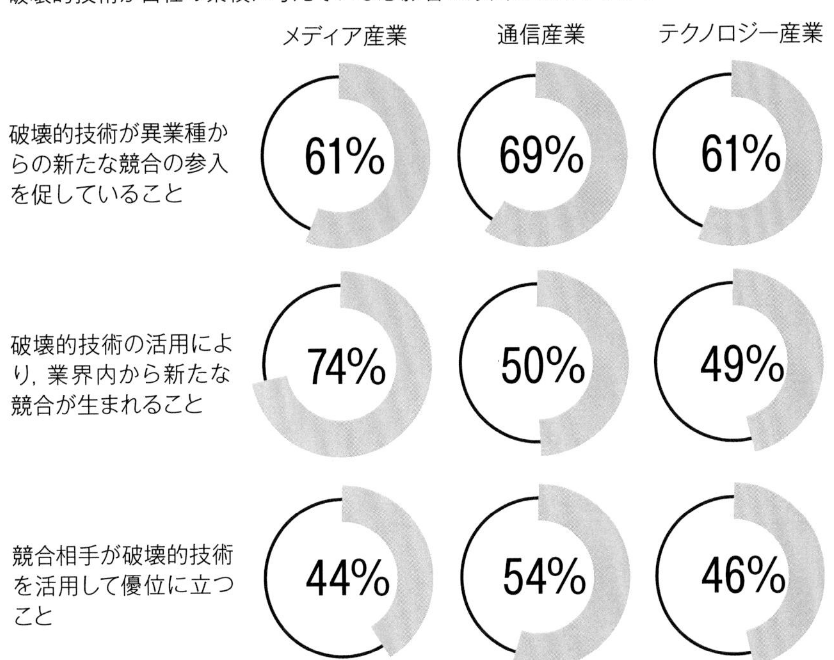

（注）当てはまるすべてを選択。調査対象は破壊的技術が自社に「多少の影響を与えている」，または「重大に悪影響を与えている」と回答した企業の経営・IT 意思決定者（テクノロジー企業99名，通信72名，メディア84名）。
（出典）KPMG からの委託により Forrestor Consulting 社が2016年１月に実施した調査

破壊的技術が現時点で自社に「多少の悪影響を与えている」，または「重大な悪影響を与えている」と回答した企業の経営・IT 意思決定者が挙げたその主要な原因が**図表１－６**である。これらの回答結果は，破壊的技術によって企業に対する競争圧力が今まさに高まっていることを示すものであった。

特に，自動運転技術を武器に自動車業界へ参入した Google，SNS のプラットフォームを武器に広告ビジネスへと展開した Facebook など，新興企業による既存事業への新規参入のニュースは日々取り上げられており，スタートアップ企業による異業種への参入は，既存のプレーヤーにとって脅威の１つとなっている。破壊的技術に対する備えができていない企業は，まさに今後こうした競争変革の波に飲まれ，最悪の場合，自社の属する業界の様相が一変した際に，成すすべなく淘汰されてしまうかもしれない。

破壊的技術を取り込む手段としてのコーポレートベンチャリング

破壊的技術によってもたらされる環境変化に対応するためには，それが組織に与える影響を理解するとともに，企業戦略の一部として破壊的技術への投資を組み込み，最終的に組織自らを変革する取り組みを進めることが重要である。こうした取り組みを実行している企業が1つの手段として用いているのがコーポレートベンチャリングである。第2章にて詳細を述べるが，コーポレートベンチャリングとは，スタートアップ企業の買収やCVCを通じた複数のスタートアップ企業に対する出資といった投資を伴う手法と，インキュベーションプログラム，アクセラレータプログラム，業務・技術提供といった必ずしも投資を伴わない手法を含む。次節では，コーポレートベンチャリングの成り立ちと歴史を概観し，加えて，米国と日本における投資を伴う手法としての買収やCVCを通じた出資のトレンドを近年のデータをもとに深堀する。

1-2 企業戦略におけるコーポレートベンチャリングの歴史と位置づけ

[1] コーポレートベンチャリングの成立と変遷

なぜ生まれ続けているのか？

コーポレートベンチャリングは，1960年代に米国企業が事業を多角化する手法として取り入れたのが始まりである。現在は，多角化の手段というよりは，業界構造に影響を与える可能性のある技術，つまり前述の破壊的技術を持つスタートアップ企業を自社に取り込む手段として進化を遂げている。

図表1－7　米国におけるコーポレートベンチャリング／CVCの成り立ち

	1960年代半ば～1973年	1980年代初期～1987年	1990年代半ば～2003年	2011年～2016年
米国の歴史	第一次ブーム/Stage 1	第二次ブーム/Stage 2	第三次ブーム/Stage 3	第四次ブーム/Stage 4
CVCの主目的	•周辺事業への進出を企図した事業の多角化	•ハイテク，製薬を中心とした新技術の自社への取り込み	•Eコマース等の通信·IT技術の自社への取り込み	•IoTやAI等の自社にとっての破壊的技術に対する目利きと自社への取り込み
傾向と背景	•事業会社による多角化ニーズの高まりや，VCの投資成功事例がブームを牽引 •IPO市場の停滞によりブームが収束	•年金基金がVCに流入した結果，ベンチャー投資市場が活性化。それに，事業会社も追従 •1987年以降の景気後退によりブームが収束	•ベンチャーのインターネット技術を取り込むために，事業会社の投資が活性化 •2001年のITバブル崩壊によりブームが収束	•リーマンショック後の景気回復，およびIoTサービスの発展により投資が活性化 →CVCが手法として拡大
主要CVC（例）	•インフラ·エネルギー業界 —Boeing —Dow —Exxon	•ハイテク業界 —HP •製薬業界 —Johnson&Johnson	•IT業界 —Google, Dell, Intel •通信·メーカー —LucentTechnologies —GE	•第三次ブームにおいて設立されたCVCが更に活性化 •金融（FinTech） —WellsFargo

（出典）Corporate Strategy Board "Corporate Venture Capital Executive Inquiry・May 2000", Business Strategy Review "Riding the Next Wave of Corporate Venture Capital, May-2011" KPMGにて翻訳

1960年代当初，すでに事業が成熟していた米国企業にとっては，周辺事業へいかに多角化していくかが経営課題であり，その方法の1つとして早くから，スタートアップ企業との連携・提携が始まり，第一次コーポレートベンチャリングブームが起こった。例えばExxonやDowなどのインフラ・エネルギー業界の企業が主要なプレーヤーであった。

この頃の米国では，ベンチャーキャピタル（VC）がすでに登場し，ベンチャー投資の成功事例がブームを牽引するきっかけの1つにもなった。1980年代に入ると，第二次ブームとして，Hewlett-Packard（HP）やJohnson & Johnsonといった企業によって，ハイテクや製薬などの技術の取り込みを目的としたスタートアップとのコーポレートベンチャリングが盛んに行われた。

最も活況を見せたのが，ITバブルともいわれた1990年代半ばから2000年代はじめに起こった第三次ブームである。第三次ブームは，IT技術やインターネット技術など，デジタル・通信技術の革命がその背景にあった。大企業側は，

こうしたデジタル・通信の新技術が自社や業界全体に大きな影響を与えるのではないかという予測に基づいて，これらの技術を保有し，当該技術を用いてビジネスを行うスタートアップ企業を積極的に自社に取り込んでいった。さらに，その時期に現れたGoogleやDellといった新興企業も，ブームの中で得た潤沢な資金を数多くの他のスタートアップ企業への出資や買収につぎこんでいった。

そして，現在がまさに第四次ブームの最中である。第三次ブームとの違いは，既存のデジタル技術の取り込みのみならず，将来自社に何らかのビジネスチャンスをもたらす技術やビジネスモデル，また，デジタル化によって引き起こされる競争環境や業界構造の変化に備えるための技術や，ビジネスモデルを取り込むことを目的としてスタートアップ投資を行う，というようにその目的が変化している点である。加えて，本書の主題であるCVC子会社やCVCファンドを活用した投資手法が拡大し始めたのも，第四次ブームの特徴である。

[2] スタートアップ投資市場の歴史に関する日米の違い

確立された米国市場と成長加速の動きを見せる日本市場

次に，コーポレートベンチャリング発祥の地である米国と日本を比較し，ベンチャー投資市場の遍歴にどのような違いがあるのかを見てみよう。**図表1－8－1**と**図表1－8－2**は，2006年以降の日米のスタートアップ企業に対する出資額をVCによるもの（買収も含む。以下「VC出資」という）と一般企業によるもの（企業による直接出資とCVC子会社による出資・買収を含む。以下「CVC出資」という）とに区分したものである。なお，日本でCVC出資が注目され始めたのが最近であるためか，図表1－8－2についてはデータの網羅性が十分ではないものの，日本の事業会社や事業会社系VCによるCVC出資（以下「国内事業会社CVC投資」という）の増加トレンドを把握したり米国と比較したりするうえでは支障がないため，当該データを参照している。

まず圧倒的に異なるのは，スタートアップ企業への投資金額である。米国では，第三次ブーム後もスタートアップ企業に対する出資は継続し，リーマン

図表1−8−1　米国におけるVC・CVCによる投資金額の推移（2004年−2016年）

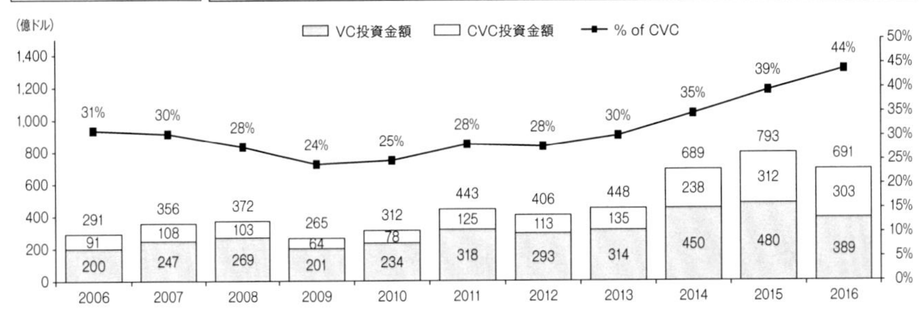

（出典）　一般財団法人ベンチャーエンタープライズセンター「ベンチャー白書2016」ベンチャーニュース特別版

図表1−8−2　日本の事業会社によるCVC投資金額の推移（2006年−2016年）

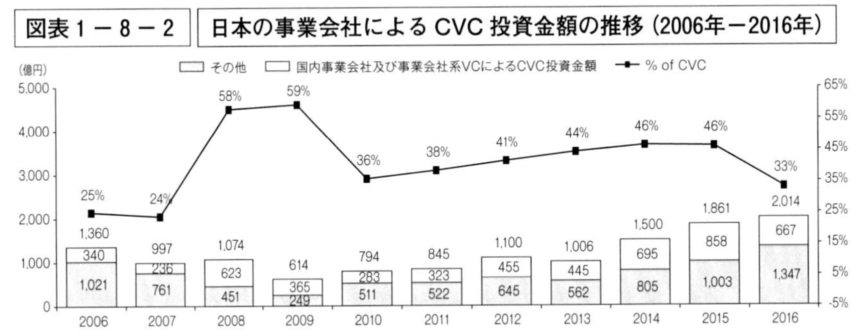

（出典）　JVR　Japan Venture Research Report 2016年

※　未公開ベンチャー企業資金調達の状況。上記投資金額は，投資家が判明している投資金額の積み上げで算出。また，グラフおよび図内「その他」は，JVRが定義する投資家タイプの，「金融機関」，「事業法人 海外」，「VC海外」，「VCその他」，「VC大学系」，「VC金融系」，「VC独立系」，「その他」を含む。

ショックのあおりを受けてCVCによる投資件数が若干減少した2009年でさえも，VC・CVC投資金額は約265億ドルとなっている。以降，2016年までの年平均成長率は約15％と着実に増加し，2016年には691億ドルという，巨大市場を形成するまでに成長している。

一方，日本におけるスタートアップ投資金額は，2016年に2,000億円を突破したが，その市場規模は米国の数パーセントにも満たない。この大きな差異の要因の1つとして，ベンチャーエコシステムの構築が挙げられる。米国では，シリコンバレーを中心に，VCやCVCなどから出資を受けてスタートアップ企業が事業化を加速させ，有望企業へと成長を遂げた暁には，創業者は事業を，投資家は持ち分を，IPOやM&Aを通じて売却した後，そこで得られた資金を新たな事業の立ち上げや，新たなスタートアップ企業への投資に振り向ける一連の仕組みがある。こうしたベンチャーエコシステムが，米国内のみならず世界中のVCやCVCなどの投資家を魅了している。

日本においては，米国のようなベンチャーエコシステムやグローバルな資金流入の仕組みの構築は道半ばといった状況ではあるものの，特にここ数年でその動きが加速している。2011年から2016年にかけての日本におけるスタートアップ投資金額の年平均成長率は19%と米国の9.3%を上回っており，この点は注目に値する。

日米ともに存在感を増すCVC投資

CVC出資にフォーカスしてみると，米国では，ITバブル（2000年当時）の際，当時登場した新興IT・テクノロジー企業に加え，IT技術による業界構造の変化を予見し，一般企業が技術の取り込みを企図してIT系のスタートアップ投資やM&Aを開始した。また，当時米国の金利が低かったことも大企業によるスタートアップ投資を後押した。結果として，2000年には，スタートアップ投資金額に占めるCVC出資の比率は急上昇した。

2001年頃のITバブル崩壊の影響を受けて，第三次スタートアップ投資ブーム終了後もCVC出資は企業の技術獲得手段として定着し，CVC出資の比率は25%を超える比率で推移した。リーマンショックの影響もあり，2009年に若干の落ち込みは見せたものの，2010年以降は景気回復の影響に加えてスマートフォンの急速な普及，インターネットの高速化と大容量化，それに伴うクラウドやIoT関連技術の進歩といった技術革新を背景に，こうした破壊的技術を用いたスタートアップ企業が台頭し，CVC出資比率は再び上昇に転じている。2016年のCVC投資金額は303億ドルであり，これは同年の米国におけるスタートアップ投資金額の44%を占めている。

一方，日本におけるCVC出資は，投資金額では米国に見劣りするものの，2010年以降は着実に増加傾向にある。この頃，NTTドコモ・ベンチャーズや，サイバーエージェントといったデジタル技術を牽引する通信系／IT系企業がスタートアップ投資を活性化させた。また，2010年を境に，オムロン，ダイワハウス，三井不動産といった多様な業界からCVC出資が展開された。2010年から2016年の国内事業会社によるCVC投資金額の年平均成長率は15.4%であり，また，CVC比率も30%超で安定的に推移している【注】。国内事業会社や事業会社系VCによるこの5，6年でのCVC投資金額の成長率の伸びや，全体のスタートアップ投資に占める比率の安定性は，CVC出資を通じたイノベーション機運が高まってきていることの証左であり，望ましい傾向といえる。

【注】 データを参照している，JVRのレポートによると，2016年の資金調達額トップ3であったセブン・ドリーマーズ・ラボラトリーズ株式会社（60億円），プラスワン・マーケティング株式会社（54億円），C Channel株式会社に参加する投資家がレポート発行時点では明らかでなかったため，3社の総額である183億円は，2016年のデータとして含まれていないとのことである。その後，パナソニック，ダイワハウス，TBSテレビなどの国内事業会社が上記の出資者の一部であることが開示されており，仮にこれら3社を含めた場合には，出資額が比較的大きいこともあり，国内事業会社や事業会社系VCによるCVC投資金額の成長率や，全体のスタートアップ投資に占める比率が変動する可能性がある点にご留意いただきたい。

1-3 米国および日本におけるCVCの最近のトレンド

[1] 投資件数と投資額の推移―米国と日本のVC/CVCの比較

米国におけるCVC出資の成長スピード

続いて，日米の1件当たりCVC出資額の推移を，2011年から2016年に焦点を当てて見てみよう。**図表１－９－１**は，2011年から2016年にかけての米国におけるVC出資およびCVC出資の金額と件数，また１件当たりの投資金額を表したものである。

米国におけるVC出資は，金額・件数とも変動幅が類似しているため，結果として１件当たりの投資金額も４～５億ドルで推移している。一方で，CVC出資の投資総額はVC出資ほどではないものの，特に金額の成長率が高いことからCVC出資の１件当たり投資金額は大きく増加している。

１つの要因として，Intel Capital，Comcast Ventures，GE Venturesといった，スタートアップ投資が先行していたテクノロジーやヘルスルケア業界に加え，新たに，Campbell Soup CompanyやKellogg Companyといった食品系業界，また，AirbusやJetBlueといった航空・運輸業界など，CVCファンドの設立などを通じたCVC出資が様々な業界に広まったことが挙げられる。また，前項で触れたベンチャーエコシステムの中の重要なプレーヤーとして，GV（旧Google Venture）やSalesforceVenturesといった新興企業が，巨額な

図表１－９－１　**米国におけるVC・CVC出資／M&Aの推移**

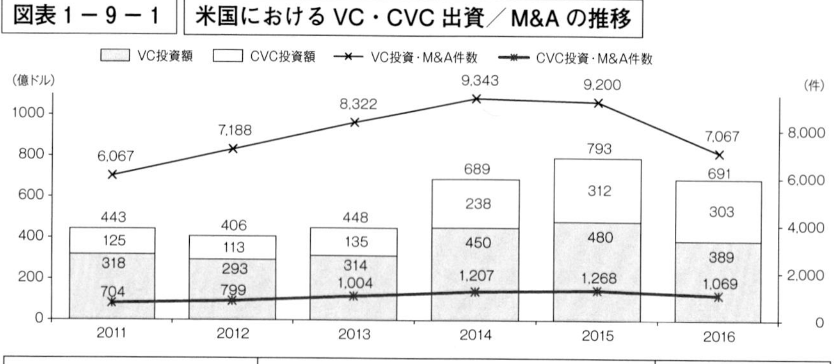

	１件当たりの投資金額（億ドル）						CAGR（11-16）	
	2011	2012	2013	2014	2015	2016	金額	件数
VC投資	5	5	4	4	5	5	4.1%	3.1%
CVC投資	14	18	14	13	20	25	19.3%	8.7%

（出典）　一般財団法人ベンチャーエンタープライズセンター「ベンチャー白書2017」

資金を循環させることで，米国におけるスタートアップ投資を活性化させている。

加えて，世界中の投資家も米国のスタートアップ企業に対する投資機会をうかがっており，特に，事業が軌道に乗り，持続的なキャッシュフローを生み出しているレイタースステージのスタートアップ企業を投資対象とする投資機会は過熱しており，近年，ややバブルの様相を帯びている。**図表1－9－2**は，2011年から2016年にかけて米国におけるステージ別の1件当たりVC・CVC投資金額の推移を表したものである。この図表からも，投資金額の高騰は，レイターステージ企業への投資が主な要因であることがうかがえる。また，上述のとおり，VCの1件当たり投資金額がここ数年ほとんど変動してない状況の中で，近年のレイターステージ企業に対する出資金額の高騰は，主にCVC出資によるものと推察される。

図表1－9－2　米国におけるVC・CVC投資先ステージ別1件当たりの投資金額の推移

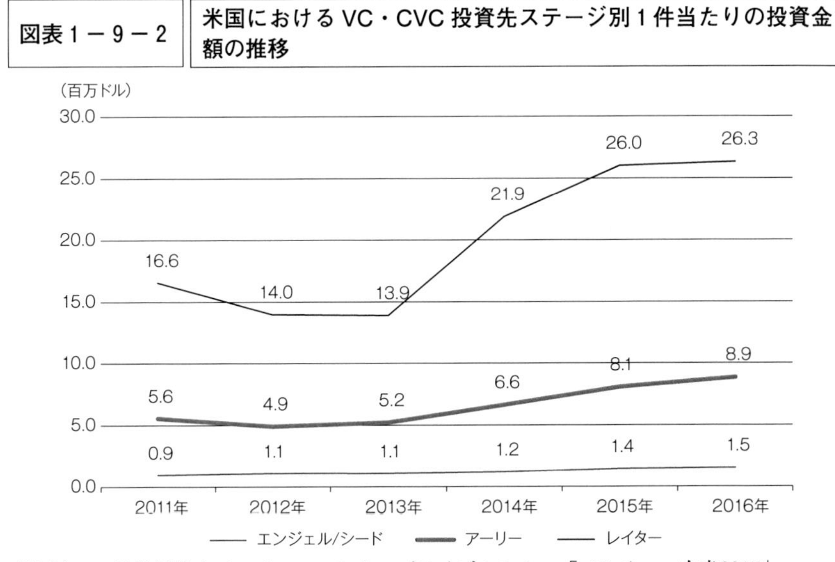

（出典）一般財団法人ベンチャーエンタープライズセンター「ベンチャー白書2017」

日本の国内事業会社および事業会社系 VC による CVC 出資の規模感

日本では，ここ数年でスタートアップ投資は増加をみせてはいるものの，投資件数や市場規模が大きくないことから，各年の VC 出資と CVC 出資の１件当たり投資額は，その年に起こった大型案件の影響を受けやすい。したがって，日本は，主に国内事業会社による CVC 投資の１件当たり投資額の規模感を把握することに留めたい。

図表１－10－１が示すように，2011年から2016年にかけての日本の国内事業会社による１件当たりの CVC 出資額は約1.2億円から1.7億円ほどと，相対的

図表１－10－１　**日本におけるスタートアップ投資金額および国内事業会社による CVC 投資金額の推移（2011年－2016年）**

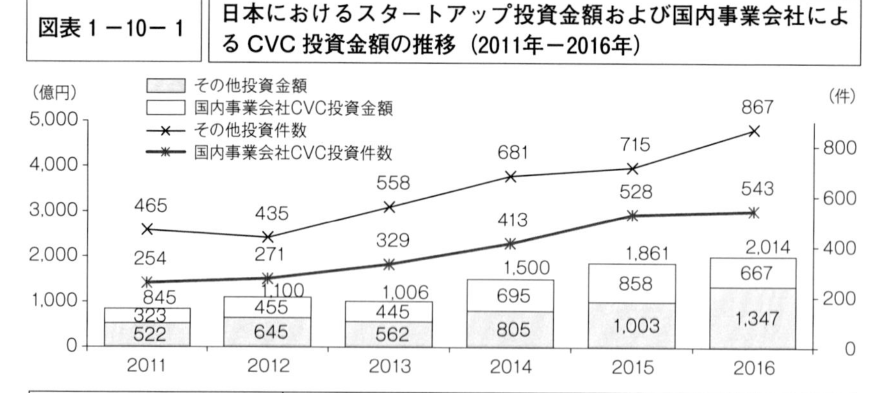

	１件当たりの投資金額（百万円）						CAGR（11-16）	
	2011	2012	2013	2014	2015	2016	金額	件数
国内事業会社 CVC 投資	127	168	135	168	163	123	15.6%	16.4%
その他投資	112	148	101	118	140	155	20.9%	13.3%

（出典） JVR Japan Venture Research Report 2016年

※ 未公開ベンチャー企業資金調達の状況。上記投資金額は，投資家が判明している投資金額の積み上げで算出。グラフおよび図内「その他投資」は，JVR が定義する投資家タイプの，「金融機関」，「事業法人海外」，「VC 海外」，「VC その他」，「VC 大学系」，「VC 金融系」，「VC 独立系」，「その他」を含む。

にVC出資よりも若干大きい。これは米国と同様に，CVC出資は一般的に自社の事業と関連した成果（戦略リターン）の享受を目的としているがゆえに，想定するシナジー効果もバリュエーションに織り込んだうえで出資価格を提示することができるためと考えられる。**図表１－10－２**は，業種別に細分化した国内事業会社に国内事業会社系VCを加えた，投資家の類型ごとのスタートアップに対する平均投資金額を表したものである。

日本のCVC投資で特徴的なのが，商社の存在である。2016年の投資家類型別投資を見ると，商社によるスタートアップ投資金額と投資件数は，いずれも国内事業会社のスタートアップ投資全体の10％にも満たないものの，１件当たりの平均投資金額は約4.3億円と，IT系関連やバイオ関連事業会社の平均値を

図表１－10－２　国内事業会社および国内事業会社系VCの類型ごとのスタートアップ投資金額の平均値

（単位：百万円）

投資家の類型	2011年	2012年	2013年	2014年	2015年	2016年
国内事業会社	154	239	165	195	194	139
商社	81	504	198	246	229	433
金融・不動産	57	0	86	83	52	214
IT関連	104	365	246	218	228	150
バイオ関連	235	284	230	221	98	143
専門サービス	213	130	105	187	184	113
専門サービス（ベンチャー支援）	8	23	64	34	4	40
エネルギー関連	700	0	60	425	0	6
その他	26	0	0	39	29	72
国内事業会社系VC	43	57	69	75	92	110

（出典）　JVR　Japan Venture Research Report 2016年
※　未公開ベンチャー企業資金調達の状況。上記投資金額の平均値は，業種別投資家１社の増資ラウンド参加時における投資金額を平均した値。

上回っていた。商社の中でスタートアップ投資に最も積極的な三井物産は，2016年にフリマアプリサービスを展開するメルカリ，IoT 向けの MVNO サービスを提供するソラコムにそれぞれ出資している。商社は，その資金力や営業ネットワーク，また事業運営・展開のノウハウなど，商社ならではの強みを生かすことができるレイターステージのスタートアップ企業に対する出資を好むことから，平均投資金額が他の事業会社タイプよりも高い傾向になるものと考えられる。

更に注目すべきは，「その他」のタイプに含まれる投資家の CVC 投資である。「その他」の業種による投資は，金額と件数ともに，国内事業会社系 CVC 投資の約３分の１を占めており，IT 関連の事業会社による投資に次ぐ規模となっている。また，この比率はこの数年継続しており，その１件当たりの平均投資金額も約１億円から２億円と，他の業界と比べても見劣りしない金額である。これは，IT，バイオ関連の企業，また商社に限らず，様々な業種の事業会社が相応の額の資金を投資していることを示している。これらの国内事業会社 CVC を含めて，日本における VC 出資や CVC 出資がどのようなセクターやステージのスタートアップを対象にしているかは，「１－２［４］国内ベンチャー投資の状況」で詳しく述べる。

［２］ ベンチャー投資における投資セクターの分布 —米国と日本の比較

投資セクターの動向は？

それでは，どのような技術領域にベンチャー投資が行われているかを，最近の分布データをもとに見ていこう。なお，**図表１－11**の日本のデータは，VC・CVC 出資先の業界別ではなく，2016年に資金調達したスタートアップを業種別に示すとともに調達金額をもとに構成割合を示しているもの（件数比較については調達した金額が不明な企業も含む）であるが，投資先の業界動向や米国との比較のうえでは支障がないため，当該データを参照している。

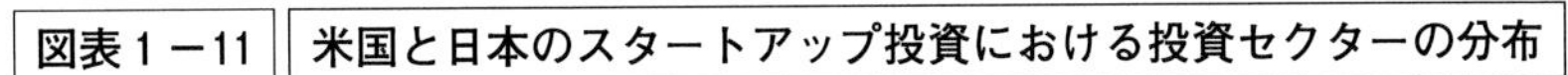
図表1－11　米国と日本のスタートアップ投資における投資セクターの分布

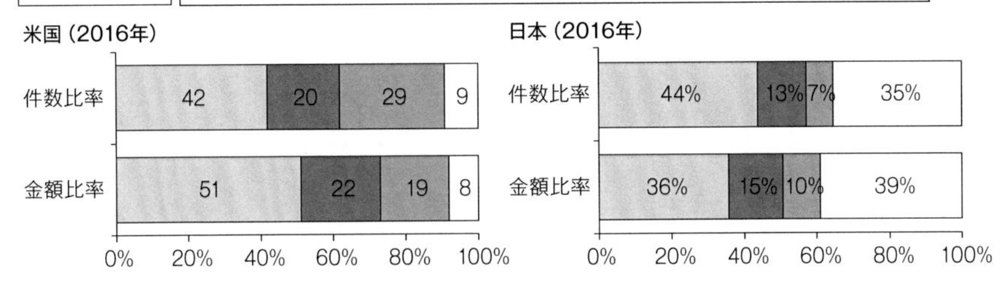

（出典）　一般財団法人ベンチャーエンタープライズセンター「ベンチャー白書2017」
　　　　JVR　Japan Venture Research Report 2016年
※　未公開ベンチャー企業資金調達の状況。上記件数比および金額比率は，業種別の資金調達会社数と（調達した金額が不明な企業も含む）調達金額をもとにそれぞれ算出。

図表1－11が示すように，米国の2016年におけるCVC出資は，IT関連が件数・金額ともに約半数を占めている。中でも直近は，AIやVR/ARへの投資が高い伸びを見せており，Microsoft VenturesによるAIファンドの立ち上げや，Amazon，Intel Capital，映画関連の企業などがVR/AR領域の投資を活性化させている。IT関連に次いで，バイオ／医療／ヘルスケア関連の2016年における投資が件数ベースで約20%，金額ベースで約22%を占めている。これは，医薬品／バイオ関連企業のIPOが好調であったことが背景にある。2016年における39件のIPOのうち，実に17件が医薬品／バイオ関連企業であった。

一方で，日本における投資領域のトレンドは米国とは若干異なる。2016年は，IT関連が件数・金額ともに多くを占めている点は米国と同じであるが，製品／サービス関連も約3分の1を占めている。これは，2016年に，メルカリ，Inagora，C Channelといった消費者向けサービスを提供するスタートアップ企業に対する出資が多く見られたためである。

IT関連の投資に関しては，Fintech，IoT，AI，ロボティクスなどの領域に対する投資が増加している。また，Connected CarやConnected Homeなどの IoTやデータ分析を含む複合的なデジタル技術を用いた技術・サービス領域への投資も増えている。また，バイオ／医療／ヘルスケア関連では，IPS細胞といった教育機関発の研究開発型スタートアップ企業に対する投資も増加する兆候が見られる。

[3] 国内ベンチャー投資の状況

どのステージのスタートアップ企業に出資しているか？

本章の最後に，日本でどのようなステージのスタートアップ企業にVC出資やCVC出資が行われているかを見てみたい。**図表1－12**は，2016年に一般財団法人ベンチャーエンタープライズセンターが国内のVCおよびCVCを対象に実施した，国内向け投資先のステージ別動向調査である（スタートアップ企業ステージの定義については第2章を参照）。傾向として，ミドル／レイター企業から，シード／アーリー企業へと対象がシフトしている。

最近は，ミドル／レイター企業の価格が高騰している。理由として，そもそもミドル／レイターの企業数が少ないという現状に加えて，銀行系や政府系のVCといった新たな出資者が出現し，また，大企業によるCVC出資も活発になってきていることが挙げられる。CVC出資のほうがVC投資よりも相対的に価格が高いという統計データもある。これは大企業によるCVCの目的が，

図表1－12　投資先ステージの分布（国内向け：金額比較）

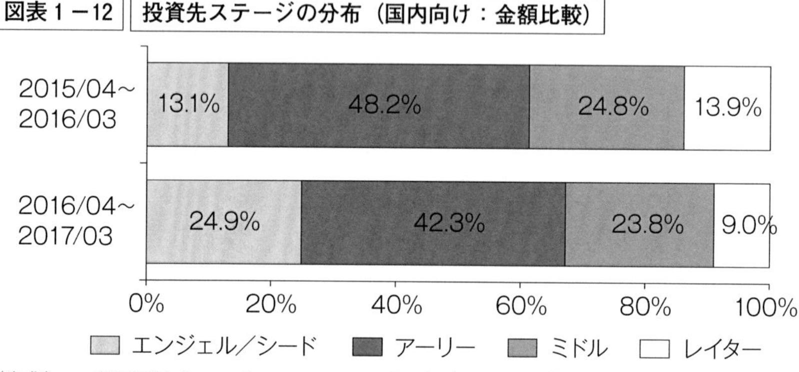

（出典）　一般財団法人ベンチャーエンタープライズセンター「ベンチャー白書2016」および「ベンチャー白書2017」

自社の事業と関連した成果（戦略リターン）の享受であるがゆえ，想定するシナジー効果を価値として織り込んだ出資価格を提示することができるためと考えられる。したがって，VC 出資に関しては，魅力的なミドル／レイター企業の価格高騰により，シード／アーリーの段階から出資しない限り，想定リターンの回収が難しい状況にある。こうした状況を受けて，シード／アーリーステージ案件の取り合いが発生しており，今後はシード／アーリー企業の価格も高騰する可能性がある。

CVC 出資では，上述のとおり，戦略リターンの創造をスタートアップ投資に求める企業が多いことから，VC 投資と比べると，シード／アーリーといった初期のステージへの投資が多い。一方で，ミドル／レイター企業への投資も一定数存在する。

背景として，企業が CVC 出資の理念・方針として，シード／アーリー企業への投資を中心に据えたとしても，現実問題としては CVC 子会社や CVC ファンドの赤字が続いてしまうと事業としての継続が困難となるため，ポートフォリオにミドル／レイター企業も組み込むことにより全体を管理していることが挙げられる。

つまり CVC 出資では，出資全体としてどのような投資ポートフォリオを構築するかが重要である。次章からは，企業がこうした CVC 出資の投資領域を考えるうえでのポイントを解説する。

第2章

CVC 戦略の策定

2-1　CVCの目的

[1]　CVCの定義と類型

イノベーション実現には様々な投資手法がある

CVCはイノベーション実現に向けた投資手法である。他のイノベーション投資手法には，R&DやM&Aといったものもある。よって，まずはCVC戦略の前提となるイノベーション投資手法の整理をするにあたって，CVCがどのように位置づけられるかを考えてみたい。早稲田大学ビジネススクールの入山章栄准教授は，イノベーションは「知の探索と深化」の両利き経営が重要と述べている。この考え方を用いてイノベーション投資手法を整理してみる。

縦軸は知の探索を示唆する事業類型（既存か新規か）である。これは，事業形態が新規であればあるほど，未知の知を探索することを意味している。よって，縦軸は知を探索する尺度と設定する。一方，横軸は知の深化を示唆する時間軸であり，これは時間が経過すればするほど，知が共有・活用されることを意味している。よって，横軸は知が深化する尺度と設定する。こうした2つの軸でイノベーション投資手法を表したのが，**図表2－1**である。

既存事業に係る短期的投資手法としてはM&Aがある。これは，まさしく時間を買うことで事業シナジー実現によるプロダクトおよびビジネスモデルのイノベーションを図る手法である。既存事業に係る中長期的投資手法としてはR&Dがあるが，これは既存事業で継続的にプロダクトイノベーションを図るものである。

新規事業に係る短期的投資手法としてはイントレプレナーやカーブアウトJV（ジョイントベンチャー）があるが，これは主にノンコア事業に位置づけられる事業を飛び地事業として立ち上げる投資手法である。そして，新規事業に係る中長期的投資手法としてあるのがCVCである。CVCは，事業会社によ

図表２－１　イノベーション投資手法

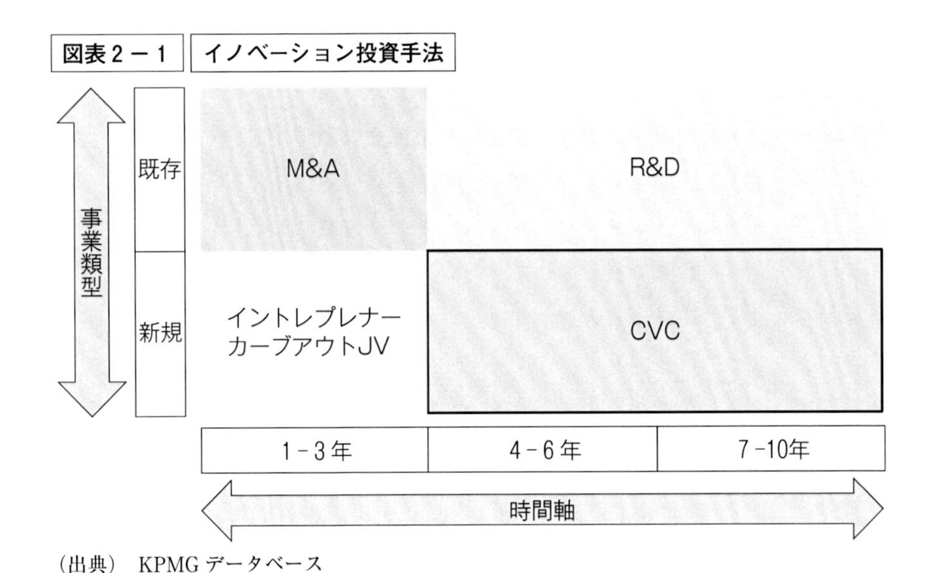

（出典）　KPMG データベース

るスタートアップ企業への投資であるが，スタートアップ企業はそもそもオンリーワンの新しい事業を企図していることから，CVC は新規事業に位置づけられる。また，スタートアップ企業は，「革新的な事業アイデア」と「自社固有の技術」といった経営資源しか有していないため，事業化には一定時間を要する。こうした特徴から，CVC はそういったスタートアップ企業の持つ革新的な事業アイデアの実現に向けた飛躍的かつ非連続なイノベーションを図る投資手法として位置づけられる。

したがって，図表２－１は CVC が知の探索・深化の双方とも追求可能なポジションにあり，イノベーション投資手法として効果的な投資手法の１つであることを示唆している。

［２］　技術開発トレンドとコーポレートベンチャリングの関係

そもそもイノベーションとは？

次にそもそもの目的であるイノベーションについて考えてみたい。イノベーションはどういうもので，果たしてイノベーションはこれまでの歴史においてどのように実現してきたのだろうか。

イノベーションの事例として，よく取り上げられるのがスマートフォンである。スマートフォン登場前，消費者は携帯電話を使っていた。消費者は，「移動しながら通話したり，メッセージをメールでやり取りしたりする」というコミュニケーション行動をとっていた。だが，スマートフォンが登場して以降の消費者の行動に，これまでの通話やメールだけでなく，「写真や動画をSNSで共有するというコミュニケーション」や，「スキマ時間にゲームや音楽をアプリで楽しむこと」が加わった。つまり，需要サイドから見た場合，携帯電話にはなかったスマートフォンの新機能は，“消費者の行動を変えた”ことになる。

では，この消費者の行動を変えたスマートフォンの新機能は何によって実現したのであろうか。写真や動画を共有するための機能は，高画素を実現するイメージセンサー等を搭載した半導体技術や，動画を共有するためのクラウド技術によって実現している。また，ゲームや音楽をアプリで楽しむ機能，例えば，「ポケモンGO」は，現実空間に仮想空間を表示するという，AR技術によって実現している。スマートフォンの新機能は技術によって実現した，といえる。

イノベーションは，「消費者行動を変える機能を実装した技術開発」と解釈することができる。よって，技術開発がどのような経緯を辿ったかを概観すれば，今後のイノベーションの方向性も見えてくる。

イノベーション形態の変化

図表２－２は，技術開発の歴史をベースとしてイノベーション構造の変化を示したものである。1960年代から1990年代までは連続的に技術開発が進展し，持続的イノベーションが成し遂げられてきた。ところが，2000年代に入ってデジタル技術の台頭とグローバル化の進展が重なり，異業種との技術融合に伴う非連続な飛躍的イノベーションが成し遂げられるようになってきた。

継続的イノベーションは，主に企業の中央研究所が基礎開発した成果である研究シーズを製品に実装することで，新機能を搭載する製品開発から始まった。

図表２－２　イノベーション構造の変化

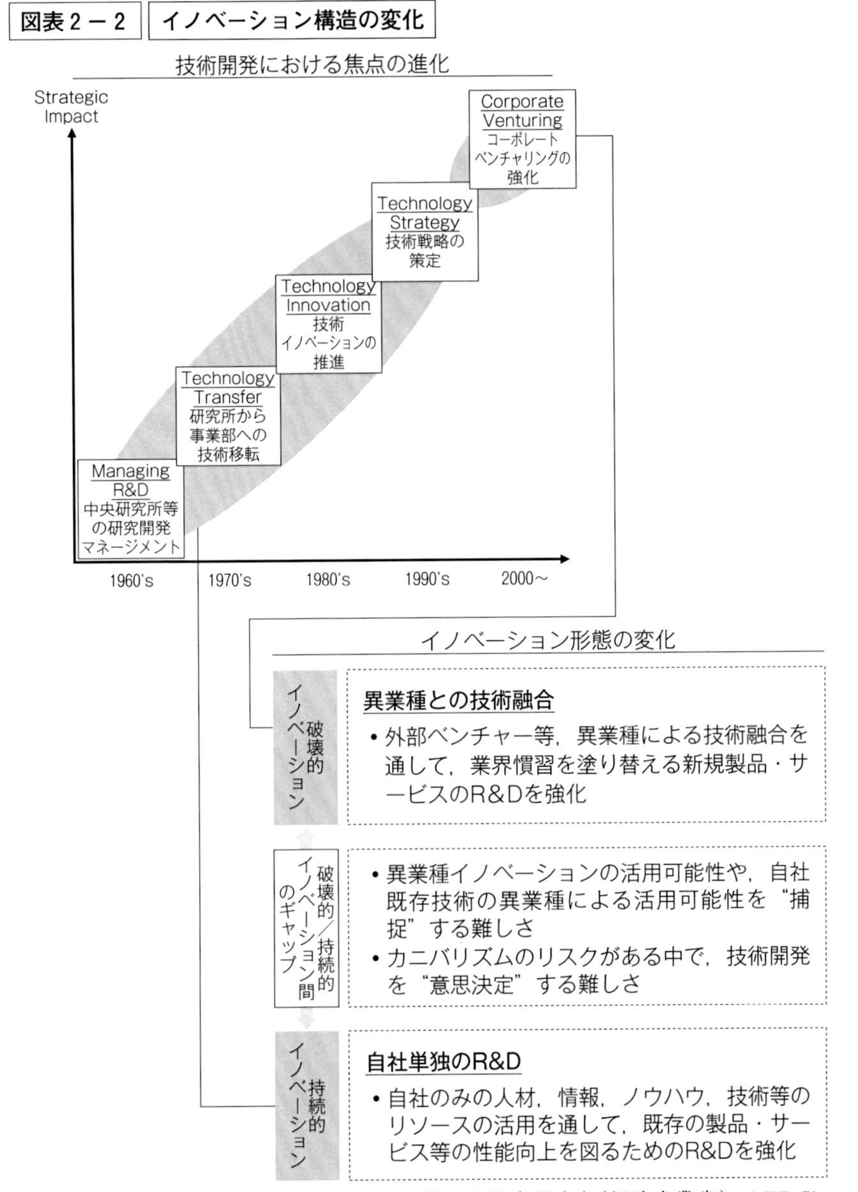

（出典）「コーポレートベンチャリングに関する調査研究」（経済産業省），MIT Sloan school of management を基に KPMG 作成

その後，研究所から事業部門へ技術移転がなされ，応用研究および製品開発により，製品機能の継続的向上が図られる技術開発へとつながっていった。1980～90年代にかけては，各企業の事業多角化や製品ラインアップの拡張もあり，要素技術の体系化を図る動きが広がっていた。その中で将来の市場ニーズと技術シーズを組み合わせた要素技術のあり方を規定する技術ロードマップが作成され，基盤技術，萌芽技術，途上技術，戦略技術といった要素技術を区分し，強化すべき技術，共通基盤として活用する技術といった技術の優先順位づけや活用の方向性を規定する技術戦略の策定により，プロダクトイノベーションを目指す動きが顕著となった。

ところが，2000年に入るとインターネットなどのIT技術の発達を受けて，コミュニケーションコストの大幅な削減とデジタリゼーションが実現し，あらゆる産業にとって「データ」が経営資源となった。そこで最初に生じた動きが，「データ」を鍵として事業を展開するプレイヤーの業界横断的な参入であった。Amazonによる Eコマースの勃興，Googleによる新メディアの台頭は象徴的な例であり，前者は流通小売業界，後者はメディア・広告業界におけるイノベーションであった。

このように，現在は継続的な技術開発に加え，異業種の技術と融合させることで，製品のみならずビジネスモデルそのものの変革が競争優位につながる時代に突入している。そうなると，有望な技術を持つ異業種の企業を取り込む手段としてM&Aを活用すれば十分ではないか，という考えが浮かび上がってくる。たしかにM&Aもイノベーションにとって有効な手法であることは間違いない。しかしながら，M&Aは基本的にコア事業の強化を目的として，ある特定の企業・事業を取り込むことで事業シナジーの創出を狙う投資手法であり，一度に複数の企業を取り込むことは想定していない。また，デジタリゼーション時代において考慮すべきは，取り込むべき異業種の技術は1つではなく，複数にまたがるということである。

複数の要素技術を取り込むには？

図表２－３は，電力業界のバリューチェーンにおけるデジタル技術の活用想定事例である。縦軸にデジタル関連の主要要素技術として，VR/AR，IoT，クラウド，ビッグデータ（AI），デジタルツイン，ロボティクス，３Ｄプリンティングの７つのテクノロジーが並んでおり，横軸に電力業界におけるバリューチェーンの機能が配置されている。これを見るとわかるとおり，イノベーションとなるソリューションは１つの要素技術で実現されるわけではなく，複数の要素技術の融合によって実現されようとしている。

例えば，この中の「配電自動化システム」は，契約先である法人や個人の電力需要量を予測し，電力需給を最適化するソリューションであるが，これは契約先の時間帯別使用量，契約属性，使用用途といった電力の使用状況に関する

図表２－３　電力業界のバリューチェーンにおけるデジタル技術の想定活用用途

<table>
<tr><th rowspan="2">主要要素技術</th><th colspan="6">電力業界のバリューチェーン</th></tr>
<tr><th>研究・開発</th><th>発電</th><th>送電</th><th>配電</th><th>保守運用</th><th>小売り</th></tr>
<tr><td>VR/AR</td><td>試験回数の削減による発電設備の高効率の設計</td><td></td><td></td><td></td><td>電柱などの点検の精度向上</td><td></td></tr>
<tr><td>IoT</td><td></td><td></td><td></td><td rowspan="4">配電自動化システム</td><td rowspan="4">高精度なメンテナンス需要の予測</td><td></td></tr>
<tr><td>クラウド</td><td>設計情報の一元化</td><td></td><td></td><td></td></tr>
<tr><td>ビッグデータ（AI）</td><td></td><td>発電プラントにおける燃料調整の自動化システム</td><td></td><td>電力データを活用した生活支援サービス</td></tr>
<tr><td>デジタルツイン</td><td>発電所の立地選定，高効率の設計</td><td></td><td></td><td></td><td></td><td></td></tr>
<tr><td>ロボティクス</td><td></td><td></td><td></td><td></td><td>送電線自走ロボットによる点検</td><td></td></tr>
<tr><td>3D プリンティング</td><td></td><td></td><td></td><td></td><td>保守に必要な部品の製造</td><td></td></tr>
</table>

（出典）　KPMG 分析

データをクラウドに蓄積し，当該データをビッグデータ（AI）で解析し，最適な電力供給を実現するためにIoTで制御する，といったデジタル技術の複合技術で構成されている。仮に，これを1つの異業種技術を取り込むM&Aで実現しようとした場合には，膨大な時間とカネを必要とすることは容易に理解できよう。

また，こうした要素技術は，それぞれが，どこで，どのような効果を発揮しうるかといった不確実性が非常に高い。したがって，自社開発のリスクは高いことから，こうした要素技術の研究開発や製品開発に注力している複数のスタートアップ企業に投資し，その開発動向を見極めながら，必要な事業リソースを提供することで協業のあり方を模索するという投資マネジメントが有効となるのである。

まさしくこうした投資マネジメント手法がCVCであり，不確実性の高い事業（＝イノベーションの源泉）を複数管理（＝投資ポートフォリオ）することで，知の探索と知の深化を両立させ，イノベーションを創発する試みといえよう。

[3] コーポレートベンチャリングの類型

CVC以外にもあるスタートアップ企業との連携手法

CVCがイノベーション創発の有効な投資手法であることは，これまで述べたとおりである。ただし，CVCはコーポレートベンチャリングにおける1つの方法であり，この他に必ずしも投資を伴わないインキュベーションプログラムや，アクセラレータープログラムといったベンチャー企業に対する事業リソースの提供手法もある。

図表2－4に示すとおり，コーポレートベンチャリングの類型は2つに大別される。1つは必ずしも投資を伴わない手法であるインキュベーションプログラム，アクセラレーションプログラム，業務・技術提携，もう1つは，投資を伴う手法であるJV・M&A，CVCである。

図表２－４　コーポレートベンチャリングの類型

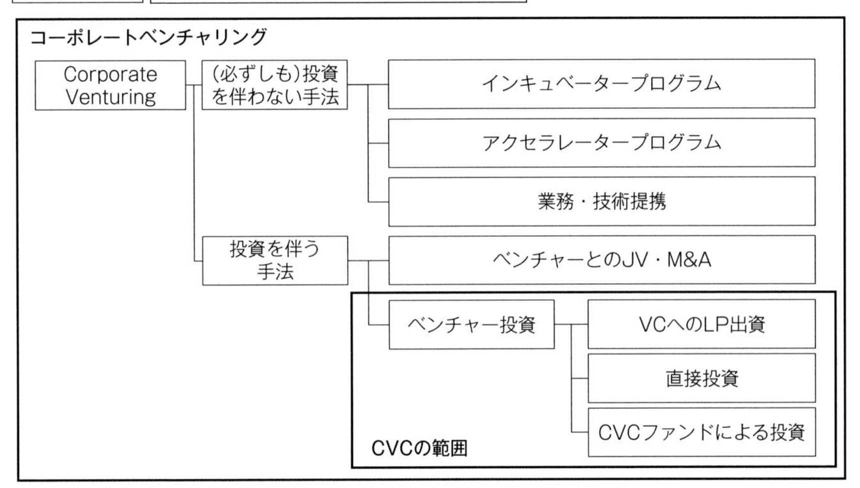

（出典）　KPMG データベース

インキュベータープログラムとアクセラレータープログラムに共通しているのは，大企業がスタートアップの事業立ち上げを孵化（インキュベート），加速化（アクセラレート）するために，コワークスペースと呼ばれる作業場所を提供したり，スタートアップが製品開発やビジネスモデルの構築といった事業に集中できるように経営管理等の事務・経営指導といった有形・無形の経営リソースを提供したりする点である。

反対に両者の大きな違いは，インキュベータープログラムが，より若いステージにあるスタートアップの支援を目的としたプログラムであり，基本的に支援期間は設けられていない一方で，アクセラレータープログラムは，すでにある事業を加速させることを目的としているため，プログラム期間が設定されている点である。

インキュベータープログラムは，革新的なアイデアをどのように事業化するか，といった観点からプログラム実施主体である大企業が事業リソースを提供しており，より革新的な事業を孵化させるための環境を提供することを重視している。

一方，アクセラレータープログラムは，前述したとおり，革新的と認められる事業を短期間で加速化させることを目的としている。プログラム実施主体である大企業は，その先の出資も視野に入れ，極めて有望と見込まれるスタートアップに集中して事業リソースを提供することを重視している。したがって，プログラムは選考プロセスからスタートし，その選考基準は非常に厳しい。厳密にはコーポレートベンチャリングではないが，Y Combinatorや500Startupsといったベンチャーキャピタルのトップレベルのプログラムにおける選考通過率はわずか1～2％である。

次に投資を伴う手法であるが，基本的にはCVCがそれに該当する。CVCは大きくベンチャーキャピタルへのLP出資，スタートアップへの直接投資，CVCファンドによるスタートアップへの投資の3パターンがあり，大企業の目的によって使い分けがなされる。これらCVCスキームについては第3章で詳述する。なお，スタートアップとのJV・M&Aも手法としては存在するが，これは事業として確立されたメガベンチャーが，更なる成長加速を狙って，大企業と実施する協業形態であり，従来のJV・M&Aと同様に主として事業シナジーを追求している。

要は，インキュベータープログラムやアクセラレータープログラムは，事業立ち上げの初期段階のシードといわれるスタートアップを対象とした「支援」が中心となり，CVCはシード期からレイターと呼ばれるステージまで広範なスタートアップに対する「協業」が中心と定義される。

[4]　コーポレートベンチャリングのリターン

スタートアップ企業の成長ステージ

コーポレートベンチャリングの究極的な目的は，イノベーションの実現であるが，その目的に到達するまでにコーポレートベンチャリングを通じて得られるリターンにはどのようなものが考えられるだろうか。それを模索するにあたって前提となるのが，スタートアップ企業の成長ステージである。まずは，スタートアップ企業の成長ステージにどのようなものがあるかを把握しておこう。

図表2－5は，スタートアップ企業の成長ステージと各々の特徴を示したものである。スタートアップ企業の成長ステージは，シード，アーリー，ミドル，レイターの大きく4つの成長ステージに分類される。

まず，シードステージであるが，これは製品・商品がコンセプト段階にあるスタートアップ企業であり，研究開発プロセスにおける応用研究から製品開発の壁となる，いわゆる"死の谷"を越えようとする段階にある。このステージのスタートアップ企業の特徴は，事業化に資する革新的技術を製品・サービスとして開発することにあり，資金ニーズもこれらのPoC（Proof of Concept：概念実証）や製品開発資金が中心となる。したがって，シードステージへの投資はハイリスク・ハイリターンであり，出資者は，起業家自身および親戚，友

図表2－5　スタートアップ企業の成長ステージと特徴

ステージ	特徴
シード	• 商品がコンセプト段階に近い企業が多く，少ない資本で運営している。 • 商品は，PoC（Proof of Concept）の段階にあるものが多い。マーケティングはまだ行っていない。 • 開発段階や市場調査が完了したら，マネジメントチームやビジネスプランの構想も始めるが，その段階のスタートアップもこのステージに含まれる。
アーリー	• 商品は，開発を終え，試作段階に達している。販売を開始しているケースもある。 • このステージにあるスタートアップの多くは，市場での試験販売を終え，企業を運営するうえで必要な仕組みを構築している。事業計画を完成させ，事業をすでに開始しているケースも多い。
ミドル	• 生産量や，仕入販売等の商取引の増加により，運転資本が発生している。 • 資金使途の多くは，運転資金，追加設備投資や，マーケティング/開発費などに充当される。 • このステージにあるスタートアップに対する投資家の役割には，資金提供だけでなく，戦略的な協力も含まれる。
レイター	• このステージにある会社の中には上場を検討する企業も出始める。 • 必要な資金は徐々に安定し，ミドルステージのように大きな資金需要の増加はあまりない。

（出典） NVCA "Yearbook 2016 National Venture Capital Association" を基にKPMG作成

人等である。なお，ビジネスプランが評価されれば，エンジェル投資家と呼ばれる潤沢な投資資金を持つ個人投資家やGAPファンドと呼ばれる大学発ベンチャーなどが出資するケースもある。

このようにハイリスク・ハイリターンであるシードステージへの投資では，技術の目利きや技術を事業化するエンジニアリングの知見などが求められるため，過去に同様の実績を持つシリアルアントレプレナー（連続起業家）によるスタートアップ企業が好まれる傾向がある。ただし，最近では，大企業側で研究開発部門出身の技術に目利きのある人材をCVCに配置し，評価・支援するといった動きもあり，CVCが投資可能な領域に位置づけられている。

次にアーリーステージであるが，ここでは製品・商品の開発は終え，プロトタイプは完成した状態にある。今後の量産化とビジネスモデルの構築に向けて事業計画を策定している段階にあり，資金ニーズとしては，プロトタイプを量産化するための生産技術開発や事業展開にあたっての設備投資などが中心となる。このステージの主たる出資者は，ベンチャーキャピタルである。アーリーステージでは，事業展開のための人材確保や継続的な商品開発に十分に資金が回らず，資金繰りが厳しい状況が続く。

CVCの観点からは，技術・事業提携の枠組みの中で大企業がスタートアップ企業の研究開発成果や技術使用許諾の対価として，アップフロント（契約一時金）や研究開発協力金といったロイヤリティやライセンスフィーを支払うことで資金供給する，といったこともある。

ミドルステージでは，スタートアップ企業の売上高の拡大に伴って，量産化で生産量も拡大していく段階にある。更に仕入販売等の商取引の増加によって運転資本も増加し，資金需要も旺盛になる。資金使途の多くは運転資金，更なる量産に向けた追加設備投資，事業拡大に向けたマーケティング，開発費と多岐にわたるようになる。単年度損益が黒字となるのもこのステージであることが多い。このステージの主たる出資者は，アーリーステージ同様にベンチャーキャピタルであり，複数のベンチャーキャピタルが出資するスキームとなってくる。したがって，創業者の議決権比率の低下や創業者持分の希薄化も考慮する必要が生じてくることから，資本政策を意識した設計が必要となる。また，ベンチャーキャピタルはIPO（新規株式上場）を前提として出資に応じるため，IPOを意識した資本政策も求められる。

CVCの観点からは，スタートアップ企業の事業拡大に向けて，大企業の顧客基盤や生産工場の活用といった事業リソースの提供による協業といった形で，事業を加速化していく段階と位置づけられる。

最後にレイターステージであるが，このステージは単年度損益が倍々成長，場合によっては指数関数的に成長していくため，累積損失も解消し，フリーキャッシュフローもプラスとなるケースが多い。したがって株式価値も上昇することから，いよいよ「IPOをいつ実施するか」が検討され，IPOに向けた経営管理基盤の構築に重点が置かれる。資金需要は一段落し，企業としての信用度も高まってくることから，民間金融機関からの借入やシンジケートローンで資金調達することも十分可能な状況となる。

次節以降で詳述するが，CVCの観点からは戦略リターンとともに財務リターンが実現する時期にあたる。

CVCは戦略リターン追求だけでいいのか？

前節ではスタートアップ企業のステージと各々の特徴を解説したが，これらを踏まえてコーポレートベンチャリングのリターンについて考察する。まず，コーポレートベンチャリングのリターンは，戦略リターンと財務リターンに大別される。戦略リターンは，コーポレートベンチャリングを通じた協業活動から得られる技術，ノウハウ，情報といった新しい経営資源や新製品・サービスの販売による成果を指す。財務リターンは，大企業側の戦略による，投資先スタートアップ企業のIPOやM&Aに伴うキャピタルゲインを指す。

コーポレートベンチャリングの目的である大企業にとってのイノベーション実現の成果は，戦略リターンと財務リターンという形で具現化される。

戦略リターンと財務リターンについて最もよくされるのが，「CVCでは戦略リターンと財務リターンのいずれを狙うべきか？」という質問である。これについては，CVCを検討している企業によって様々な考えがある。「財務リターンは，ベンチャーキャピタルへのLP出資で狙っているので，CVCでは戦略リターンを重視したい」といった意見もあれば，「CVCは長期的な取り組みとしたいので財務リターンは考えず，戦略リターンのみを追求したい」といった意見もある。他には，「スタートアップ投資というリスクの高い投資とはいえ，リターンが得られない投資などありえず，あくまで財務リターンを追求する」という意見もある。

この質問に対する回答は極めてシンプルであり，「戦略リターンと財務リターンの双方を追求すべき」である。それができればそもそも苦労しない，というCVCを実践してきた方々の反論が聞こえてきそうであるが，戦略リターンと財務リターンはどのような因果関係にあるかを考えてみてほしい。事業の成果として表れるのが財務の成果であるというのは自明である。戦略リターンが実現されなければ，財務リターンも得られない，というのが論理的な帰結だ。つまり，戦略リターンが実現すれば財務リターンも実現するわけで，要は，「財務リターンが実現していないということは，戦略リターンも実現していない」ということでもある。したがって，「まずは戦略リターンを追求し，戦略リターン追求に伴う新しい経営資源の獲得と，そこから生み出される投資サイド（大企業）とスタートアップ企業双方の成果を極大化することで，財務リターンを追求すべき」ということになる。

戦略リターンと財務リターン

図表2－6は，戦略リターンと財務リターンの類型を示したものである。リターンはさらに5つに分類されている。

1つ目は，アーリーステージにおける「ノウハウ／情報取得」である。これはさらに3つの要素に分解される。第1に，現時点では大企業の既存技術との関係性は定かではないが，将来的に機会・脅威となり得る技術をモニタリングすることでノウハウを取得するものである。第2に，大企業が開発したい技術は特定されているが，阻害要因・効率性の観点から，スタートアップ企業への

図表2－6　戦略リターンと財務リターン

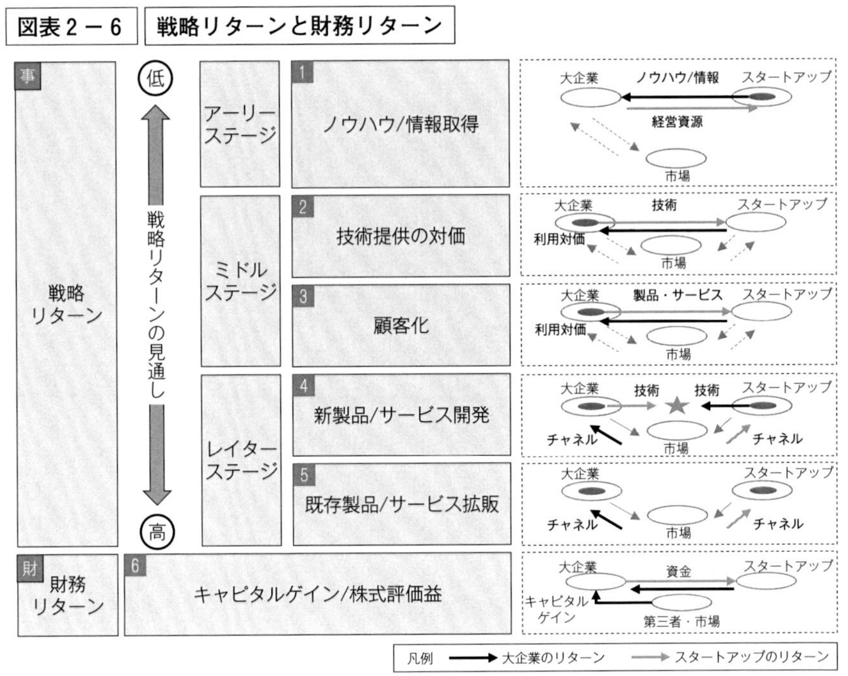

（出典）　KPMG データベース

投資を通じて特定技術を獲得するというものである。そして第3に，大企業が進出を企図する事業領域のビジネスモデルに関するノウハウを取得するものである。

アーリーステージのスタートアップ企業は，プロトタイプは完成している段階にあることから，大企業が事業リソースを提供する見返りとして，スタートアップ企業が有する革新的技術やそのノウハウを戦略リターンとして獲得できる可能性がある。

2つ目は，ミドルステージにおける「技術提供の対価」である。これは，スタートアップ企業が必要とする技術を大企業が提供し，その対価をライセンスフィーとして得る戦略リターンである。ただし，これは対価を得ることが目的ではなく，ミドルステージにあるスタートアップ企業をレイターステージへと迅速かつ円滑に移行させるための規律づけとしての意味合いが強い。これにより，大企業はスタートアップ企業との協業関係をより強固にすることができ，3つ目の戦略リターンである「顧客化」へと繋げることができる。

3つ目は「顧客化」である。これはその名のとおり，スタートアップ企業を育成して自社の顧客とし，将来的に収益を獲得する戦略リターンである。「顧客化」も，この段階では自社の利益貢献ではなく，急成長が見込まれるスタートアップ企業との繋がりを確保しておくことに意義がある。

このように，ミドルステージにおける戦略リターンは，スタートアップ企業の潜在性と将来性を先取りする選択権（オプション）を得ることであり，それが，「技術提供の対価」と「顧客化」である。

残る2つは，レイターステージにおける「新製品・サービス開発」と「既存製品・サービス拡販」である。これは，大企業とベンチャー相互の技術を用いて新製品／サービスを開発し，それらを主に大企業の顧客基盤を通じて拡販することである。ミドルステージまでの戦略リターンは，スタートアップ企業の潜在性にフォーカスしたものであるが，レイターステージでは，いよいよスタートアップ企業の顕在価値にフォーカスして戦略リターンを期待することになる。

レイターステージにあるスタートアップ企業の事業は確立されつつあるものの，依然として知名度は低く，マーケティングが課題となるケースが多い。したがって，大企業がCVCを通じて顧客基盤や物流基盤を提供することでスタートアップ企業の製品・サービスの拡大を図り，顕在化した果実としての戦略リターンを獲得することが目標となる。

次に財務リターンであるが，これは，投資先のスタートアップ企業がIPOやM&Aなどを通じた株式持分の売却によりCVCにもたらされるキャピタルゲインが該当する。ただし，財務リターンを得るまでの道のりは長い。シードからレイターまでの各ステージを無事に乗り越えてようやく到達できるものであり，シードステージからは7～10年を要するのが通常である。

CVCによって得られるリターンとして「戦略リターンを重視」と考えるの

は，こうした財務リターン獲得までの時間軸の長さが一因かもしれない。しかしながら，イノベーションがわずか数年で達成されると考えるのは，安直であり，むしろそれだけの時間を投じるからこそイノベーションが実現されると考えるべきではないだろうか。

VCとCVCにおける戦略リターンと財務リターンの違い

戦略リターンと財務リターンを，VC（ベンチャーキャピタル）とCVCの視点から企業価値と関連づけて整理したのが，**図表2－7**である。左端がスタートアップ企業の当初の価値を表しており，時系列に従って企業価値が変動することを示している。

まず，ベンチャーキャピタルであるが，彼らが想定するのは財務リターンのみである。財務リターンは，スタートアップ企業の潜在的な成長余地とベンチャーキャピタルによる支援の2つで構成される。潜在的な成長余地は，スタートアップ企業単独で実現しうる成長可能性であり，通常のM&Aでいうスタンドアロン価値に相当する。ベンチャーキャピタルは，この潜在的な成長余地を見込んで投資するのが基本となる。もう1つの成長支援は，ベンチャーキャピタルがハンズオン支援することで実現しうる価値である。これは，ベン

図表2－7　VCとCVC視点から見た戦略リターンと財務リターンの概念図

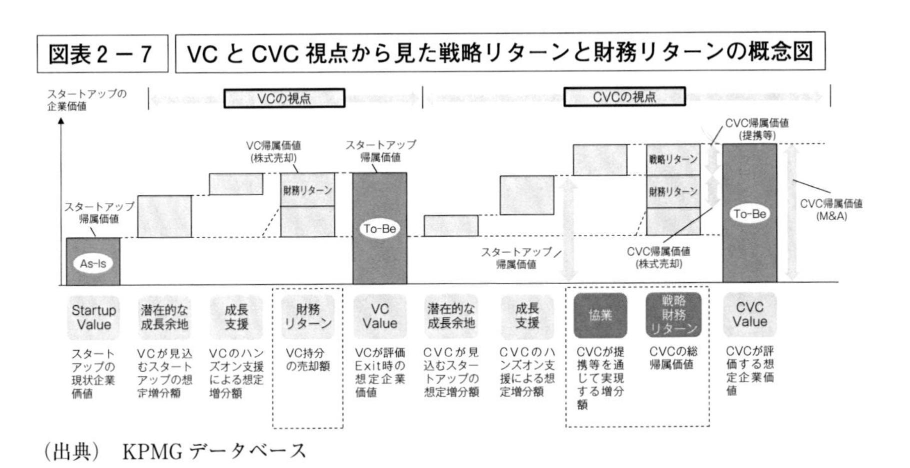

（出典）　KPMGデータベース

チャーキャピタルの持つ経営手法やノウハウを活用する戦略実行価値といい換えることができる。ベンチャーキャピタルは，これら2つの価値を最大化したうえで，株式持分を売却し財務リターンの獲得を目指している。

次にCVCであるが，潜在的な成長余地と成長支援については，ベンチャーキャピタルと同様である。ベンチャーキャピタルは投資家としての機能にとどまるが，CVCはこれに事業者としての機能も加わる。これは，前述した5つの戦略リターンの実現を通じた協業による増分価値が加わることを意味する。更に，CVCが株式持分を売却すれば財務リターンも加わる。なお，戦略リターンの定量化は非常に困難である。特にCVC，スタートアップ企業のいずれに帰属するリターンかを測定するのは難しい。GEベンチャーズでは，戦略リターンを測定すべく，スタートアップ企業がGEに製品を売るのか，GEがスタートアップ企業に製品を売るのか，といったチェックリストを用いて測定を試みている。

本節として改めて強調しておきたいことは，コーポレートベンチャリングのリターンのあり方として，「まずは戦略リターンを追求し，戦略リターン追求に伴う新しい経営資源の獲得と，そこから生み出される投資サイド（大企業）とスタートアップ企業双方の成果を極大化することにより，財務リターンを追求すべき」ということである。

2-2 コーポレートベンチャリング領域と投資手法

[1] CVCポートフォリオ戦略の策定

ポートフォリオという考え方

コーポレートベンチャリング，つまりスタートアップ企業への投資は，シードからレイターまでの各ステージを乗り越えていくという，時間と事業リソースを要する投資であることは十分理解できたと思う。これには，CVC 戦略を策定するに際して重要な示唆が含まれている。コーポレートベンチャリングは，時間と事業リソースを多く必要としながらも，Exit まで辿り着けるか否か保証されていない不確実性の高い投資であるため，M&A と違って 1 つの企業を対象とする投資ではなく，複数のスタートアップ企業を対象とした投資を前提とする必要がある。つまり，ポートフォリオという考え方が重要になる。

ここでポートフォリオについて簡単に説明しておく。ポートフォリオは，“紙ばさみ”を意味する英語に由来しており，一般的には持ち運びができる書類等を保管するもの，経済・金融分野では有価証券一覧表を指す。これを投資に置き換えると，投資ポートフォリオは，「将来の事業環境や戦略意思を踏まえて，投資資金の投入と回収のバランスを取り，リスクの分散・軽減を図りながら，目指すべき投資先の組み合わせと資金配分の全体像を構築すること」と定義することができよう。

投資領域という考え方

CVC 戦略の策定にあたって，投資ポートフォリオとあわせて必要な枠組みが「投資先」となる投資領域である。投資ポートフォリオは「投資の資金配分」であることから，「投資先」となる投資領域を定めない限り成立しない。よって，投資ポートフォリオを組成するためには，投資領域を定めておく必要がある。

投資領域の定め方であるが，方針レベルと戦略レベルの 2 つのモジュールで構成される考え方が有力である。

まず方針レベルであるが，これについては早稲田大学ビジネススクールの樋原伸彦准教授が提唱している「CVC 投資戦略マッピング」を参照しながら考えてみたい。CVC 投資戦略マッピングは，戦略的意図と既存事業からの距離で構成される。

横軸は，“戦略的意図”を示しており，これは自社事業に対して投資領域が補完性のある事業か，代替性のある事業かを示している。樋原准教授は，「オー

図表2－8　CVC投資戦略マッピング

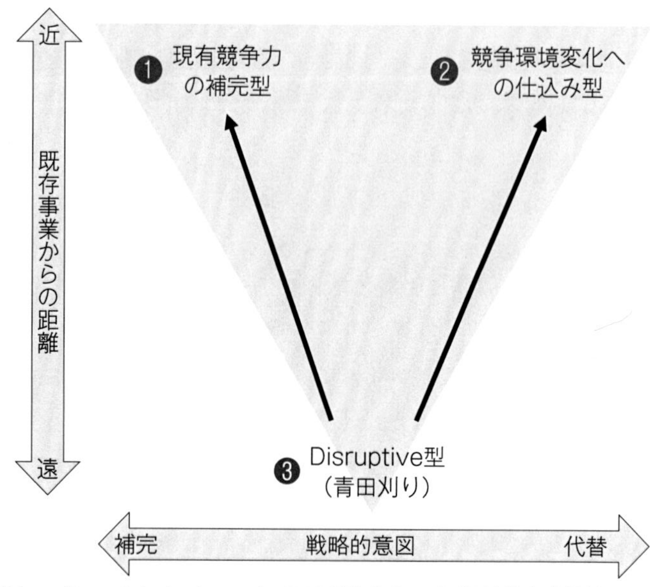

（出典）「オープン・イノベーションとCVC投資」(2017) 樋原伸彦准教授より許可を得てKPMG作成

プン・イノベーションとCVC投資」(2017) にて，補完性は，「事業会社が投資したスタートアップ企業が成長することによって，事業会社の製品・サービスへの需要が増加する，あるいは事業会社の製品・サービスの供給力が増加し，スタートアップ企業の成長と同時に事業会社のビジネスも拡大するような状況が生まれること」と定義している。代替性は，「スタートアップ企業の事業内容が，事業会社の既存事業と競争関係にある場合で，スタートアップ企業が成長した場合，事業会社の既存事業が食われてしまうような状況を指す。『カニバリゼーション』ともいう」と定義している。

縦軸は，“既存事業からの距離”を示しており，これは，投資対象が既存事業から離れれば離れるほど，既存事業との補完性も代替性もともに低くなり，既存事業から見て中立的な事業内容となる。これは，将来的に既存事業にとって，補完的にも代替的にもなりうる可能性を秘めた事業ととらえることができる。

このフレームワークに基づくと，方針レベルのCVC投資領域は，「①現有競争力の補完型」，「②競争環境変化への仕込み型」，「③ Disruptive型（青田刈り）」の3つに分類される。この3つの領域を念頭に，スタートアップ企業への投資を集中するのか，それとも分散させるのか，といった大方針を定めることが重要である。大方針を定める前に，まずはそれぞれの領域について考えてみたい。

「①現有競争力の補完型」は，既存事業と補完性があり，既存事業からの距離も近いスタートアップ企業が対象となる。この領域は，投資先として非常にイメージしやすいであろう。なぜなら，この領域はM&Aの投資領域と近似するからである。過去には，飛び地領域へのM&Aが散見されたが，これまで日本企業がM&Aに関する経験と習熟を積み重ねた結果，昨今の日本企業によるM&Aは，既存事業とのシナジーが見込まれる隣接・周辺領域が中心となっている。スタートアップ投資の場合も事業シナジーが見込みやすいM&Aに近似したスタートアップ企業が対象となる。投資対象としては，事業が確立されているミドルからレイターステージ，投資リターンとしては，既存事業の保有技術を進展させることによる現有競争力の強化が挙げられる。

「②競争環境変化への仕込み型」は，既存事業と代替性があり，既存事業からの距離も近いスタートアップ企業が対象となる。これは，既存事業にとって脅威かつ競合的な領域となる。①の現有競争力の補完型であれば，いわば既存事業と“仲良く連携できる”領域として受け入れられやすい。一方，②の競争環境変化への仕込みであるが，自分自身が既存事業の責任者，担当者だとした場合を想像してみてほしい。自分自身が所属する既存事業にとって脅威・競合的なスタートアップ企業への投資を果たして実行しようという気になるだろうか。

こうした投資意思決定を検討することがCVCの面白いところでもあり，難しいところでもある。おそらくM&Aと同じ投資判断・投資基準であれば，この領域のスタートアップ企業への投資を見送る日本企業が多いのではないだろうか。既存事業とのシナジーが見込まれるからこその投資であって，既存事業にとって脅威・競合となる企業に投資をするなど考えられない，とはならないだろうか。

これがまさしくM&AとCVCの大きな違いである。本章の冒頭でイノベーション投資手法について，M&Aは既存領域に関する短期的時間軸の投資である一方，CVCは新規領域に関する中長期的時間軸の投資であることに触れた。M&Aが狙うのは，あくまでも既存事業とのシナジーによるイノベーションであり，これは継続的なイノベーションである。一方で，CVCが狙う領域の1つは，新規事業による戦略リターンと財務リターンであり，これは飛躍的なイノベーションである。よって，この領域の投資リターンは，既存の競争状況を破壊するような代替技術が顕在化する場合に備えた逆張りであり，そうでなければ無意味である。

続いて「③ Disruptive 型（青田刈り）」であるが，これは既存事業から中立的で距離もあるスタートアップ企業が対象となる。これは現時点で既存事業にとって補完性があるのか，代替性があるのか，全く読めない領域である。まさしく「2－1［1］技術開発トレンドとコーポレートベンチャリングの関係」で紹介したデジタル技術を有するスタートアップ企業がこれに該当する。

「既存事業とデジタル技術が補完的なのか代替的なのか，現時点では読めないが，来たるデジタリゼーションの時代に備えて，何も手を打たないリスクのほうが大きい…」こういったシチュエーションにある日本企業は多い。また，複数の技術群が存在するデジタリゼーションのような自社が強みを持たない領域にR&D費用を投じ，競合との競争の時間軸が緊迫する過程で，果たしてデジタル技術へのキャッチアップができるだろうか。このように，将来既存事業にどのような影響を及ぼすか不明であるが，イノベーションの芽として「張っておきたい」領域がDisruptive型である。この領域の投資リターンとしては，将来的に競争力強化のための技術になることを期待した先物買いが挙げられ，CVCにおける“青田刈り”領域である。

方針レベルの投資領域設定

こうした3つの領域は，**図表2－9**に示すCVC基本方針の類型として整理することができる。

CVCにおける優先事項としては，③のDisruptive型こそ集中的に投資すべき領域であり，続いて②の競争環境変化への仕込み型への投資となる。

①の現有競争力の補完型は，M&AやR&Dの投資領域であり，本来CVCが取り組むべき領域とは考えられない。①に投資する場合は，初めてCVCを立ち上げるフェーズや，社内で投資に対する理解を得たり，説得するためにクイックヒットが求められるケース，戦略リターンで述べた「ノウハウ／情報取得」により，社内でコーポレートベンチャリングの初期設計を図りたいケースに限るべきだろう。

図表2－9　CVC基本方針の類型

方針レベルの投資領域	手法	投資リターン	時間軸	ステージ
❶ 現有競争力の補完型	• M&A • R&D • CVC	保有技術を進展させることによる現有競争力の強化	短～中期（3年程度）	• ミドル • レイター
❷ 競争環境変化への仕込み型	• 業務提携 • CVC	既存の競争環境を破壊するような代替技術が顕在化する場合に備えた逆張り	短～中期（3年程度）	• ミドル • レイター
❸ Disruptive型（青田刈り）	• CVC	将来的に競争力強化のための技術になることを期待した先物買い	中～長期（5～7年）	• シード • アーリー

（出典）KPMGデータベース

戦略レベルの投資領域設定

次に戦略レベルであるが，これは投資領域の具体的な特定になる。特定すべき要件は，「技術」「産業」「地域」の３つである。これを全体構造として整理したのが，**図表２－10**である。

まず最も重要な領域が技術である。これは戦略リターンと財務リターンの源泉であり，イノベーションのドライバー，つまり作用因でもあることから，産業や地域を特定したとしても，技術を特定しない限りイノベーションは実現しない。CVCで投資する際に最も重視するものは何か，といわれれば，「何にも

図表２－10　CVC投資領域フレームワーク

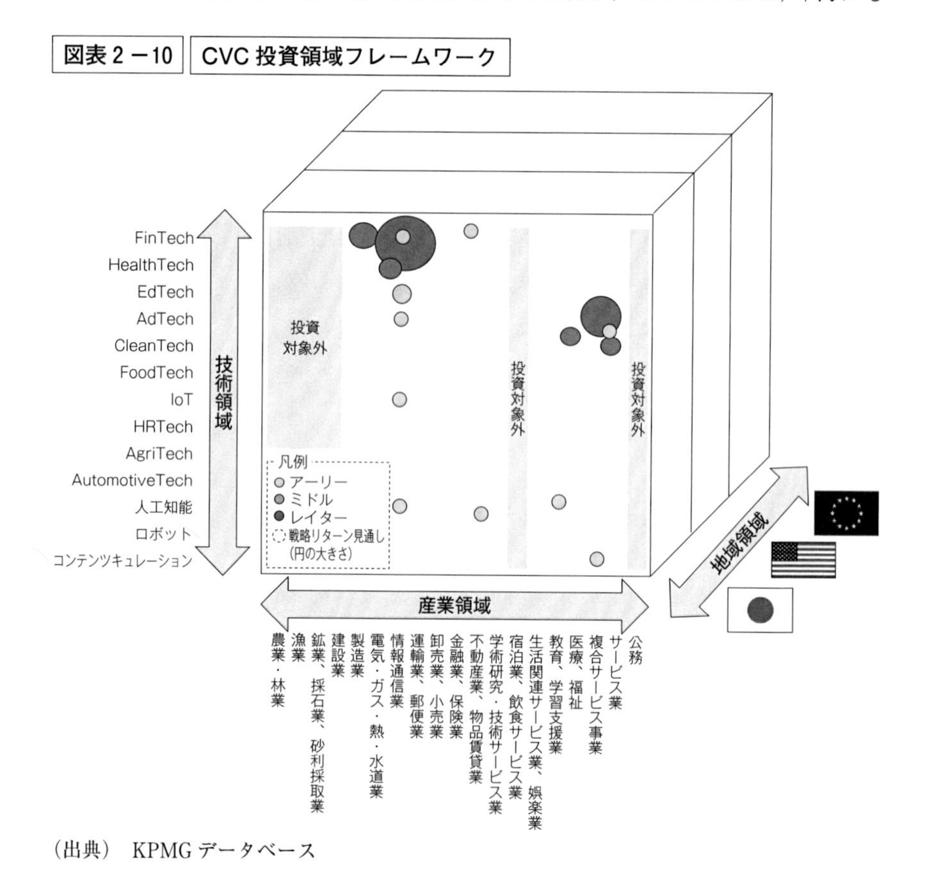

（出典）　KPMGデータベース

増して技術が一番重要」ということになる。

図表２－10にもあるとおり，技術領域は非常に多岐にわたる。これだけ多岐にわたる技術群すべてに投資するのは現実的ではない，というのは感覚的に理解することができると思う。では，多岐にわたる技術領域をどのように絞り込めば良いか，絞り込むことで漏れは生じないか，といった論点が生じるだろう。

CVC 支援の場で，こうした論点・質問に直面するケースはとても多い。この論点・質問に回答する前に，CVC を検討している企業が自問自答すべき問いかけが「自社の新規事業戦略は定まっているか」というものである。あくまで感覚論であるが，CVC を検討している企業の半数以上が，「言われてみれば，そこが明確でない。だから社内でも CVC の投資領域，特に技術領域が定まらない」との回答するのではないだろうか。

技術領域を定める前提となる新規事業戦略

投資すべき技術領域を定めるには，前提として，自社の新規事業の方向性が定まっている必要がある。それは，事業拡張領域，つまり投資領域の大枠が設定されていることを意味している。

本書は新規事業開発の解説を目的とするものではないが，非常に重要な論点であるため，ここでは，技術領域を定める際の要点にフォーカスした新規事業開発の枠組みを紹介したい。

図表２－11は，新規事業開発の枠組みである。新規事業開発はリスクも高いため，強みを生かせる既存事業の周辺領域が起点となる。この周辺領域には３つあり，新技術がベースとなる「機能拡張・進化を実現する新技術により展開可能な事業」，新機能がベースとなる「新用途による提供価値で潜在ニーズを満たす事業」，新市場がベースとなる「新用途による提供価値で参入可能な事業」である。このうち，技術領域特定に関わる領域が，「機能拡張・進化を実現する新技術により展開可能な事業」である。

技術領域特定に関わる新規事業開発の考え方について，**図表２－12**は，既存事業に関わるバリューチェーンの機能拡張・進化のための事業要件を整理した

図表２－11　新規事業開発の方向性

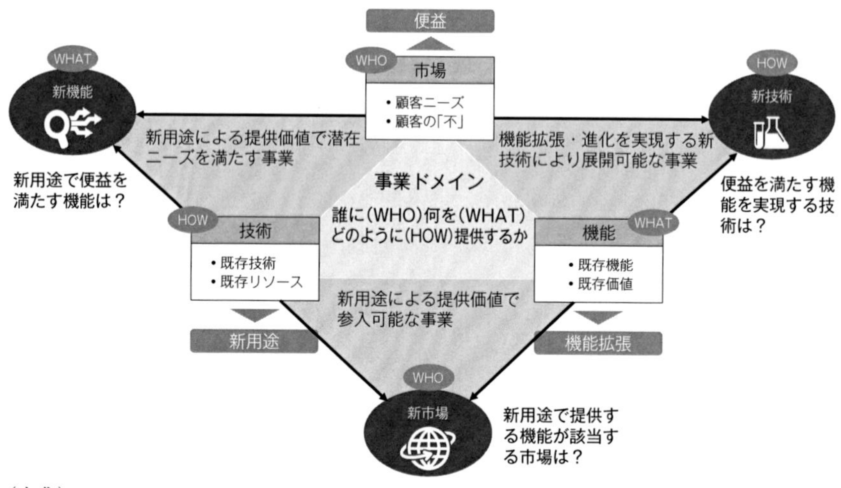

（出典）　KPMG データベース

図表２－12　既存事業の機能拡張・機能進化における事業要件

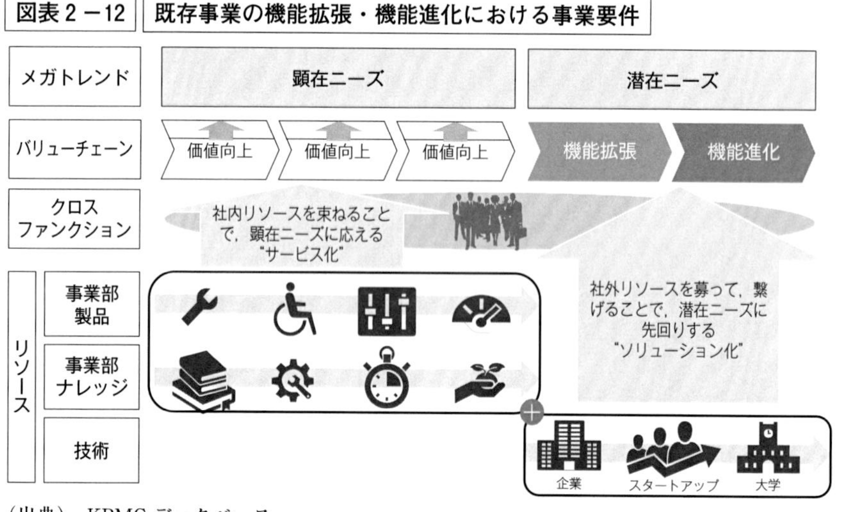

（出典）　KPMG データベース

ものである。この中で，既存事業は顕在ニーズに応える“サービス化”に，新規事業は，潜在ニーズに先回りする“ソリューション化”に各々該当する。既存事業は基本的に自社リソースによる価値提供であるが，機能拡張・機能進化となる新規事業は，自社リソースでは実現が困難であるため，図表にあるとおり，パートナー企業，スタートアップ企業，大学による技術を活用することになる。

新規事業開発の方向性として，既存事業の機能拡張・機能進化の領域が定まっていれば，それに必要な新技術が明確になり，当該新技術がR&Dで開発困難だとすれば，自ずと投資すべき技術領域は定まるであろう。

例えば，生活インフラ産業で日常的な住生活の情報をリアルタイムでAIスピーカーや各種デバイスでカスタマイズして提供する「住生活スマートシステム」という新規事業に必要なクラウド，ビッグデータ（AI），IoTといった新技術を自社の既存技術で補うことができない場合には，これらの技術領域を投資領域として設定することとなる。

産業領域の定め方

次に重要な領域が産業である。技術がイノベーションの源泉であるのに対し，産業はイノベーションの果実を得る「場」である。具体的な果実は，これまで述べてきたとおり戦略リターンと財務リターンであり，これらはすべてCVC投資の展開先である産業から得られる。

そして，産業領域も「図表２－10　CVC投資領域フレームワーク」にあるとおり，広範囲に及ぶ。しかしながら，こちらも技術領域と同様に新規事業開発の方向性が定まっていれば，投資領域を合理的に定めることができる。

「図表２－11　新規事業開発の方向性」を再度参照すると，新市場がベースとなる「新用途による提供価値で参入可能な事業」がある。新規事業開発で参入候補となる新市場が定まっていれば，ここが投資領域となる。更にこのフレームワークの有用性として，事業の基本要件である「市場」「技術」「機能」の３つで事業ドメインを設計していることから，事業ドメインの合理的な拡張設計ができる点が挙げられる。新規ドメインを設定する際に，「技術」「機能」を基軸に「新市場」を検討した場合，「技術」の新用途として展開可能な市場

図表2－13　Qualcommのビジネスモデルイノベーションの進化

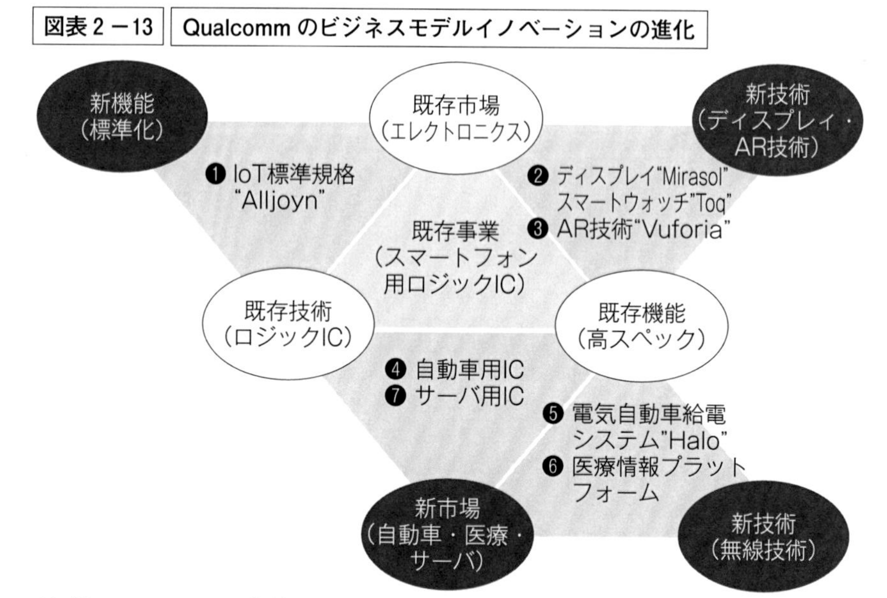

（出典） Qualcomm IR資料，ニュースリリース，Summit Researchのアナリスト Srini Sundararajaコメント2015/6/24よりKPMG分析

や「機能」の拡張余地として展開可能な市場を想起することで，新市場を設定することができる。同様に，「技術」「機能」の拡張による新規ドメインについても，他の2要件を基盤として設計することが可能である。

図表2－13は，公知情報に基づいてスマートフォン用ロジックICメーカーであるQualcommのビジネスモデルイノベーションの進化を図示したものである。彼らも宣言しているとおり，Qualcommは今や単なるロジックICメーカーではなく，様々な事業の「enabler」（実現支援者）としての事業ドメインを構築しつつある。

地域領域の定め方

そして最後の領域が地域である。地域は，経済学でいうところの比較優位が成り立ち，地域ごとに産業特性が存在するケースが多いことから，産業と同様にイノベーションの果実を得る「場」に該当する。その中でも特に地域軸として意識すべき観点が，社会的な課題という視点である。地域の主要なステークホルダーである現地の政府・自治体の主たる役割は，地域の産業振興・産業規制であるが，その目的は彼らの地域に内在する社会課題の解決にある。

地域特性として挙げられる社会課題は，例えば日本や欧米などの先進国であれば，モビリティの円滑化，高齢化，インフラの老朽化がある。それらに対する解決策として，様々なマッチングサービスを提供するプラットフォーマーやドローンを活用した計測・点検技術を活用したスタートアップ企業が登場している。一方，東南アジアや南米などの発展途上国では，大気汚染やエネルギー不足といった先進国とは異なる社会課題が存在し，それらの解決を試みるべくモビリティのシェアリング，オンデマンド物流，太陽光発電といったサービスを提供するスタートアップ企業が登場している。地域領域の特定には，こうした地域特性を踏まえた社会課題のメガトレンドを適切に把握することが重要である。

社会課題のメガトレンドを把握するためには，マクロ環境を分析する際のフレームワークであるPEST分析（Politics：政治，Economics：経済，Society：社会，Technology：技術）が有効である。なお，PEST分析は各項目間の因果関係や時間軸が明確に考慮されないままに分析されるケースが多いため，PEST分析のフレームワークを改良した**図表2－14**のようなSTEP分析の活用が有効である。

これは，社会課題を起点としてメガトレンドがどう変遷するかを把握するために，PESTをSTEPの順番に置き換えたものである。社会課題（Society）が発生すると，この社会課題を解決しようとする技術トレンド（Technology）が登場する。次にその技術トレンドが成り立つか否かの経済性トレンド（Economics），つまり費用対効果の傾向が見えてくる。そして社会的に意義が高いと認められる技術であれば，振興政策（Politics）トレンドが現れる。爆発的に経済性が認められて行き過ぎれば，規制（Politics）という形で制限をかけるトレンドが生じてくる。

社会課題から派生する技術・経済・政治のメガトレンドを把握すると，候補

図表2－14　STEP（PEST）分析のフレームワーク

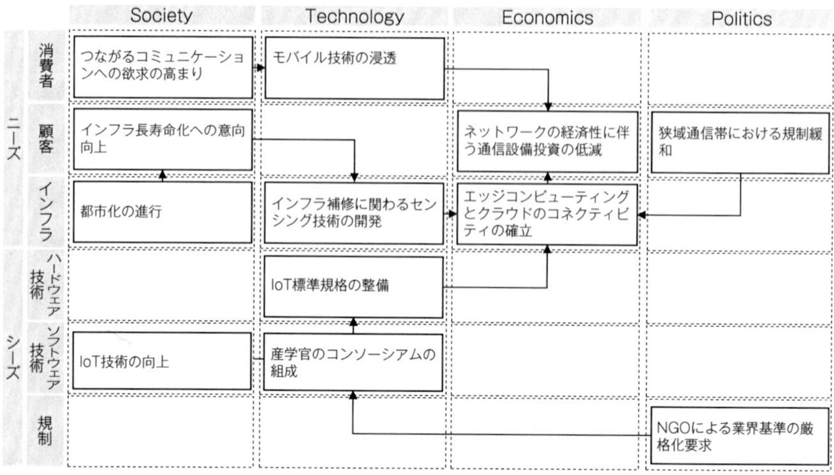

（出典）　KPMGデータベース

地域のメガトレンドシナリオを描くことができる。更に，自社の既存事業と将来のイノベーションの大方針がどのような社会課題の解決に寄与するか，といったことも照らしあわせると，より精度の高い地域領域の選定が可能となる。

技術領域にも影響するスタートアップ企業勃興地域

地域軸が技術領域に関わってくるという側面も見逃せない。海外におけるスタートアップ企業の有名な地域として，米国のシリコンバレーやイスラエルが挙げられる。最近では，中国の深圳，ドイツのベルリン，インドのバンガロールなどもスタートアップ企業の集積地として注目を集めている。その中でも特に技術領域として注視すべきなのは，やはりシリコンバレーとイスラエルである。

シリコンバレーとイスラエルに共通するのは，強力な軍隊を有しており，その軍事技術がビジネスに転用されるエコシステムが構築されているという点である。更に，こうした軍事技術に投入される軍事予算に加えて，民間資金においても産学連携が進んでいることから，基礎研究は大学が担い，大学に対する資金供与のための寄付や財団といったエコシステムも構築されている。

イスラエルでは，研究開発型スタートアップ企業が隆盛している。その背景として挙げられるのが，イスラエルの地理条件に依存するアラブ諸国との関係である。イスラエルは18歳以上の男女に兵役が課されており，ほとんどの国民が大学進学前に軍隊に所属する。

イスラエル軍は隣国との緊張関係から諜報活動が発達しており，その中に「8200部隊」と呼ばれるサイバーセキュリティと諜報活動を担当する精鋭チームがある。この8200部隊は，イスラエル全土の兵役に属する上位１％のさらに上位１％の人材を採用しているとされるチームであり，そこでは予算３億ドルに値する仕事を300万ドルで取り組む，といった厳しい任務が課される。こうした制約条件を付けられ，隊員は“起業家”として取り組まざるを得ない状況下に置かれる。やがて，こうした環境下で経験を積んだ人材が大学に進学し，社会に出たときに，軍隊で培った強固なネットワークも活用しながら，次々と起業していく。

世界中のグローバル企業も続々とイスラエルに拠点を構えるようになり，いまやテルアビブは「Global Startup Ecosystem 2017」では，第６位にランクされている。今後はイスラエルのような軍事技術のバックボーンを持つ地域が，研究開発型スタートアップ企業の生誕地として発展するかもしれない。

［２］ 投資ポートフォリオの設計

M&Aの枠組みでCVCを検討するリスク

投資領域が定まると，次は投資ポートフォリオの設計となる。投資ポートフォリオの設計は，一言でいうと投資資金の配分方針の策定である。前節の冒頭で述べたが，コーポレートベンチャリングは不確実性の高い投資であるため，M&Aとは違って１社への投資ではなく，複数のスタートアップ企業に投資することが前提となる。したがって，投資先全体つまり投資ポートフォリオとしてどう管理するかという方針が不可欠である。日本企業には，投資ポートフォリオという意識が低いが，この大きな要因としては，戦略リターン追求を優先するという方針が影響している。

戦略リターン追求を優先すべきという方針によって，投資予算の大枠は策定されるものの，財務リターンの観点が排除されてCVCが運営されるケースが散見される。こうしたケースでも，投資期間のうち当初の2～3年間は特段問題なく運営されるが，3年目を過ぎたあたりから事情が変わってくる。まず，本社管理部門から指摘が入る。当初2～3年間は，CVCも始まったばかりで熱も入っていることから投資の加速化が奨励されるものの，投資期間が一段落する3年目以降は，投資した案件についての状況報告が本社管理部門から求められるようになる。当然戦略リターン狙いで始まった投資であるため，投資先のパフォーマンスが芳しくないという報告が多くなる。本社管理部門の反応は手厳しい。当初「戦略リターン追求のCVC」と合意したにもかかわらず，である。投資側としては，話が違うではないか，となるが，会社の論理として，そこは許されないケースが多い。

どうしてこのような事態となるのだろうか。これには，財務リターンを排除した結果，CVCとしての投資基準が定められずに，従来の事業投資の枠組みで評価されてしまうことが大きく影響している。つまり財務部は，既存のM&Aの投資基準をそのまま適用して，スタートアップ投資を評価する。その結果，リターンを生み出すまでに時間を要するスタートアップ企業の投資評価は，非適合と位置づけられてしまう。では，投資基準をスタートアップ企業向けに調整しさえすればいいかというと，事はそう単純ではない。

後述するが，CVC独自の投資基準の策定は必須事項である。しかしながら，それは基本的に個別投資の判断基準であって，CVC投資全体を規定するものではない。CVCは個別の投資案件だけでなく，ポートフォリオを管理することが重要であり，そこでは通常のM&Aで用いられるIRRやNPVといった投資基準ではなく，むしろポートフォリオ全体を評価する投資回収倍率という考え方がフィットする。投資回収倍率とは，投下した資金を分母とし，それに対する回収額を分子とした指標である。IRRやNPVといった指標の本質は時間価値であり，より短期的な時間軸で業績を評価する投資基準である。スタートアップ企業に対する投資は，7～10年の時間軸で運用するため，時間価値の概念で評価する投資基準は馴染まない。

コーポレートファイナンス的にいうと，M&Aは線形的なDCFの世界，CVCは非線形的なリアルオプションの世界ということである。ラグビーに例えると，ペナルティをもらったとき，M&Aはペナルティーキックで3点を狙いに行くことであるのに対して，CVCは0点になるかもしれないが，トライとコンバージョンゴールの7点を狙いにいくことに相当する。

したがってCVCは，個々のスタートアップ企業に対する投資の細部に極端にこだわることなく投資ポートフォリオを評価することで，最終的に全体の仕上がりを向上させることが重要である。そうすることにより，ハイリスクでありながらも積極的な投資に取り組むことができる。

CVCポートフォリオの全体像

CVCにとっては投資ポートフォリオこそが重要であることが理解できたところで，CVCポートフォリオの全体像を見ていこう。**図表2－15**は，CVCポートフォリオのアロケーション（投資資金の配分方針）のイメージである。まず上段の図表であるが，縦軸は投資領域で，地域とスタートアップ企業のステージおよびFund to Fundがあり，どの地域でどのようなステージのスタートアップ企業に投資しているかが示されている。横軸には投資期間と回収期間があり，どのような期間で投資を行い，いつ回収する計画かが示されている。これを俯瞰すると，CVCポートフォリオ全体の中で個々のスタートアップ企業に対する投資がどのような状況であるかが一目瞭然になる。CVCポートフォリオを設計すれば，リスクの高い投資と相対的にリスクの低い投資を把握することができるようになり，まずどの領域で，どのタイプの戦略リターンの獲得を狙うべきかについても検討することができる。

次に，下段の図表は，CVCポートフォリオ全体の投資・回収を踏まえたキャッシュフローの推移を示している。累積キャッシュフローを示す折れ線グ

図表2－15　CVCポートフォリオのアロケーション（投資資金配分方針）

投資領域			投資期間					回収期間		
			1期	2期	3期	4期	5期	6期	7期	…
投資領域	日本	シード	XX				XX	XX	XX	XX
		アーリー	XX	XX				XX	XX	XX
		ミドル	XX	XX	XX				XX	XX
		レイター	XX	XX	XX	XX	XX	XX	XX	XX
		Fund to Fund	XX	XX		XX	XX	XX	XX	XX
	海外	アーリー	XX				XX	XX	XX	XX
		ミドル	XX	XX				XX	XX	XX
		レイター	XX	XX	XX				XX	XX
		シード	XX	XX	XX	XX	XX	XX	XX	XX
		Fund to Fund	XX	XX		XX	XX	XX	XX	XX

＊Fund to Fund　：CVCファンドから，第三者が運営する別のファンドへLP出資すること

XX ：投資額　XX

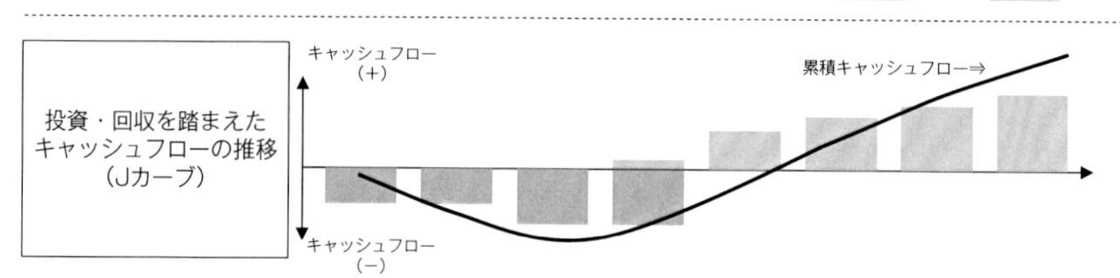

（出典）　KPMGデータベース

ラフが“J”の文字に似ていることから，Jカーブと呼ばれる。Jカーブによって，CVCポートフォリオ全体の投資期間と回収期間が一目瞭然となり，財務部を始めとする本社管理部門各所に対して，財務リターンの状況を説明することができる。

このようにCVCポートフォリオを設計することにより，投資領域と投資期間の投資資金アロケーションが可視化され，CVCポートフォリオの運営方針が定まる。

CVCポートフォリオの構築

次に，CVCポートフォリオをどのように設計するかについて議論を深めていく。**図表2－16**に示すように，トップダウンとボトムアップの両面からのアプローチによるCVCポートフォリオの設計が効果的である。

図表２－16　CVC ポートフォリオ構築のアプローチ

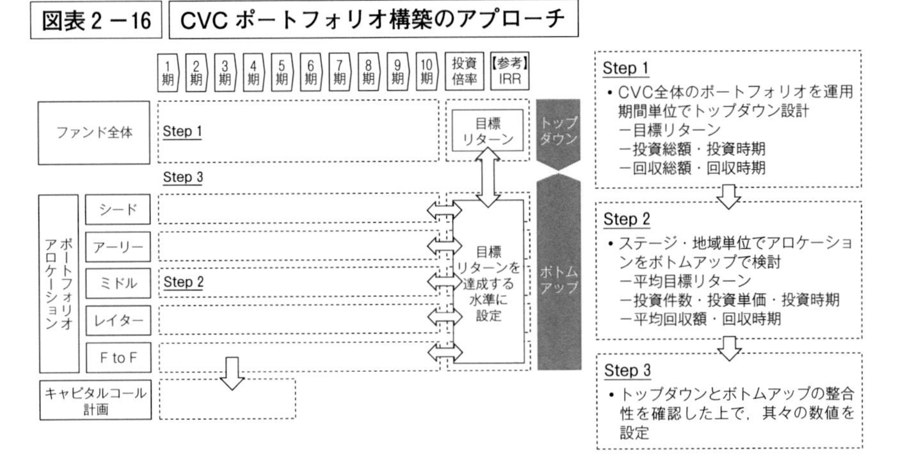

（出典）KPMG データベース

トップダウンアプローチによれば，CVC 投資領域全体を意識した設計が可能である一方で，ステージ・地域単位の投資配分が粗くなってしまう。ボトムアップアプローチによれば，ステージ・地域単位のアロケーション設計は可能である一方で，積み上げた際にオーバーフローしてしまうことが多く，部分最適に陥りやすい。したがって，トップダウンで全体の投資総額・投資時期，回収総額・回収時期，目標リターンを設計し，次にボトムアップでステージ・地域ごとの投資件数・投資単価・投資時期，平均回収額・回収時期，平均目標リターンを検討するのが合理的である。

最終的にトップダウンとボトムアップでポートフォリオの整合性を図り，各々の数値を設定することで，CVC 投資領域の目指す姿をベースとした個別案件の投資サイズや投資分布が反映された CVC ポートフォリオを設計することができる。

なお，ボトムアップアプローチは，投資領域を特定する作業であるため，比較的スムーズに検討を進めることができるのに対し，相談を受けることが多いのがトップダウンアプローチである。「投資総額は決めたが，投資期間や回収期間をどう設定するべきかがわからない」という質問をよく受ける。M&A であれば，対象会社のスタンドアロン価値を算定することで投資規模を把握することができる。一方で，複数のスタートアップ企業からなるCVCポートフォリオの場合には，最適な投資期間や回収期間の割り当てを設計するのは困難である。その際に参考になるのが，ベンチャーキャピタル（VC）のファンド運営である。**図表2－17**は一般的なVCファンドのマイルストンとJカーブを示したものである。

これによれば，1-4期はポートフォリオを構築する時期となっており，関連するキャッシュフローの内訳は，新規投資額と既存投資先への追加投資額が大部分を占めている。

VCファンドの運営期間は概ね7～10年で設定されており，最初の2～4年間でポートフォリオを構築していく。つまり，この期間が投資期間に該当する。3-5期目でポートフォリオの構築を完了し，既存投資先の成長に応じて，3-7期に追加投資するのが一般的である。また，投資額については，ポートフォリオを構築するまでに，「ファンドがこれだけ投資する」と取り決めたコ

図表2－17　一般的なVCファンドのJカーブ

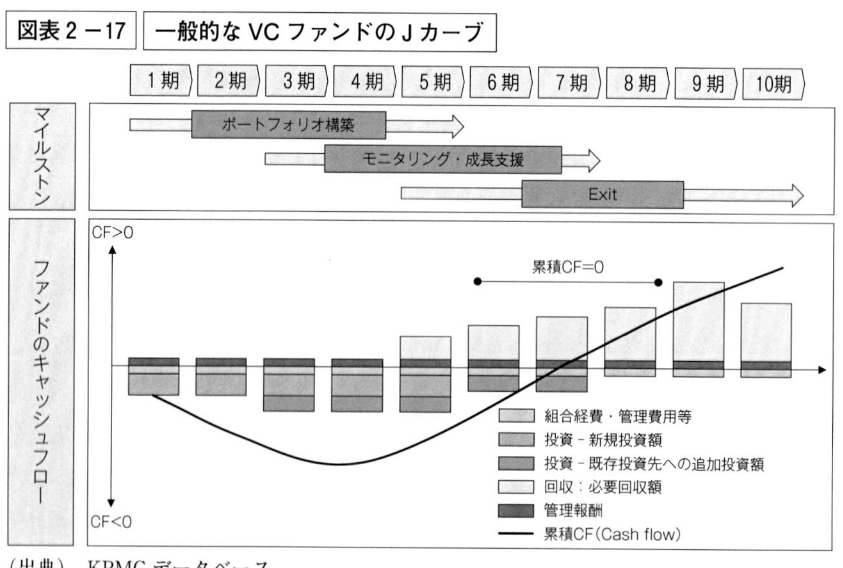

（出典）　KPMGデータベース

ミットメント総額の3分の2から4分の3をキャピタルコールするのが一般的である。ちなみに，キャピタルコールとは，ファンド設立時にファンド出資で約定した総額を，一括払いではなく，ファンドの投資進行状況や収益性などを評価して，持続的な出資可否を決定する，分割払いのような形式を指す。

このように，CVCにおいても対象は同じスタートアップ企業であるため，たとえCVCファンドを組成しない場合でも，同様の考え方で投資していくことが望ましい。なお，毎期一定額の組合経費・管理費用と管理報酬が計上されているが，これはファンド運営者であるGP（General Partner：通常はVCが担当）の基本報酬と運営経費にあたる（こちらの詳細については，第3章で解説）。

次に5-10期にかけて，必要回収額が増加している。これは，1-4期の新規投資と3-7期の追加投資がリターンを創出することを想定している。そして，Jカーブは7期を境にプラスに転じていることも読み取れる。VCは5-9期で投資を回収するのが一般的である。ちなみに，ファンド運用初期のポートフォリオにミドル・レイターステージを組み入れた場合には，Exitを前倒しする場合がある。回収額は，投資総額と目標投資回収倍率を掛けあわせることで算定されている。

こうしたVCのファンド運営方針を参考に，投資と回収をステージ別に表現したのが**図表2－18**である。シード・アーリーステージの投資は1-3期に行い，回収は8-10期に見込まれる。ミドル・レイターは，この時期が相対的にシード・アーリーよりも早く，1-2期の投資が早ければ3-4期には回収される形となる。投資時期の検討は，回収時期とポートフォリオ構築時期から逆算して定めることができる。回収時期については，同じくVCの回収期間が参考になる。

VCの回収期間は日米で若干異なる。日本は，シード・アーリーは5～7年，ミドル・レイターは1～3年で回収するのが平均的である。一方で，米国は，シードは7年～9年，アーリーは6年，ミドルは5年，レイターは2～4年が平均的な回収期間となっている。米国のほうが短期間で回収を図っているイ

図表2－18　ステージ別の投資時期と回収時期

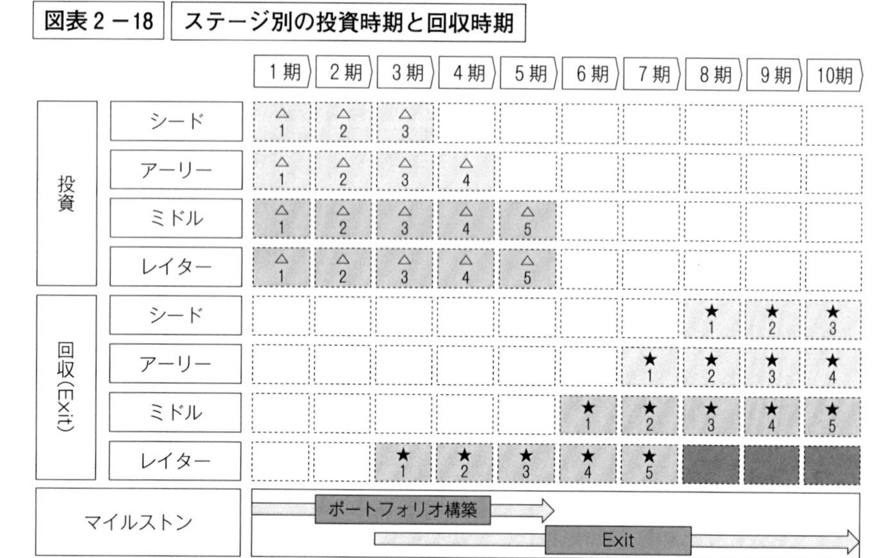

（出典）　KPMG データベース

メージがあるかもしれないが，意外にも日本のほうが回収期間は短い。余談になるが，スタートアップ企業に対する投資については，米国のほうがいたずらに時間軸に振り回されることなく，投資回収倍率を意識して運用されているようである。

このように，地域によって回収期間に違いがあることから，ポートフォリオを詳細に設計する場合は，ステージ・地域ごとに回収期間を設定するのも有効である。

ここまでコーポレートベンチャリングの目的とリターンを踏まえて，CVC 戦略における CVC 投資領域および CVC ポートフォリオの具体的な手法について述べてきた。

企業がおかれている業績環境によっては，「これだけ複雑で時間も要し，リスクも大きい CVC の検討は取り止めよう」と判断するケースも当然“あり”であろう。一方で，それはイノベーションの実現を放棄する意思決定であるという点も同時に認識すべきではないだろうか。

イノベーションの実現を目指すのであれば，「リスクが大きいことを承知のうえで，これだけ複雑で時間を要することにコミットするのであるから，必ずイノベーション実現の道筋をつくる」，これこそが，イノベーションの実現に向けたCVC戦略の本質的なメッセージである。

第3章

コーポレートベンチャリングの設計

本章では，大企業がCVC活動を行っていくために，どのように投資スキームと運営体制を組成していくか，そして最終的にスタートアップ投資の意思決定を行うためのプロセスと投資基準をいかにして定めるかを，より具体的に見ていく。

3-1 スタートアップ投資スキームの実務

［1］ 投資スキームの全体像

スタートアップ投資スキーム

大企業が採用可能なスタートアップ投資スキームには様々な手法が存在する。本社から直接スタートアップ企業へ投資することもあれば，子会社を介した投資，または子会社により設立された投資ファンドを介した投資など，そのスキームは様々であるため，ここでは，どのようなスキームが存在するかを確認する。

スタートアップ企業への投資スキームには大きく８通りがある。投資事業を展開している場合，10通りのスキームから選択可能であるが，事業会社で採用されているスキームは８通りである。スタートアップ投資のスキームは４つの構成要素（CVC子会社の組成有無，VCの活用有無，投資ファンドの組成有無，外部LPの活用有無）の組み合せで形成され，この４要素をどのように組み合せるかにより最終的な投資スキームを決定することとなる。

スタートアップ投資スキームの構成要素

スタートアップ投資スキームを構成する４要素としてまず検討すべきことは，投資に際してCVC子会社を介在させるか否かである（**図表３－１**における縦軸構成要素１）。

図表３－１　スタートアップ投資スキームの類型

CVC子会社の設立有無	VC活用有無				
	VC活用なし			VC活用あり	
	ファンドスキームなし	ファンドスキームあり		ファンドスキームあり	
		複数LP(社外LP)	グループ外LPなし	複数LP(社外LP)	グループ外LPなし
設立なし	1-1-1 大企業 スタートアップ	1-2-1 投資事業を主たる業務としていない大企業（事業会社）が自社の傘下にファンドを設立する事例は存在しないものと想定	1-2-2	1-3-1 大企業　社外LP*　社外VC LP　LP　GP ファンド スタートアップ ＊他のグループ企業	1-3-2　二人組合 大企業　社外VC LP　GP CVCファンド スタートアップ
設立あり	2-1-1 大企業 CVC子 スタートアップ	2-2-1 大企業　社外LP* CVC子 GP　LP LP　CVCファンド スタートアップ ＊他のグループ企業	2-2-2 大企業 CVC子 GP LP　CVCファンド スタートアップ	2-3-1 大企業　社外VC　社外LP* CVC子 GP　LP LP　CVCファンド スタートアップ ＊他のグループ企業	2-3-2 大企業　社外VC CVC子 GP LP　CVCファンド スタートアップ

（出典）　KPMG データベース

次に大きな論点としては，社外のベンチャーキャピタル（以下「VC」という）と連携した投資スキームを採択するか否かである。すなわち，具体的には大企業自身が投資するスキームか，社外の力を借りながら投資を行うスキームかである（図表３－１における横軸構成要素２）。

残る２つの構成要素は，投資ファンドを介した投資スキームを採用するか否か，大企業のグループ企業以外からのLP出資を受けるか否かである（図表３－１における横軸構成要素３・４）。

このような４つの要素それぞれに対してどちらか一方を選択した組み合せが論理的に導かれるスタートアップ投資の10のスキームとなる（図表３－１における投資スキーム1-1-1～2-3-2)。

ただし，CVC活動は，投資を本業としていない大企業によるスタートアップ投資である点を勘案すると，実際には大企業自身が直接傘下に投資ファンドを設立したうえで自ら運営することは通常想定されないため，該当する２つのスキームを除く８つのスキームがスタートアップ投資の選択肢となる（図表

3－1における投資スキーム1-2-1と1-2-2)。

[2] CVC活動の成功10ヵ条

CVC活動を成功に導くために満たすべき10の基準

投資ノウハウの程度によって自社に適した投資スキームは様々であるものの，投資スキームの評価要件は10の基準にまとめることができる。

この10の基準は，いい換えればCVC活動，特に投資活動を成功させるために満たすべき「10ヵ条」ともいえる（**図表3－2**）。

図表3－2　投資スキームの構成要素と成功10ヵ条との関係を評価する枠組み

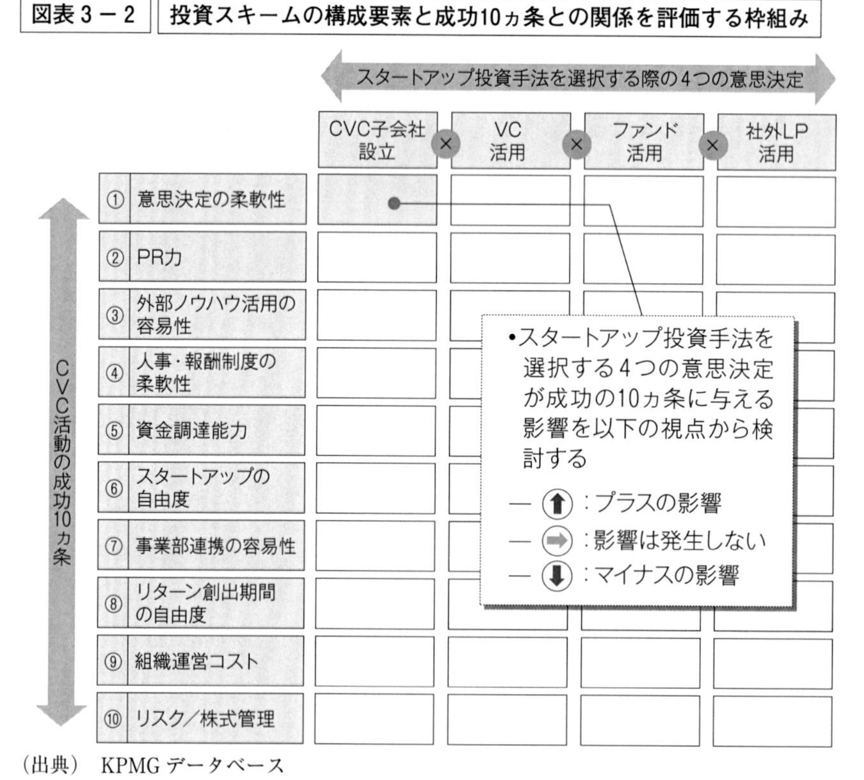

（出典）KPMGデータベース

①　意思決定の柔軟性

投資検討・実行，モニタリング・支援，Exit のいずれの場面においても，柔軟な意思決定は軌道修正を可能とする。更に，意思決定が柔軟であるということは，様々な選択肢を吟味することでもあり，スタートアップ企業の可能性をゼロベースで議論することにもつながる。しかしながら，意思決定の柔軟性は良いことばかりではなく，自由度が高まることで議論の“発散”を招きがちである。したがって，その点も認識したうえで，同時に仕組みとして議論の“収束”を織り込むことが不可欠である。

②　PR 力

大企業がスタートアップ企業への投資，連携活動にコミットする姿勢を対外的に明示することは，当該大企業が中長期的にスタートアップ企業にとっても利点がある活動を展開していくというメッセージを示すことにもなる。このようにコミットメントを示すことにより，スタートアップ企業との連携を図りやすい環境を整えることができる。

③　外部ノウハウ活用の容易性

CVC 活動によるスタートアップ企業への投資や事業支援には，大企業同士の連携とは異なる固有のノウハウを必要とする。したがって，CVC 活動では，通常の事業運営を行う大企業では得難い外部のノウハウ，特にスタートアップ投資・支援の専門的ノウハウへのアクセスを確保することが求められる。

④　人事・報酬制度の柔軟性

CVC 活動を展開する組織にはスタートアップ投資・支援の専門的ノウハウを有する人材が不可欠であるが，大企業にはこうした固有のノウハウを有する人材を評価し，成果に応じて報酬を支給する人事制度がないケースが多い。したがって，CVC 活動に必要とされるノウハウを得るために，こうした専門知識に明るい人材を評価し，推奨する人事・報酬制度を構築することが望まれる。

⑤ 資金調達能力

自社の原資に限らず，外部からの資金調達も利用することで，より広範囲のスタートアップ投資を可能とする体制構築が求められる。

⑥ スタートアップ企業の自由度

スタートアップ企業への投資や支援が，当該スタートアップ企業の事業に対する阻害要因となったり，特に彼らの潜在顧客から見て事業に影響があるとみなされたりしないようにする必要がある。

⑦ 事業部連携の容易性

通常CVC担当者は，企画部門や投資経験のある人材である。一方で，CVC活動で最終的に戦略リターンを最大化するためには，技術や事業に精通した大企業の事業部のノウハウが不可欠となる。したがって，CVC活動組織と事業部が連携してスタートアップ企業を支援する体制を構築することが必須となる。

⑧ リターン創出期間の自由度

これまでも説明しているとおり，スタートアップ企業に対する投資から最終的に戦略リターンを得るまでの時間軸は中長期的にわたる。したがって，なるべく時間的制約にある程度の柔軟性を持って活動するのが理想的であり，そのための仕組みを導入する必要がある。

⑨ 組織運営コスト

CVCでは，専門組織の組成後，活動を開始しての数年間は財務リターンが見込めない状況が続く。したがって，CVCの目的に照らした主体組織の組成と税金を含めた運営コストの抑制を忘れずに検討しなければならない。

⑩ リスク／株式管理

CVC活動を通してスタートアップ企業への投資に伴うリスクを可能な限り

軽減する体制を敷く必要がある。また，スタートアップ企業数も増えていくことから，複数のスタートアップ株式を一元管理し，ポートフォリオ全体の状況をいつでも確認できるようにしておくことも不可欠である。

[3] 投資スキームを評価する枠組み

ここでは成功10ヵ条をもとに各々の投資スキームを評価する枠組みについて説明する。

はじめに，8つの投資スキームを実際に評価する前に，各投資スキームを構成する4つの構成要素（意思決定）を成功10ヵ条に照らして定量評価する（**図表3－3**）。これにより，成功10ヵ条を基準にした各投資スキームの優劣を評価することができる（図表3－3）。

[4] 投資スキーム別の評価

成功10ヵ条に照らすとトレードオフの関係になる投資スキーム

はじめに投資スキームを構成する4つの要素すなわち「CVC子会社設立」「VC活用」「ファンド活用」「社外LP活用」の成功10ヵ条に対する影響を把握する。

4つの構成要素のいずれかを選択した場合，10ヵ条すべてに好影響を与えることはなく，必ずトレードオフが生じる。例えばCVC子会社を設立すれば，大企業本体からCVC組織が分離されるため，意思決定の柔軟性，人事・報酬制度設計など組織の自由度が高まり，スタートアップ企業に対するコミットメントが示されるとともに，外部に大企業の色が付いていないことをアピールすることができる。一方で，組織を分離するコストが必要となったり，CVC組織として大企業の事業部から一定程度の距離が生じることから連携が図りにくくなったりする面がある。「VCの活用」「投資ファンドの活用」「社外LPの活用」に関しても，同様にトレードオフが発生する。

「VCの活用」は，スタートアップ企業への投資・支援を専門としている彼

図表３－３　スタートアップ投資スキームに係る評価の枠組み

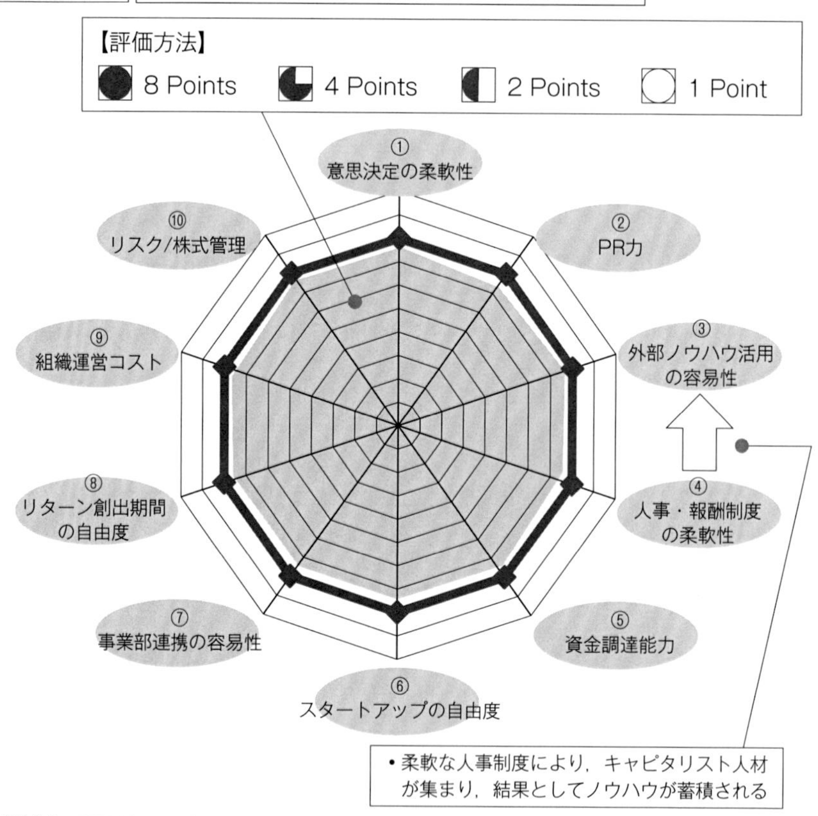

（出典） KPMG データベース

らのノウハウを活用できる点に加え，スタートアップ投資のリスク管理が容易になるという利点がある。一方で，VC は財務リターンを重視することから，必ずしも戦略リターンには繋がらないスタートアップ企業への投資を大企業に推奨する可能性がある。「VC の活用」は，大企業側の CVC 戦略が定まっていないとすると，VC の推奨する進め方に左右されがちになる。

「投資ファンドの活用」の最大の利点は，資金調達能力に幅ができる点のみならず，投資した株式を一元管理しやすいという点にある。ただし，投資ファ

図表３－４　スタートアップ投資スキームに係る構成要素の評価

評価項目 10ヵ条	スタートアップ投資手法を選択する際の４つの構成要素			
	CVC子会社設立の場合	× VC活用の場合	× ファンド活用の場合	× 社外LP活用の場合
① 意思決定の柔軟性	・CVC担当部門の独立性が向上 ⬆	・CVC担当部門の独立性が低下 ⬇	➡	➡
② PR力	・外部へのPR力が向上 ⬆	➡	・外部へのPR力が向上 ⬆	➡
③ 外部ノウハウ活用の容易性	➡	・投資プロセスにおけるノウハウを活用可能 ⬆	➡	・投資プロセスにおけるノウハウを活用可能 ⬆
④ 人事・報酬制度の柔軟性	・柔軟な人事制度を設計可能 ⬆	➡	➡	➡
⑤ 資金調達能力	➡	➡	・資金調達の応力が上昇 ⬆	・資金調達の応力が上昇 ⬆
⑥ スタートアップの自由度	・"色"を付けることを回避でき，自由度を担保可能 ⬆	➡	➡	➡
⑦ 事業部連携の容易性	・本体の事業部との連携が損なわれる可能性 ⬇	➡	➡	➡
⑧ リターン創出期間の自由度	➡	・財務リターン重視のインセンティブが発生するリスク ⬇	・ファンド運営期間の制約が発生 ⬇	➡
⑨ 組織運営コスト	・子会社の設立・運営・清算コストが上昇 ⬇	・ファンド事務手続きは減少する一方，手数料が発生 ⬇	・ファンドの設立・運営・清算コストが上昇 ⬇	・社外LPへの報告コスト（ファンド運営コスト）が上昇 ⬇
⑩ リスク/株式管理	・株式管理が容易 ⬆	・株式管理が容易 ・VCがGPの場合リスクが低減 ⬆	・株式管理が容易 ⬆	➡

凡例 ⬆：プラスの影響　➡：影響は発生しない　⬇：マイナスの影響

（出典）　KPMG データベース

ンドの設立・運営コストに加え，運営期間が設定されるために，投資期間内にリターン創出を実現しなければならないという制約がある。

「社外のLP活用」は，自社のみではなしえない資金調達が可能であり，参画したLPの力を借りながらスタートアップ企業を支援することができるという利点がある。その一方で，社外LPに対して投資先の状況や投資環境の変化を定期的に報告することが義務づけられる。これらの関係を整理すると**図表３－４**のようになる。

成功10ヵ条すべてを満たす投資スキームはない

これらの構成要素の組み合せからなる８つの投資スキームを前述のとおり定量評価した結果を示したのが**図表３－５**，および**図表３－６**である。

投資スキームの構成要素と成功10ヵ条との関係を考慮すると一部にはトレー

図表3－5　スタートアップ投資スキームの評価（1/2）

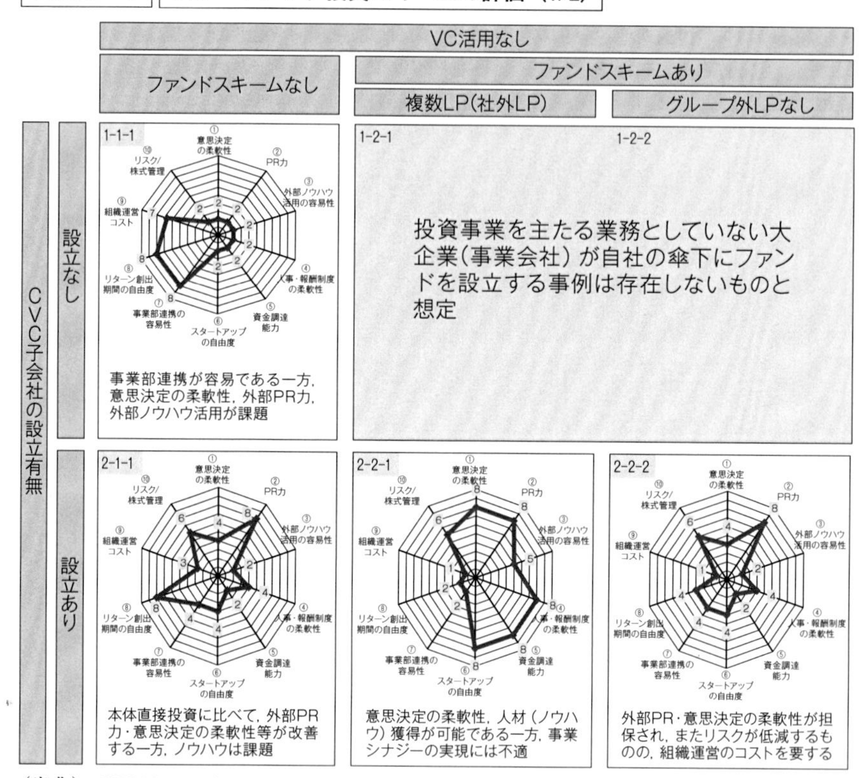

（出典）　KPMG データベース

ドオフの関係があることから，特定の投資スキームを選択すれば10ヵ条すべてが満たされるというものではない。特に**図表3－7**のグラフ中網かけで示しているとおり，どの投資スキームを選択したとしても成功10ヵ条のうちのいずれかが不足する。

どのように投資スキームを選択すべきか？

いずれの投資スキームにも何らかの成功要因の不足領域があるが，では，どのように投資スキームを選択すべきであろうか。そのためには，成功10ヵ条を定量化した結果，どの領域が不足するかを確認したうえで，選択する投資ス

図表3－6　スタートアップ投資スキームの評価（2/2）

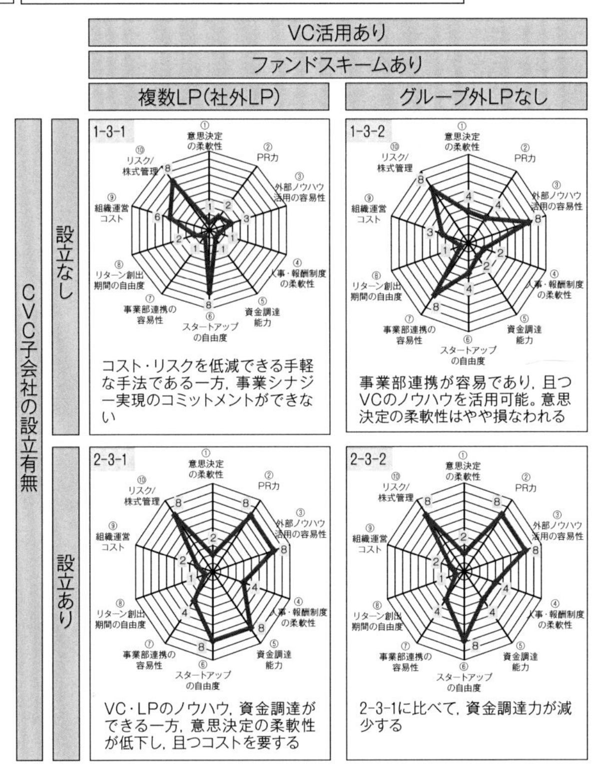

（出典）　KPMG データベース

キームを決定していく。

図表3－8は，ある大企業がCVC活動を検討した際に現状を評価したものである。このケースでは，10ヵ条のうち意思決定の柔軟性のみを満たし，残る9ヵ条のうちの5ヵ条は満たす道筋が見える状況にあった。一方，他の4ヵ条（外部ノウハウ活用の容易性，人事・報酬制度の柔軟性，資金調達能力，事業部連携の容易性）については，これらを満たすための根本的な打ち手を検討する必要があったことから，これらの4ヵ条を満たすよう社内の仕組みを構築し，最終的な投資スキームを決定した。

この例のように，特定の投資スキームを選択すれば必ず成功10ヵ条の要素が

図表３－７　スタートアップ投資スキームにおける有効性の不足領域

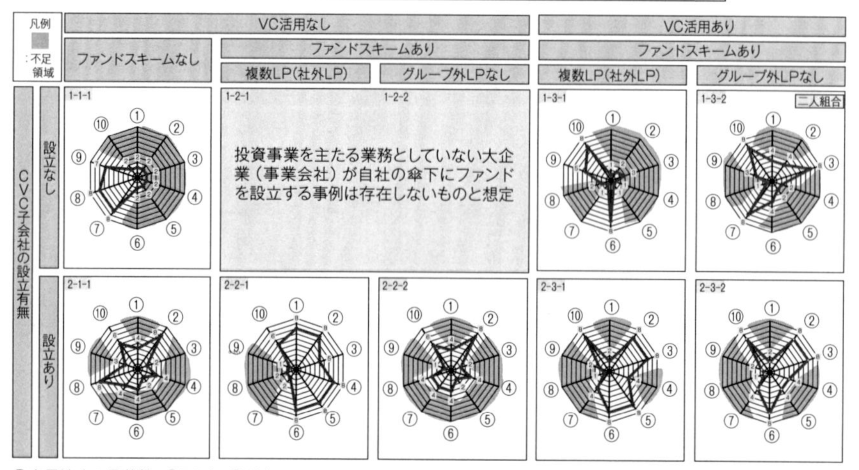

①意思決定の柔軟性，②PR力，③外部ノウハウ活用の容易性，④人事・報酬制度の柔軟性，⑤資金調達能力，⑥スタートアップの自由度，⑦事業部連携の容易性，⑧リターン創出期間の自由度，⑨組織運営コスト，⑩リスク/株式管理

（出典）　KPMG データベース

満たされるとは限らない。したがって，自社の組織の現状（特にケイパビリティの有無）を把握したうえで，選択すべき投資スキームを検討する必要がある。

CVC 進化論

スタートアップ企業への投資経験が少ない，あるいは経験がない企業にとっては，どの投資スキームを採用すべきかを決定するのは悩ましい。CVC 活動を検討すればするほど，スタートアップ企業の探索，投資，運用，支援，Exit の各プロセスに関して専門的なノウハウが必要であることが判明し，かつ，そのようなノウハウを得ることが容易ではないことも同時に明らかになってくる。このような状況にある大企業はどのように投資スキームを決定すべきであろうか。ここからは，今後 CVC に取り組む大企業を想定し，CVC 活動を進めながら，採用する投資スキームを進化させる方法，「CVC 進化論」を提言したい（**図表３－９，図表３－10**）。

図表3－8　組織の現状の確認・評価（例示）

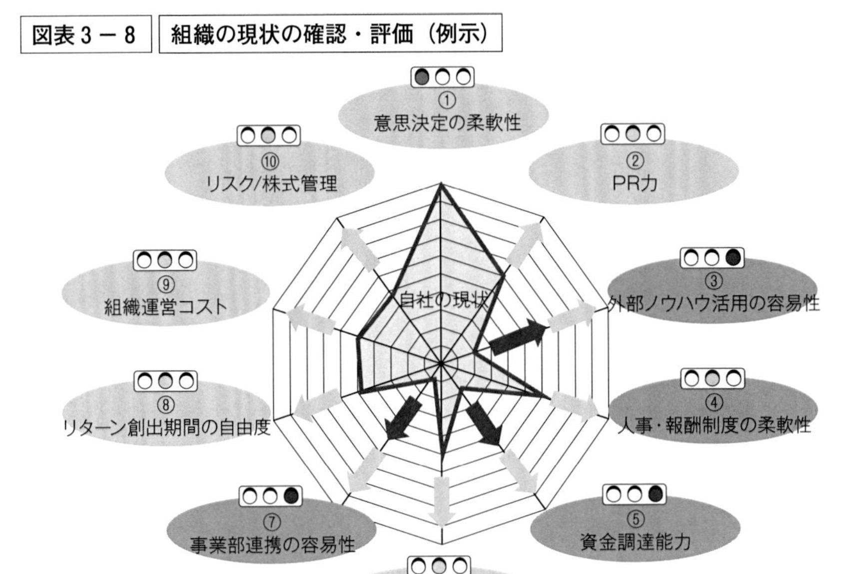

凡例

現状の仕組み・方針で大きな課題が発生しないと想定される項目

現状の仕組み・方針が十分に策定されていないものの，打ち手の候補が存在している項目

現状の仕組み・方針が十分に策定されておらず，かつ効果的な打ち手の候補が存在しない項目

（出典）　KPMG データベース

開始時点：LP 出資から始める CVC 活動

CVC 活動をすべて自社で行うには様々な専門的なノウハウが必要となる。特に，スタートアップ企業とこれまで関係がなかった大企業にとっては，どのようにスタートアップ企業と接していくべきかもわからないまま活動を始めることとなる。そのような大企業にとっては，活動開始時点で VC が行うスタートアップ投資に LP として参画することを推奨したい。

投資領域が定まった後，VC が公募する投資ファンドに出資・参画すること

図表3－9　投資スキーム採用における進化仮説

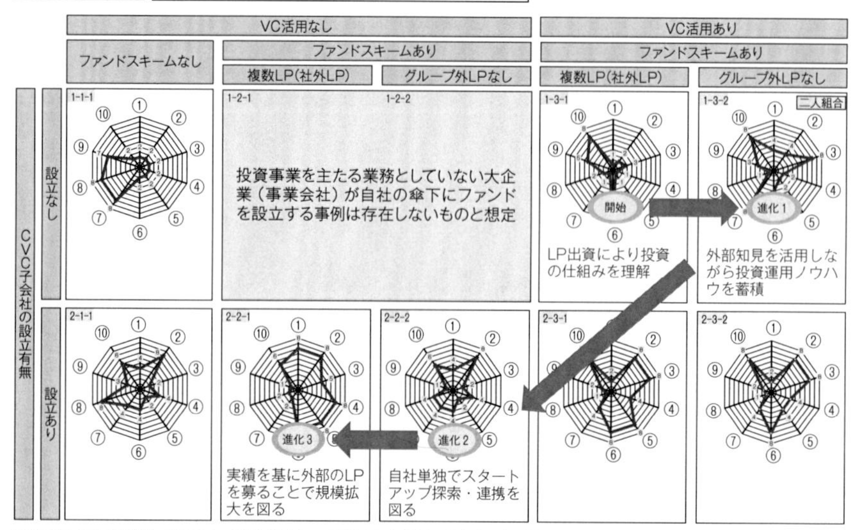

①意思決定の柔軟性，②PR力，③外部ノウハウ活用の容易性，④人事・報酬制度の柔軟性，⑤資金調達能力，⑥スタートアップの自由度，⑦事業部連携の容易性，⑧リターン創出期間の自由度，⑨組織運営コスト，⑩リスク/株式管理

（出典）　KPMGデータベース

で，スタートアップ企業との接点の持ち方，必要となるスタートアップ投資のノウハウを徐々に蓄積していくのである。

実際多くのVCでは，スタートアップ企業の経営者とLP出資者がミーティングを持てるようアレンジしたり，スタートアップ企業の情報提供を特典のような形式で準備したりすることがある。一定の出資額以上の場合には，VCへの出向者派遣が可能となる場合や，シリコンバレー等のスタートアップ企業集積地に社員を派遣することができる特典を用意するVCもある。このような特典の活用をはじめ，VCの担当者とのコミュニケーションを通じて，徐々にスタートアップ企業の世界を知ると共にスタートアップ投資の仕組みに関するノウハウを蓄積するのである。このスキームを採用する最大の利点は，スタートアップ投資に伴うリスクの大部分をVCに担ってもらいながらもスタートアップ企業に関する知識を蓄えることができる点にある。

図表3－10　CVC進化論

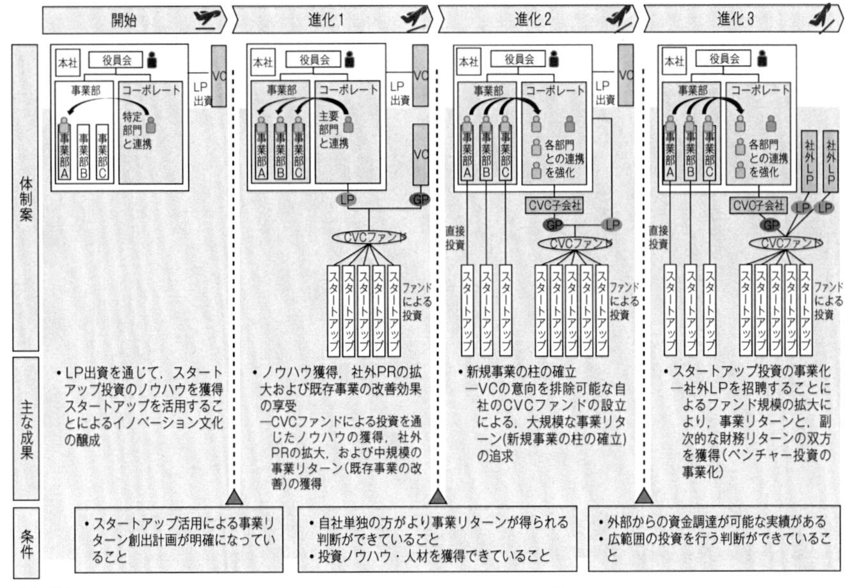

（出典）　KPMGデータベース

進化1：投資実務をVCと共に行う

スタートアップ投資の仕組みを理解した後は，その実務を習得すべく，VCと二人組合を形成した投資スキームに移行する。

この段階では，スタートアップ企業の世界とスタートアップ投資の仕組みに関する一定の理解は得ているものの，実務的な運用に関するノウハウは得ていない。したがって，自社の投資領域のみに集中しながらも，投資実務のノウハウを得るべくVCと共にスタートアップ投資を行うスキームを採用する。

VCは，投資ファンドのGPとして投資ポートフォリオの設計，投資実行，運用管理，スタートアップ支援，Exitを主体的に担うが，こうした活動をVCと密に連携することにより，投資実務に必要なノウハウを習得する。CVC担当者がVC担当者とで，スタートアップ企業の選定から事業運営支援までを二人三脚で行うことにより，CVC担当者が頭で理解するのみならず，実体験としてノウハウを蓄積していく。ただし，この投資スキームを採用する際には，事前にCVC活動の目的と投資領域を明確に定め，VCの投資意向に過度に依存することないように留意が必要である。

進化2：スタートアップ投資を自ら行う

スタートアップ投資の仕組みや実務のノウハウを得た後は，いよいよ自社単独でスタートアップ投資を行う段階となる。外部に依存することなく，自社の定めた投資領域にあるスタートアップ企業のソーシングから投資・運用，Exitまでを一貫して行う。この投資スキームを採用するメリットは，VCやLPといった外部の意向にとらわれることなく，自社のCVC方針に沿ってすべての取り組みを実施することができる点にある。この段階は，戦略リターンの創出を強く意識した取り組みとなるため，CVCチームが事業部と連携することができる体制の構築が重要である。

進化3：LPを活用した投資範囲の拡大

自らスタートアップ投資を行っていくうえで最終的な投資スキームとなるのが，自社でスタートアップ投資を主導しつつ，外部からもLPを募るという手法である。このスキームをとることにより，自社の投資原資に加えて外部から調達した資金も利用することで，広範囲な投資が可能となる。

外部からLPを募るためには，活動目的に対する賛同を得ることはもちろんのこと，投資実績として一定の成果を挙げていることが求められる。出資者側からすれば，過去にスタートアップ投資で実績を上げたか否か，またはCVC担当者が実際に投資・運用を行うか否かが，出資を決めるうえでの大きな判断材料となる。したがって，投資・運用を主たる事業としない大企業にとっては，「進化2」で述べたように，まずは自社で投資や運用を行うことが重要となる。

多数のグループ会社を有する一部の大企業が，CVC活動の初期からグループ会社がLPとして参画する投資スキームを採用した事例もあるが，そのような大企業には，事前にスタートアップ企業への直接投資やアクセラレータープログラムの実施といった，スタートアップ企業との関係を構築した実績とノウハウがある。ただし，このような大企業であっても，LPとして参画するグループ会社から活動目的への賛同を得たり，実績面で説得したりするのに時間を要している。

3-2 コーポレートベンチャリング活動の推進体制

[1] 推進体制構築の考え方

出発点となるイノベーション領域の特定

CVC活動の開始にあたっては，推進体制と運営の仕組みを構築しておく必要がある。まず推進体制を構築するうえで出発点となるのが，第2章で解説したイノベーション領域の特定である。これは，中長期にわたって活動していく中で，常に立ち返る活動の根幹となる。どの領域でイノベーションの創出を目的とするかを土台として，この目的に沿った仕組みと組織を組成していく（**図表3－11**）。

イノベーション領域を踏まえた投資運営基盤の構築

イノベーション創出領域を特定した後，事業上・技術上の特性も踏まえながら投資・提携の仕組みを決定する。ここでは，具体的に戦略リターンおよび財務リターンをどの程度の期間でどのように実現するかを定め，目標実現に向けた各投資プロセスの活動を定義していく。具体的には，投資検討時点における案件のソーシング手法，投資実行時点における投資意思決定プロセス，投資実行後のスタートアップ企業の支援やモニタリング方法を決定する。特に，投資検討のタイミングや，投資後の支援に関する事業部との連携方法，大企業側へ

図表3－11　推進体制を構築するための枠組み

推進体制のピラミッド

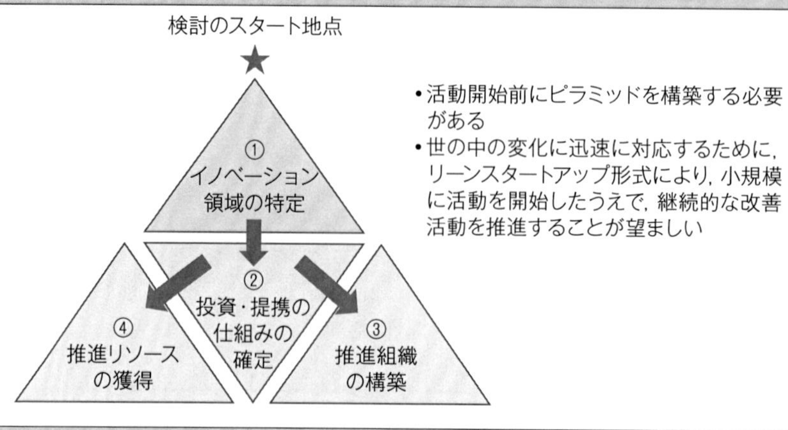
検討のスタート地点
①
イノベーション
領域の特定
②
投資・提携の
仕組みの
確定
③
推進組織
の構築
④
推進リソース
の獲得
•活動開始前にピラミッドを構築する必要があある
•世の中の変化に迅速に対応するために，リーンスタートアップ形式により，小規模に活動を開始したうえで，継続的な改善活動を推進することが望ましい

コーポレートベンチャリング活動の推進に必要な要件

① イノベーション領域の特定	【コアドメインと技術シーズの特定】 •事業環境の構造変化の把握 •事業部へのヒアリング・自社のコアドメインと技術シーズの特定 【投資・提携領域の特定】 •技術シーズごとの投資・提携領域の特定
② 投資・提携の仕組みの確定	【投資・提携プロセスの策定】 •定性/定量面の投資・提携基準の策定，事業リターン・財務リターンの設計 【ファンドスキーム（CVCファンドを活用する場合）】 •ファンド運用規模の設計，投資委員会の設計 •ファンドの設立手続き
③ 推進組織の構築	【組織の役割】 •活動を推進する組織の概要（役割・ミッション・人材像・ワークロード）の策定 【組織の権限】 •コーポレートベンチャリング推進組織に対する権限委譲方針の策定 •経営陣のコーポレートベンチャリングに対するコミットメントの表明
④ 推進リソースの獲得	【組織推進のリソース】 •活動を推進する予算の割り当て •活動を推進する事業部門・コーポレート部門の人員の割り当て 【スタートアップのソーシングネットワーク】 •提携・投資先のソーシングネットワーク方針の策定 •VCとのコンタクト・VCとの契約 •投資先・提携先スタートアップの確定

（出典）　KPMG データベース

の報告頻度・内容を定める。

投資・提携の仕組みを実現させるための組織の組成とリソースの調達

このように具体的な目標と活動内容が定まった後に，この活動を実行するために必要な組織の構築と，それに必要なリソース（主にヒト・カネ）を調達する。前述した成功10ヵ条に照らした自社組織の状況を踏まえ，投資スキームとそれを支える組織を組成する。大企業本体の中にCVCを主導する組織を組成するか，あるいはCVC子会社を設立するかはこの時点で決定する。そして，組織形態と共に重要なのがCVC活動の権限である。具体的には，投資・提携プロセスを円滑に推進する権限の設計と社内調整を図っていく。

組織構築に向けて社内で協議や調整を行う際に同時に必要となるのが，リソースの調達である。目的と投資プロセスに応じて，必要なリソースを定義し，それらの調達を進める。対象となるリソースとしては，特にヒト，カネ，案件発掘のための外部ネットワークが挙げられる。

ヒトについては，定めていた投資領域で投資後にスタートアップ企業を支援するために各事業部門から技術人材の支援について確約を得ることや，投資実務の専門家を社外から招聘する取り組みを行う。特に，スタートアップ投資実務においては，大企業社内に知見が蓄積されているケースは稀であるため，付き合いのあるVCやコンサルティング会社，リクルーティング会社の力を借りながら人材を探す。

カネについては，活動全体の必要資金の予算取りをしていくとともに，グループ会社にLPとしての参画を募ることも有効である。その際，グループ会社には，CVC活動への理解を得るとともに，参画することの利点を明確に示す必要がある。

社内外のネットワークをフル活用するソーシング

最後に必要となるのが，スタートアップ企業を探索するソーシングネットワークである。このソーシングには大きく２通りの方法がある。１つは，自社が主体となって行う方法であり，もう１つが社外のネットワークを活用する方法である。

自社が主体となる方法は，自らアクセラレータープログラムを立案・運営することにより，将来性があるスタートアップ企業を見出す方法である。この方法によれば，プログラム期間を通じてスタートアップ企業の力量や自社の投資領域との親和性を，時間をかけて判断することができる。なお，アクセラレータープログラムは，スタートアップ企業の参加数と質を高めるために大企業によるサポートのほか，参画スタートアップ企業に対する目利きが求められる。換言すれば，参画スタートアップ企業の数とその質は，アクセラレータープログラムの質に依存する。

もう１つの社外ネットワークを活用したソーシング方法は，更に２通りに分類される。１つは，VCからの有望なスタートアップ企業の紹介である。VCとの協議を開始しているスタートアップ企業や，すでに出資を受けているスタートアップ企業を候補とする場合，VCと共同出資する場合が挙げられる。この方法によれば，VCの目利きによって，財務リターンの創出可能性があるスタートアップ企業を探索することができる。もう１つの手法は，スタートアップ情報のデータベース提供会社の利用である。これは，提供されたデータベースを元に事業領域やコア技術等を軸として自社の投資領域に適合するスタートアップ企業に目星をつけていく手法である。データベースを活用することにより，圧倒的に早く自社の投資領域に適合するスタートアップ企業に目星をつけることができ，たとえ海外であったとしても対象となるスタートアップ企業の探索は容易である。ただし，実際にコンタクトを取ることができるかどうかは別問題である。目星をつけたスタートアップ企業との関係構築に近道はなく，直接コンタクトをとる必要がある。

3-3 ファンドスキームの選択と設立手続き

[1] CVCファンドの組織形態と選択

CVCファンドの組織形態の種類

CVCファンドの設立を決定した企業が最初に直面する課題は，どのような組織形態で運営するかということであろう。本節では，スタートアップ投資をするためのファンドおよびその運営を行うCVC子会社の組織形態について解説する。**図表3－12**は，CVC子会社およびファンドとして考えられる主な組織形態を例示したもので，一般的な利用場面，根拠となる法令，法人格の有無を記載している。

図表3－12　各組織形態の種類と概要

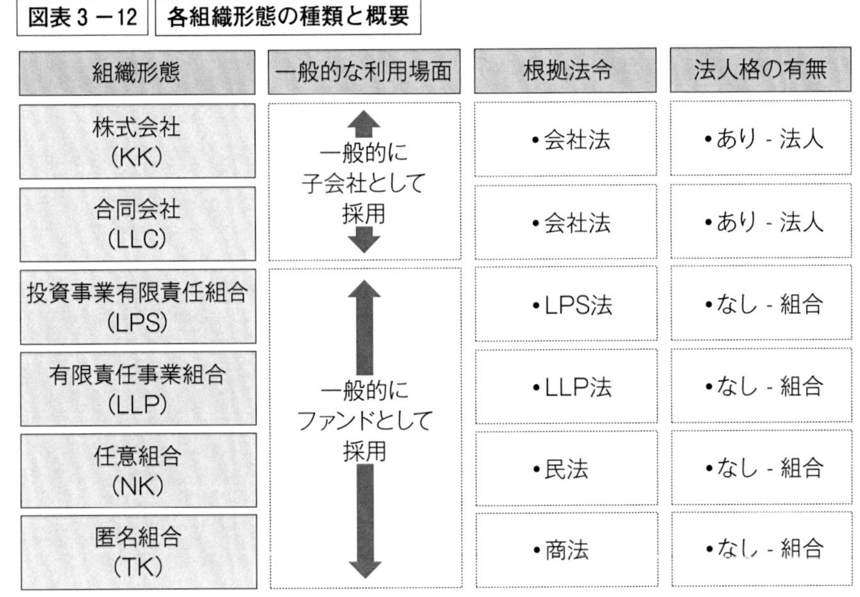

組織形態	一般的な利用場面	根拠法令	法人格の有無
株式会社（KK）	一般的に子会社として採用	•会社法	•あり - 法人
合同会社（LLC）	一般的に子会社として採用	•会社法	•あり - 法人
投資事業有限責任組合（LPS）	一般的にファンドとして採用	•LPS法	•なし - 組合
有限責任事業組合（LLP）	一般的にファンドとして採用	•LLP法	•なし - 組合
任意組合（NK）	一般的にファンドとして採用	•民法	•なし - 組合
匿名組合（TK）	一般的にファンドとして採用	•商法	•なし - 組合

（出典）　各種法令に基づきKPMG作成

図表3－12では6つの組織形態を挙げているが，法人格が求められるCVC子会社の組織形態としては株式会社と合同会社，一方，ファンドの組織形態としては投資事業有限責任組合（以下「LPS」という），有限責任事業組合（以下「LLP」という），任意組合（以下「NK」という），匿名組合（以下「TK」という）が該当する。

では，実際にはどのような組織形態が採用されているのか。まずはその検討の前提となる各組織形態の特徴について，次節で整理する。

組織形態ごとの特徴

企業が組織形態を選択する際，何に基づいて意思決定を行うのであろうか。ファンドを運営・管理する役割を担うCVC子会社については，組織の設立・維持コストのほか，組織設計・利益分配方法の柔軟性などを特に考慮する必要がある。一方，ファンドについては，運営者の立場からは意思決定スピード，投資先に関する制約の有無，また出資者の立場からは出資者の責任範囲，透明性などを特に検討する必要がある。**図表3－13**は，こうした観点から各組織形態の特徴を整理したものである。

既述のとおり，CVCでは，当初組織運営コストが生じて以降，財務リターンが得られるまでの時間軸が中長期にわたることから，発生したコストを大企業など課税所得が発生している企業で認識し，グループの税効率を高める検討が必要である。

例えば，株式会社や合同会社といった子会社から投資を行う場合には，原則として会社単位で納税するため，投資のための費用や投資により発生した損失が子会社に累積し，グループで有効活用できない可能性がある。そのような事態が想定される場合，大企業とCVC子会社でLPSやNKなどのCVCファンドを組成し，投資で発生した損失を出資割合に応じて大企業で認識することや，連結納税制度を利用して連結グループ全体の課税所得を合算し，税務申告を行うことも検討可能と考えられる。

図表3－13　各組織形態の特徴

組織形態	出資者の責任範囲	出資者の透明性	意思決定スピード	投資制約	組織設計・利益分配	設立・維持コスト
株式会社（KK）	・全員有限責任 ●	・高い ・株主名簿で管理 ●	・議決権比率により決定 ・取締役会が主導 ●	・制限なし ●	・機関設計は会社法に従う ・利益分配は出資比率に応じる ◐	・大 ✓運営コスト大 ✓大会社では会計監査必要 ○
合同会社（LLC）	・全員有限責任 ●	・高い ・業務執行社員のみ登記 ●	・社員の合議 ・業務執行社員の定め可能 ◐	・制限なし ●	・定款により，機関設計も利益分配も柔軟に設計可能 ●	・中 ✓運営コスト中 ◐
投資事業有限責任組合(LPS)	・有限責任（LP） ・無限責任（GP） ◐	・高い ・GPの登記 ●	・GPが主導 ●	・制限あり ・外国株式は総組合員の既出資額の50%未満まで ◐	・契約により，組織設計も利益分配も柔軟に設計可能 ●	・中 ✓会計監査必要 ✓一般的に税務メリットあり ◐
有限責任事業組合（LLP）	・全員有限責任 ●	・高い ・全出資者の登記 ●	・原則総組合員の承認 ○	・制限なし ●	・契約により組織設計も利益分配も柔軟に設計可能 ●	・小 ✓一般的に税務メリットあり ●
任意組合（NK）	・全員無限責任 ○	・高い ・登記不要 ・組合員は単一の組合契約必要 ●	・原則組合員の過半数の承認 ・業務執行組合員の定め可能 ◐	・制限なし ●	・契約により組織設計も利益分配も柔軟に設計可能 ●	・小 ✓一般的に税務メリットあり ●
匿名組合（TK）	・無限責任（営業者） ・有限責任（匿名組合員） ◐	・低い ・登記不要 ・匿名組合員間での契約なし ○	・営業者が主導 ●	・制限なし ●	・契約により組織設計も利益分配も柔軟に設計可能 ●	・小 ✓一般的に税務メリットあり ●

凡例　有利 ●←→○ 不利・n.a.

（出典）　各種法令に基づきKPMG作成

○　株式会社と合同会社の違い

まず，CVC子会社の組織形態について考察する。前述のとおり，ファンドの運営主体となる投資会社には法人格が必要であるため，組織形態としては，株式会社，もしくは合同会社のいずれかを選択することになる。ポイントは，①法人としての社会的信用度，②組織設計・利益分配の柔軟性，③法人の設立・維持コストの3点である。

①　法人としての社会的信用度

一般的に，合同会社は株式会社よりも相対的に社会的な認知度が低く，取引先や金融機関など社外からの信用力が劣る。ただし，CVC子会社の親会社が上場会社で社会的信用度も高い場合など，問題とならないケースもある。

②　組織設計・利益分配の柔軟性

株式会社は，会社法において機関設計に一定の枠組みが規定され，また，利益分配も基本的に出資比率に応じて実施されるのに対し，合同会社は，経営の意思決定プロセス（議決権割合）や利益分配を定款に定めることによって，比較的自由に実施することができる。ただし，利益分配割合に経済合理性がない場合には，社員間の利益の移転に係る課税関係に問題が生じる可能性がある点に留意が必要である。

③　法人の設立・維持コスト

法人運営が簡素化されている合同会社に比べ，株式会社では組織運営や決算公告，会計監査（大会社），税金など，法人運営コストの負担が大きい。

○　ファンドの組織形態の特徴

次に，ファンドの組織形態の違いについて見てみよう。ファンドの組織形態にはLPS，LLP，NK，TKの4種類があり，ポイントとしては，ファンド運営者の視点から①投資意思決定スピード，②投資先の制約条件の2点，ファンド出資者の視点から①出資者の責任範囲，②出資者の透明性，③組合損益に係る税金の取扱いの3点，計5点がある。

【ファンド運営者の視点】

①　投資意思決定スピード

スタートアップ投資では，投資意思決定のスピード感が求められる。この点，LLPとNKは組合員の合議制となっており，他の組織形態に比べて劣っている。特に，LLPは原則総組合員の賛成が必要となる。一方で，LPSは法律上（有限責任である）出資者のコントロールが制限されているため，最も独立性が高く，スピード感のある投資判断が可能な仕組みとなっている。

② 投資先の制約条件

スタートアップ投資の目的は様々で，海外企業への投資を積極的に行っているファンドも多い。この点，LPS は法令により，外国株式への投資総額は総組合員の既出資額の50%未満しか認められないという制約条件が課されている点に留意が必要である。

【ファンド出資者の視点】

① 出資者の責任範囲

出資者の責任範囲は有限責任であることが望ましい。この点，LPS と NK では出資者の無限責任が規定されている。ただし，LPS では出資者を無限責任のジェネラル・パートナー（以下「GP」という）と有限責任のリミテッド・パートナー（以下「LP」という）に区分することにより，多数の投資家からの資金調達を可能としている。一方，NK は原則として出資者全員が無限責任を負うため，出資者は限定された少数の投資家になるものと想定される。

② 出資者の透明性

機関投資家の社会的責任が問われる中，ファンドの出資者の透明性も強く求められている。この点，LPS と LLP は登記により，NK は総組合員による単一の組合契約の締結により透明性が担保されている。一方，TK にはこうした登記や単一の組合契約の締結は求められていないことから，投資家の秘匿性が高く，透明性が問題になる場合がある。

③ 組合損益に係る税金の取扱い

LPS や NK の場合には，ファンドの BS および PL の各項目の持分相当額を総額で計上する総額方式や持分相当額を純額で計上する純額方式，また PL のみを総額で計上する中間方式など，取込方法の選択が可能となる。総額方式や中間方式を採用した場合には，ファンドが得た受取配当金について益金不算入制度を適用することができるなどの税務上のメリットがある。一方，TK は純額方式による損益の取込のみであるため，税務上のメリットは享受できない。

以上の特徴を踏まえ，実際に企業がどのように組織形態を選択しているのかについて，次節で事例を交えて解説する。

目的に応じた組織形態の選択

図表3－14は，各組織形態を採用した場合のメリット・デメリットと実際に採用している企業の事例を示したものである。

事例をみると，企業は必ずしも1つの組織形態だけを選択しているわけではなく，それぞれの目的に応じて様々な組織形態を選択していることがわかる。実際に，CVC子会社の組織形態として最も多く採用されているのは株式会社

図表3－14　各組織形態のメリット・デメリットと事例

組織形態	メリット・デメリット	CVCへの適合可能性	事例
株式会社（KK）	•組織形態として最も社会的な認知度が高い。 •特に，大会社においては会計監査・決算公告が必要になるため，組織運営の手間が発生する。	○ CVC子会社に適用推奨	•オムロン •サイバーエージェント •富士通 •NTTドコモ
合同会社（LLC）	•定款自治が大きく認められているため，組織運営や利益分配割合の設計が柔軟。 •CVCファンドのGPを複数社で行うような場合に利害調整が可能。 •ただし，合同会社の社会的な認知度が低いため社外的信用度は株式会社に劣る。	○ CVC子会社に適用推奨	•テックアクセルベンチャーズ
投資事業有限責任組合（LPS）	•投資意思決定はGPに一任されるため，意思決定を迅速に行いやすいことに加え，LPの責任範囲を限定することが可能（VCが運営するファンドにおいても一般的な形態）。 •ただし，登記・会計監査が必要なことに加え，外国株式投資は持分の50%未満という制限がある。	○ CVCファンドに適用推奨	•三井不動産 •阪急電鉄 •KDDI
有限責任事業組合（LLP）	•組合員は全員有限責任 •ただし，投資意思決定に際して，原則全組合員の同意が必要であるため，スピード感のある意思決定が難しい。	△ CVCファンドとして採用する事例は極めて少ないと思われる	•n.a.
任意組合（NK）	•投資意思決定に際して，原則，総組合員の過半数の同意が必要であるため，意思決定スピードが低下する可能性がある（二人組合では適応可能と想定）。 •組合員は原則全員無限責任（ただし，内部的な投資損失の負担に関し業務執行組合員以外を有限責任にすることは可能）	○ CVCファンドに適用推奨	•NTTドコモ •富士通
匿名組合（TK）	•投資家にとっては責任が限定され，かつ匿名性が高い組織形態である。 •一方で，その匿名性を懸念する機関投資家は多く，実務上個人投資家を含む多数の投資家から少額の拠出を行うことによるファンドに利用される場合が多い。最近は，クラウドファンディングで利用されている。	△ CVCファンドとして採用する事例は極めて少ないと思われる	•n.a.

（出典）各種資料，CVC担当者インタビューなどによりKPMG作成

であるが，最近は合同会社を採用する事例も増加している。また，ファンドの組織形態としては，ほとんどがLPSであるが，一部，NKも採用されている。

①　合同会社の活用事例

例えば，CVC子会社としては，株式会社の形態がとられるケースが多いが，リコー，オムロン，およびSMBCベンチャーキャピタルが共同で運営するテックアクセルベンチャーズは合同会社を採用している。これは，各社の利害調整を行うため，合同会社の特徴である組織設計や利益分配の柔軟性を上手く活用した事例といえるであろう。

②　任意組合の採用事例

ファンドとしては大半の企業がLPSを採用しているが，富士通が運用するファンドはNKを採用している。一般に投資意思決定の迅速さからLPSが採用されるケースが多いが，前述のとおりLPSでは外国株式投資は総組合員による既出資額の50%未満に制限される。そのため，富士通のようにグローバル投資を戦略的に行うことを目的としている場合には，NKが採用されるケースが多い。NKには出資者の無限責任という課題はあるが，一般的なCVCファンドは出資者が親会社など特定の者に限定されることから採用されているのであろう。

以上を要約すると，CVC子会社としては，社会的な信用度を重視するなら株式会社が望ましいが，近年組成されたテックアクセルファンドやリアルテックファンドのように複数の会社が共同でGPとなるような場合には，利害調整の柔軟性から合同会社が望ましいと考えられる。また，ファンドとしては，まずはLPSの採用を検討すべきであるが，海外投資を主目的とする場合にはNKの採用を検討することになろう。

このように，CVCファンドの組織形態の選択には，どのような目的で何を対象とした投資を実施するのか，また，その運用を自社だけで行うのか複数の会社で行うのかなど，事前に十分検討しておくことが重要である。

なお，従来の会社形態とは異なるパートナーシップ（LLPなど）によるGPの形態はCVCファンドの組織形態としては考え難いため，本節では触れていない。また，本節では触れていないが，海外子会社から投資する場合の海外LPSなど異なる組織形態の採用については現地の法律に基づくことから，実際に採用する際には専門家の関与が不可欠である。

[2] CVCファンド組成の許認可とポイント

金商法と必要な許認可

ここではCVCファンドを設立する場合に必要な許認可について解説する。金融商品取引法（以下「金商法」という）によると，組合ファンド持分は，みなし有価証券として，包括的に金商法の規制対象となることが定められている（金商法2条2項5号・6号）。したがって，スタートアップ企業への投資を目的としたCVCファンドの資金を投資家から募る行為はファンド持分の取得勧誘行為に該当し，当該行為を業として行うCVC子会社には，原則として第二種金融商品取引業者としての登録が義務づけられる。また，そのファンド財産を運用する行為についても同様に，投資運用業の登録が別途必要となる。

では，CVC子会社がこれら金融業の登録を行うのは現実的なのであろうか。登録を行うには，十分なガバナンスや組織体制，兼業規制や最低資本金規制など，大掛かりな体制整備や法令の遵守が必要で，事業会社の子会社であるCVC子会社がこれらの課題をクリアするのは容易ではない。

そこで，金商法では，CVCファンドのスキームが一定の要件を満たした場合に，GPであるCVC子会社が当該業務の届出を行うだけで業務を遂行できる旨を規定している。この要件は，適格機関投資家等特例業務の要件といわれ，2つの要件からなる。

図表3－15 CVCファンド設立に必要な許認可の概要

業務の種類	原則	適格機関投資家等特例業務に該当する場合
• ファンド持分の取得勧誘	• 第二種金融商品取引業の登録	• 届出のみ
• ファンドの運用	• 投資運用業への登録	• 届出のみ

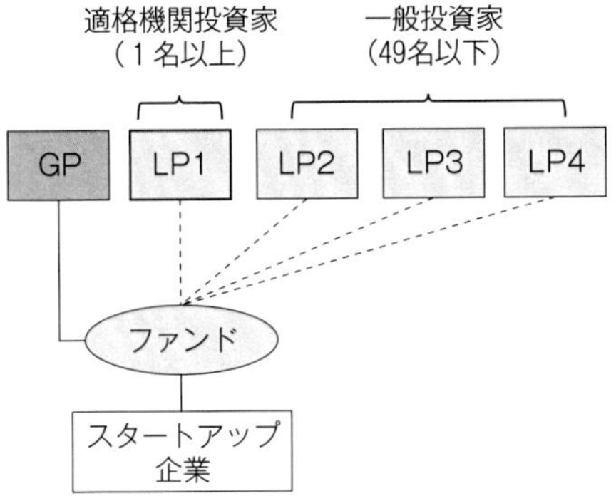

【適格機関投資家等特例業務に該当する要件（抜粋）】
- 以下の2要件を満たすことが必要
  - ―最低1名以上の適格機関投資家が存在すること
  - ―適格機関投資家以外の投資家が49名以下であり、すべて特例業務対象投資家であること
    - （注）「非適格機関投資家が投資しているファンド」は特例業務対象投資家の要件を満たさない。

【適格機関投資家の要件（抜粋）】
- 適格機関投資家＝"プロ投資家"
  - ―金融商品取引業者等、金融機関等
  - ―投資事業有限責任組合（一定の運用資産残高要件あり）
  - ―事業法人等
    - ✓国内の法人(保有有価証券残高10億円以上) 等

（出典） 金融商品取引法に基づきKPMG作成

〈適格機関投資家等特例業務の要件〉
① 最低1名以上の投資家が一定の要件を満たす適格機関投資家であること
② 非適格機関投資家は49名以下で，すべて特例業務対象投資家であること

CVCファンドを設立するためには，この適格機関投資家等特例業務の要件を満たす必要がある。**図表3－15**は，金商法の適用に関する考え方および必要な許認可の要件のほか，適格機関投資家等特例業務スキームを示したものである。

なお，特例業務対象投資家は，原則として，上場会社，資本金の額が5,000

万円以上である法人，純資産の額が5,000万円以上である法人等，財産の状況その他の事情を勘案して定められた一定の要件を満たした個人等金商法令に列挙された者に該当しなければならない。ただし，一定の要件（ベンチャー・ファンド特例）を充足したベンチャー・ファンドについては，特例業務対象投資家の範囲が拡張され，上場会社の役員，資本金または純資産の額が5,000万円以上であって有価証券報告書提出会社である会社の役員等も特例業務対象投資家に含まれる。また，いずれの場合も，非適格機関投資家が投資しているファンドは特例業務対象投資家に該当しない。

CVCファンド組成の際の重要なポイント

では，実際にCVCファンドを組成するために，前節で述べた適格機関投資家等特例業務の要件も含め，どのような点に留意が必要なのであろうか。本節では，CVCファンド組成の際に特に留意すべき事項について記載する。

〈CVCファンド組成の際の留意点〉

① 投資家の中に最低１名以上の適格機関投資家が存在すること

② 非適格機関投資家は49名以下で，かつすべて特例業務対象投資家でなければならないこと

③ 適格機関投資家等特例業務の届出はファンド持分募集の開始前に実施

④ 勧誘は「趣旨書」，「概要書」，「商品説明書」などの文書を配布

⑤ 組合契約の締結前に，契約締結前の書面を交付

⑥ 組合契約に，転売制限事項を盛り込むこと
　適格機関投資家：適格機関投資家以外への譲渡禁止
　非適格機関投資家：適格機関投資家又は特例業務対象投資家への一括譲渡以外の譲渡禁止

⑦ ベンチャー・ファンド特例を満たす必要がある場合には，一定の追加要件を満たす必要があること

①～③は特例の要件を満たすために必要な事項であり，⑥も転売により特例の要件を満たさなくなることを組合契約で手当する事項である。また，④は投資家に，金融商品の重要事項説明義務を果たすための書面である（金融商品の

販売等に関する法律3条1項，2条1項5号)。⑤は金商法に基づく行為規制として要求される（投資家が特定投資家に該当する場合には交付は不要)。⑦に関しては，ターゲットとする投資家がベンチャー・ファンド特例を満たさない場合の特例業務対象投資家の範囲内か否かを確認する必要がある。ベンチャー・ファンド特例を満たすことによって特例業務対象投資家の範囲を拡張しなければ②の要件を満たすことができない場合には，ベンチャー・ファンド特例を満たすための追加要件を満たす必要がある。とりわけ，(i)組合契約書に法令で定める所定の事項を含める必要があること，(ii)組合契約書の写しを一定期間内に所管の財務局等に提出する必要があること，および(iii)ファンドの会計監査が義務づけられる点が大きい。さらに，①に関しては，適格機関投資家が投資事業有限責任組合のみであって，当該投資事業有限責任組合の運用資産残高が5億円以上であると見込まれない場合には，適格機関投資家等特例業務の要件が満たされなくなる点に注意が必要である。

CVCファンドの組成は金商法の規制対象行為であり，本節で重要な留意点について述べてきたが，もちろんこれですべてを網羅しているわけではない。実際に組成する際には法律の専門家に相談しながら，規制の要件を充足するスキーム設計を心掛ける必要がある。特に，近時の金商法改正によって，適格機関投資家等特例業務の要件は厳しく複雑なものとなっていることから，実際にCVCファンドを組成するに際してはこの要件を満たしているか否かを慎重に確認する必要がある。

最後に，参考として一般的なLPSのスキームでCVCファンドを組成する場合の組合契約書の項目を**図表3－16**に例示し，我々がファンド支援時に多く相談を受ける事項を列挙する。

図表3－16	LPSファンド組成の際の組合契約書の構成例と留意事項

投資事業有限責任組合契約の構成			留意事項
No.	大項目	中項目	
1.1	総則	定義	※1．投資期間
1.2		名称	
1.3		所在地	
1.4		組合員	
1.5		組合の事業	※2．外国法人への投資制限
1.6		組合契約効力発生日および組合の存続期間	
1.7		登記	
2.1	出資	出資	※3．出資方式
2.2		追加出資および出資金の払戻	
2.3		出資払込の遅滞	
3.1	組合業務の執行	無限責任組合員の権限	
3.2		無限責任組合員の注意義務	
3.3		有限責任組合員の権限	
3.4		組合員集会	
3.5		利益相反	※4．GPの利益相反
4.1	組合員の責任	諮問委員会	※5．ガバナンス体制
4.2		組合債務に対する対外的責任	
4.3		組合財産による補償	
5.1	組合財産の運用および管理	組合財産の運用	※6．組織体制
5.2		組合財産の管理	
6.1	会計	会計	
6.2		財務諸表等の作成および組合員に対する送付	
7.1	投資先事業者の育成		
8.1	組合財産の持分と分配	組合財産の所有権帰属	
8.2		損益の帰属割合	
8.3		組合財産の分配	※7．LPへの分配方針
8.4		分配制限	
8.5		公租公課	

9.1	費用および報酬	費用	
9.2		無限責任組合員に対する報酬	※8．GPへの成功報酬
10.1	組合員の地位の変動	持分処分の禁止	
10.2		組合員の地位の譲渡等	
10.3		組合員の加入	
10.4		組合員の脱退	
10.5		組合員の死亡および後見開始	
10.6		有限責任組合員の除名	
10.7		無限責任組合員の除名	
10.8		脱退組合員の持分および責任	
10.9		組合員の地位の変動の通知	
11.1	解散および清算	解散	
11.2		清算人の選任	
11.3		清算人の権限	
11.4		清算手続	
11.5		清算方法	
12.1	雑則	許認可等	
12.2		通知および銀行口座	
12.3		秘密保持	
12.4		組合員の表明・保証	
12.5		本契約の変更	
12.6		法令の変更	
12.7		契約の有効性，個別性	
12.8		準拠法および合意管轄	
13.1	別紙	組合員名簿	
13.2		投資約款規定事項	

（出典） LPS法，各種資料を参考にKPMGが作成

ファンド設立支援時によく相談を受ける事項は，以下のとおりである。

※1．投資期間：新規投資期間は効力発生後一定期間に限定されるのが一般的
※2．外国法人への投資制限：LPS法により出資総額の50%未満までに制限
※3．出資方式：IRR（内部収益率）の観点からキャピタルコール方式が一般的

※4．GPの利益相反：複数ファンドの運営，投資先からの報酬などの取扱い
※5．ガバナンス体制：諮問委員会設置の要否を検討
※6．組織体制：特定の者が欠けた場合の措置を設けるキーマン条項の設定
※7．LPへの分配方針：分配時期や分配金額の算定方法の規定
※8．GPへの成功報酬：成功報酬の支払条件の規定

実際には，この他にも組合契約に関する検討項目は多岐にわたるため，法律の専門家に相談しながら十分な検討を行うことが必要である。

3-4 CVC投資意思決定プロセスと投資基準の実務

[1] 投資意思決定プロセス

3ヵ月以内で行う意思決定

スタートアップ企業の投資意思決定プロセスは，M&Aや設備投資よりも圧倒的にスピードが早い。M&Aや設備投資の投資意思決定は，月1回の稟議を繰り返し行い，半年から1年近くをかけて決定されることもあるが，スタートアップ投資はその時間軸では到底間にあわない。半年もすればスタートアップ企業を取り巻く状況は激変することもあるため，遅くとも3ヵ月以内には投資意思決定が行われる。

情報が少ないスタートアップ企業

スタートアップ企業の投資意思決定に際して留意すべき事項は人物評価である。一般的なM&Aの場合には，デューデリジェンスの時点で投資対象企業の詳細情報を細かく調査するが，スタートアップ企業の場合には，そもそも明文化されている情報が非常に少ないため，同じアプローチでデューデリジェンスを行うのは現実的ではない。シード期のスタートアップ企業であれば，財務

諸表すら揃っていないケースもしばしばあり，実績として残されている詳細情報に基づいて調査するには限界があることを想定しておくべきである。

ではどのように判断するか，ということになるが，スタートアップ投資において最も重要な視点は，将来的な成長性である。この成長性の大きな要がスタートアップ企業をリードする起業家を含む経営陣である。そのため，経営陣に関する情報の入手と評価，および起業家自身による成長可能性の説明を受けてその蓋然性を判断し，投資意思決定を下すことになる。

2～3ヵ月でスタートアップ投資を決定

対象スタートアップ企業に対する投資意思決定は，検討開始から迅速に決定するのが理想的であり，早い場合には1ヵ月程度の場合もある。

CVC活動では，日々投資先候補となるスタートアップ企業の探索を行うが，これらのスタートアップ企業に係る情報は，CVC活動の一環として週次会議で共有される。この会議では，新たに候補となりうるスタートアップ企業がCVC担当者間で共有され，それらが投資対象となりうるか否かの検討とあわせ，本体の事業部との連携可能性についても協議される。更に，この会議で投資に値するか否かのDDの実施も検討され，DDの実施が決定された場合は，スタートアップ企業とのNDA（Non-disclosure agreement，秘密保持契約）が締結される。

なお，前述のとおり，スタートアップ企業については，実績として残されている詳細情報が限られているため，情報収集の対象は，資金繰り表，社長，役員などの経営陣の経歴，顧客との契約書などになる（**図表3－17**）。これらの情報を元にスタートアップ企業に対する投資の是非をプレ投資委員会で確認する。プレ投資委員会では，投資検討とあわせて追加的に確認すべき課題が議題として取り上げられる。その後，CVC担当者が課題のフォローと投資委員会に向けたプレゼンテーションの準備，投資委員会でのスタートアップ企業の社長との面談をアレンジする。

スタートアップ企業の社長との面談を経て，投資委員会では，DDで確認さ

図表3－17　必要書類一覧（例）

必要書類一覧(例)	
必要書類 ❶	【基本情報】 ・定款 ・商業登記簿謄本（履歴事項全部証明書） ・営業用パンフレット・サービス導入事例 【事業内容・経理情報】 ・事業計画 ・資金繰り表（月次ベース，実績・計画各1年分） ・申告書類 　―決算書（3期分，勘定科目明細付，本体・関係会社分） 　―税務申告書 ・試算表 ・借入金明細（総額，条件，返済スケジュール，担保等） ・監査法人によるショートレビューまたは監査報告書 【株式情報】 ・属性資料 　―株主名簿 　―新株予約権付与先一覧 　―役員経歴書 　―反社会勢力との関係有無 ・資本政策 　―資本政策案（設立からの推移，および上場時の公募・売出等の計画等） 　―株価算定書（存在しない場合は，株価の考え方・根拠等） 　―増資引受先一覧およびその検討状況
必要書類 ❷❸	【事業内容】 ・製品情報 　―他社製品・サービスとの比較表 　―特許技術，コア技術等，および簡潔な一覧表 ・売上情報 　―売上構成・予測（売上種別，上位顧客，見込み顧客等） 　―各製品の開発・販売のロードマップ ・人員推移表（3期分，部門別） ・他の投資家・金融機関による顧客等へのヒアリングメモ 【経理情報】 ・固定資産明細 【事業上の重要な契約】 ・顧客との契約書サンプル ・リース契約書サンプル ・事業パートナーとの間で締結した事業遂行上重要な契約 【投資における重要な契約】 ・株主間契約書 ・投資契約書のドラフト

（出典）　KPMG データベース

図表3－18　投資子会社・ファンドにおける投資意思決定プロセス

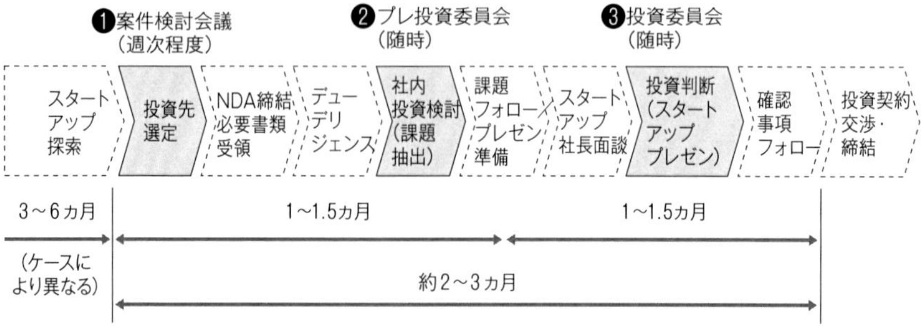

❶案件検討会議（週次程度）
❷プレ投資委員会（随時）
❸投資委員会（随時）

スタートアップ探索 → 投資先選定 → NDA締結 必要書類受領 → デューデリジェンス → 社内投資検討（課題抽出） → 課題フォロー・プレゼン準備 → スタートアップ社長面談 → 投資判断（スタートアッププレゼン） → 確認事項フォロー → 投資契約交渉・締結

3～6ヵ月（ケースにより異なる）
1～1.5ヵ月
1～1.5ヵ月
約2～3ヵ月

（出典）　KPMG データベース

図表3－19　投資委員会の特徴（例）

投資委員会の特徴（例）
【投資委員会構成例】 •意思決定の迅速化のため，関与者を限定する —VC社長，執行役員，LP管理者，役員など数名程度で構成される ✓GP：社長，執行役員，投資部長 ✓VC担当者（説明） ✓(LP：役員，リスク管理担当者等) ※LPは，意思決定に直接関与するのではなく，オブザーバーとして投資委員会に出席するのが一般的（投資案件に対して，拒否権を持つ事例も存在） 【開催頻度例】 •開催頻度：約2週間に1回程度

（出典）　KPMG データベース

れた内容に加え，最終的なCVCとしての投資意義も含めて調査する。さらには，最終判断前に投資候補となっているスタートアップ企業の社長自らによる成長可能性についてのプレゼンテーションを依頼し，CVCとしての投資意義を投資委員会で再確認する。このように，様々な角度から調査を行ったうえで，最終的な投資意思決定が行われる（**図表3－18**）。

GP数名で行われる投資委員会

投資委員会は，通常GPメンバー数名で構成される。**図表3－19**は，VCで構成される投資委員会の例であるが，メンバーはGPの責任者である社長，執行役員，役員に加え，外部出資者であるLPの管理者程度である。LP側からは，意思決定権限は持たないオブザーバーとして役員やリスク管理担当者が出席することもある。CVC固有のケースとしては，関連事業部の責任者が投資委員会のメンバーとして意思決定に関わるケースもある。

[2] CVC投資の定性評価手法

スタートアップ投資で入手できる情報は限定的

CVCは，どのような基準でスタートアップ企業に対する投資意思決定を行うべきであろうか。スタートアップ投資の目的は，将来的に事業の柱となるような成長可能性のある企業を見つけることにある。しかしながら，既述のとおり，大規模な企業買収と異なり，入手できる情報は限定的である。特に，入手可能な財務情報は少なく，税務申告目的の決算書，日々の円滑な運営を行うための資金繰り表，といった必要最低限の資料しか作成していない企業も多い。実際，第三者による増資を引き受けようとするタイミングになって初めて本格的な事業計画を作成する企業も少なくない。スタートアップ投資を行うには，まずこうした現状を受け止める必要がある。

スタートアップ企業のステージごとに定性・定量基準の重みづけは異なる

スタートアップ企業の事業計画は，彼らがどのステージにあるかによってその達成見通しが異なる。したがって，ステージごとに定性情報と定量情報のいずれを重視するかも変わってくる。要は，ビジネスモデルを確立しきれていないシード，アーリーステージのスタートアップ企業については定性面を中心に投資検討がなされ，事業が軌道に乗り始めたミドル，レイターステージのスタートアップ企業については定量面の評価が重視される。

このように，スタートアップ投資の検討においては，あらかじめ規定した定性・定量基準をもとに投資対象となるスタートアップ企業の状況を踏まえてそれらを重みづけし，両基準の双方とも満たした場合に投資の意思決定が行われる。**図表3－20**は，投資決定の考え方と企業ステージごとの定性・定量基準の重みづけを要約したものである。

図表 3 −20 **投資決定の考え方と定性・定量基準の重みづけ**

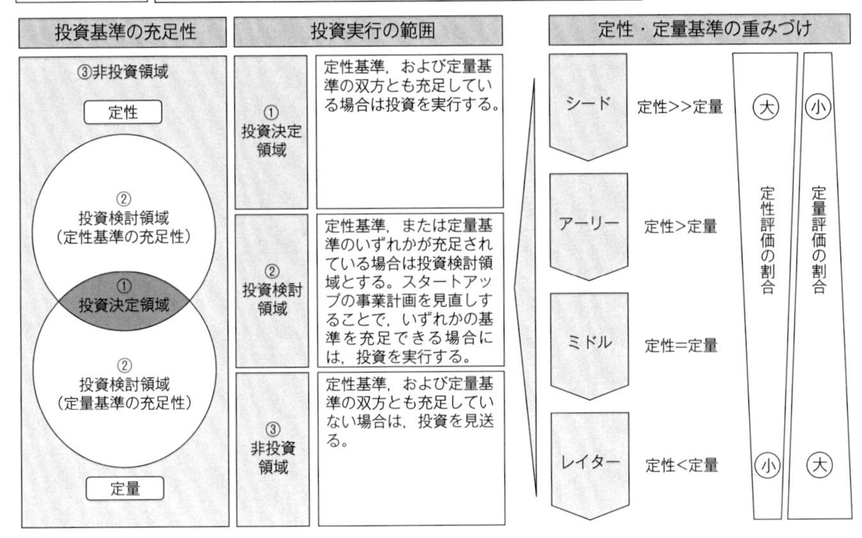

（出典） KPMG データベース

投資基準の 7 つの構成要素

では，実際に投資基準はどのような要素で構成されるべきであろうか。

投資基準は主に 7 つの構成要素に分類される。**図表 3 −21**は，この 7 つの構成要素の概要を示したものである。

実務では，CVC 各社がこれまでの投資で培った知見やノウハウと投資目的に基づいてこれらの構成要素を重みづけし，独自の投資基準を設定している。CVC 投資基準を設定する際には，まず 7 つの主要な構成要素について検討し，その後，投資目的などに応じて，各構成要素のバランスを考えることになる。

投資目的により重視すべき構成要素は異なる

では，これらの構成要素は，投資目的とどのような関係にあるのだろうか。投資目的には，①財務リターンの獲得と②戦略リターン獲得の 2 つがある。**図表 3 −22**は，投資基準の 7 つの関係を示したものである。

図表3－21　投資基準の7つの構成要素

投資基準の構成要素		概要	定量/定性
企業価値の構成要素	1 経営チーム	• 経営陣(CXO)が，アイデアを実現できるだけのケイパビリティを有しているか，または欠けているケイパビリティを補完できる可能性がある	定性評価 定量評価
	2 革新性	• 競合他社と比べてビジネスモデルやアイデアの新規性，優位性，模倣困難性，拡張性，および再現性はあるか。	定性評価 定量評価
	3 市場性	• 顧客ニーズに基づく市場が存在するか，または今後大きく成長する可能性があるか。 • マネタイズモデルを構築できる可能性があるか。	定性評価 定量評価
	4 ケイパビリティ	• 事業拡大に必要な従業員，提携先，有形資産・無形資産といった組織の経営インフラは十分か。	定性評価 定量評価
	5 安定性	• 組織運営において，財務上・事業上・法務上・税務上の安定性が高いか，リスクが低いか。	定性評価 定量評価
	6 成長支援可能性	• 大企業やVCのアセットを利用することによる成長支援（Value Up）を行うことが可能か。	定性評価 定量評価
	7 協業可能性	• 大企業とスタートアップ企業の業務・技術提携，または大企業によるM&Aを行うことは可能か。	定性評価 定量評価

（出典）　KPMG データベース

具体的には，①財務リターンの獲得の確からしさ，つまり，スタートアップ企業の成長可能性の裏づけを検証するためには，まずビジネスアイデアを革新性，市場性，安定性の3つの視点から評価する必要がある。更に，ビジネスプランの実行可能性を検証するために，経営チームとケイパビリティ（経営インフラ）の2つの視点から評価する。

一方で，②戦略リターン獲得のためには，自社のリソースやアセットをスタートアップ企業に提供し，新たな価値を生み出す成長の支援可能性とスタートアップ企業が保有する技術やサービスを活用した協業可能性という2つの視点が重要になる。

ただし，CVC の主な目的が戦略リターンの獲得だからといって，前述の成

図表３－22 **投資基準の関係**

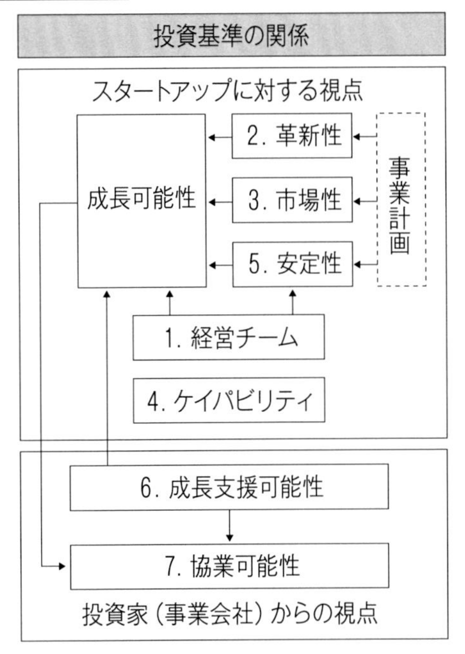

（出典） KPMG データベース

長支援可能性と協業可能性だけで投資判断を行うわけではない。当然であるが，対象のスタートアップ企業自体に魅力がなければ戦略リターンの実現も困難である。これら７つの構成要素は相互に補完関係にあり，前述した投資目的との関係性はあくまで重みづけとしての考え方である。

実際の投資検討においても，投資の意思決定はこれら７つの投資基準の充足を個別にチェックするのではなく，総合的に判断される。すべての要素で平均以上の評価であるとして投資するケースもあれば，経営チームの評価が極めて高く，その他要素の多少のマイナス面を考慮しても投資すべきという結論になるケースもある。

投資検討先の事業ステージと構成要素との関係

では，投資目的に応じて重みづけされた投資基準をCVCはどのように適用すべきであろうか。**図表3－23**は，一般的なケースを念頭に，事業ステージに応じて投資基準に係る各評価項目の重要度を例示したものである。例えば，戦略リターンより財務リターンを優先するCVCである場合には，シード，アーリーステージの投資であっても成長支援可能性に関する評価の比重は相対的に低くなる。実際には，投資目的と構成要素との関係を考慮したうえで，投資評価基準の重要度合いは決まってくる。

図表3－23　スタートアップ企業の各ステージごとにおける評価の重要度

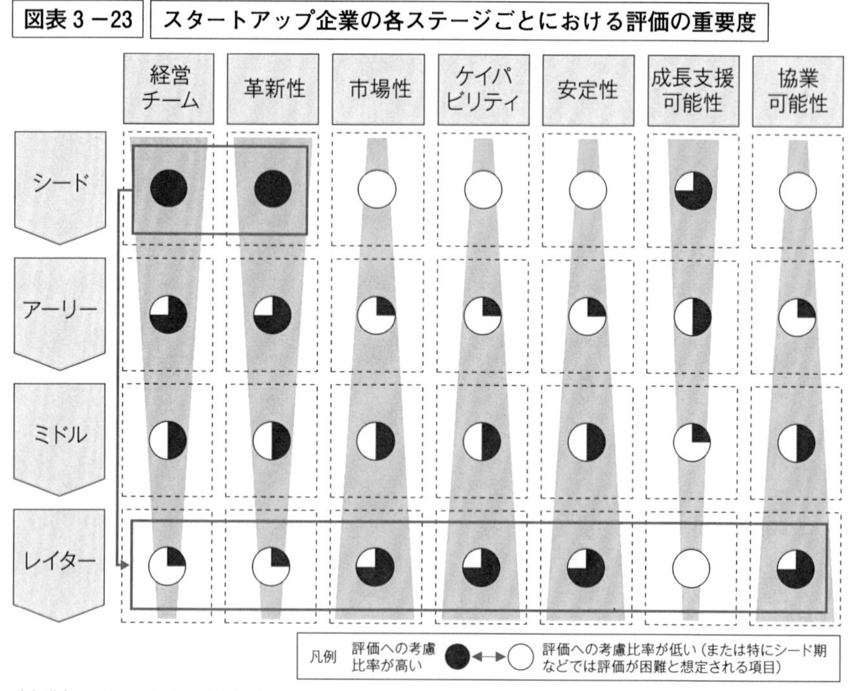

（出典）KPMGデータベース

事業の進捗に伴い，重要視する検討項目も変わってくる

シード，アーリーの企業評価に関しては，定量面の評価よりも定性面の評価が重視される。一般的に，シード，アーリーステージのスタートアップ企業は大半が赤字で，事業計画の実現可能性を期待させるような実績もない。しかも，大半の企業は，外部環境や市場ニーズに応じてその都度戦略を見直している。そのような中で，定量的な評価を重視して投資を検討することの意味は乏しく，定性面での評価を重要視することになる。

したがって，図表3－23に示したように，シード，アーリーの各ステージでは，定性評価項目である経営チームと革新性が重視され，ミドル，レイターステージへと事業が進捗するに従い，定量面の要素も持つ市場性，ケイパビリティ，安定性といった評価項目の重要性が相対的に高まる。なお，戦略リターン実現の観点からは，シード，アーリーステージでは事業会社のリソース，アセットの活用という成長支援可能性が重要視されるのに対し，投資ステージが進むにつれて事業会社との協業可能性が重視されるようになる。

シード，アーリー投資の評価は革新性とそれを支える経営チーム

次にシード，アーリーステージの具体的な評価項目について考察する。ビジネスが本格的に立ち上がっていないシード，アーリーステージのスタートアップ企業に対してはどのような点を見て投資すべきなのか。これはCVCの設立支援を行う際にもよく相談を受ける質問である。

この質問に関しては，①事業の革新性と②それを支える経営チームの存在を特に検討すべきと考える。

①　革新性

革新性とは，競合他社と比べて，ビジネスモデルやアイデアに関し，新規性，優位性，模倣困難性，拡張性，および再現性の点で強みを持つことである。具体的には，スタートアップ企業が現在行っている事業，もしくは今後実施を計

画している事業に関して，他社が進出する際の事業障壁の高さ，困難さを生み出す要因を自社が保有しているか否かということである。

スタートアップ企業の経営者と面談すると，「これは世界で初めての事業」ということをよく強調されることがある。しかしながら，世界で初めてであること自体は革新性の源泉ではない。社会ニーズの変化や技術革新の結果，新しい市場が創出されるケースは多々あるが，そこに最初に参入することと，参入して勝ち続けることとは異なるからである。ここでいう革新性とは，人材や資金などの大資本を有する大手企業が当該市場に本格参入しようとしたとしても，最低２～３年を要するという優位性を示している。

例えば，バイオ産業では知的財産権の保有がそれにあたるかもしれないし，IT業界では洗練されたビジネスモデルよりも，むしろアナログの泥臭い営業力こそが差別化の源泉にあたることもある。革新性の源泉を突き詰めていくことは，スタートアップ投資を行ううえで非常に重要なポイントである。

②　経営チーム

次に，経営チームであるが，これにはチームの多様性と，経営者個人の能力の両方の評価が必要となる。経営者の評価項目としては，人間性・誠実性・責任感，地頭の良さ，計数管理能力，リーダーシップ，大手企業を巻き込む力，などがある。経営チームの評価項目としては，多様な専門性，市場に対する先見性，マネジメント能力，製品・サービスの品質を向上させる技術力，などがある。

(i)　経営チームの多様性

スタートアップ企業の現場では，日々様々な予期せぬことが起こる。事業提携，資金調達，人材採用，オペレーションの構築・管理，クレーム対応，メディア対応などである。そのような課題をスピード感を持って乗り越えていくためにも，多様性のある経営チームの存在が不可欠である。

特に最近は，プロダクトやサービスを開発するエンジニアの不足が深刻な経営課題となっている。したがって，投資を検討する際には，エンジニアの取りまとめを行う最高技術責任者（CTO）の存在を重要視する傾向がある。

(ii) 経営者能力の評価

経営者の評価方法であるが，実務では事前に経営者に関する情報を入手・分析した後で，これまでの経歴や実績について直接ヒアリングする。これらの情報を踏まえ，各投資担当者のこれまでの経験や周囲からの評判を加味し，総合的に判断するのが一般的である。また，最近では，SNSなどにより関連情報を得ているケースもある。SNSの情報は，経営者が普段接しているネットワークや物の見方などを知ることができるという点では非常に有益である。

しかしながら，現実的には，上記の手続だけでは十分な判断はできないというのが多くの投資担当者からの声である。当然ながら，投資検討時の数回の面談だけで経営者としての適性を判断するのは難しい。その確度を上げるためには，結局経営者と長く付き合う（何度も会う）しかないというのが本音のようである。シード，アーリーステージのスタートアップ企業に投資するに際して一番重要で，かつ一番難しいのはこの経営者の評価だといわれるのはこの点に理由があるのだろう。

3-5 CVC投資の定量評価手法

[1] 財務リターン設定のための定量基準のあり方

本節では，まず，CVC投資の定量評価の位置づけおよび重要性について説明する。続いて，個別の投資案件における定量評価に必要となるモデルの詳細，具体的には，以下の項目について解説する。

- 定量評価モデルの機能
- 定量評価モデルの構成
- 定量評価モデルのインプット
- 成長ステージに合わせた適用

• 投資倍率とIRR

第2章で，CVCは「まずは戦略リターンを追求し，それに伴う新しい経営資源と，そこから生み出される大企業とスタートアップ双方の成果を極大化することで，財務リターンを追求すべき」と述べた。では，具体的にCVCによってどの程度の財務リターンが期待されるのだろうか。そして，各投資案件の期待リターンをどのように理解し，把握すれば良いのだろうか。

CVCファンドを組成する場合には，投資検討段階でLP投資家に対してリターンに関する説明が当然求められるであろうし，仮にLP投資家がいない場合であったとしても，投資チームが投資条件の合理性や妥当性を判断するために，期待される財務リターンを定量的に理解し，把握することが重要である。そのためのツールが定量評価モデルである。

CVC投資の定量評価は，定量評価モデルのアウトプットに基づいて行われる。具体的には，対象会社の事業計画や資金調達計画を定量評価モデルにインプットすることにより，そのアウトプットとして投資倍率およびIRRが計算され，これらの評価指標がCVCの投資基準を充足しているか否かで判定される。

定量評価モデルにインプットする事業計画や資金調達計画は，対象会社が作成したものを基礎とし，投資チームは当該計画の合理性および蓋然性を検証する。対象会社の業績が計画どおりにならない場合の投資資金の回収可能性を検討するために，感応度分析を行うケースも多い。なお，投資基準については，対象会社の事業内容，対象国，および成長ステージに応じて柔軟性を持たせておくことが望ましい。

[2] 定量評価モデルの機能

定量評価モデルの機能は，以下のように様々なものが想定される。

【投資実行以前】

定量評価モデルは投資検討段階で以下のような用途に用いられる。

- 投資額と財務リターンの初期的な評価
- 対象会社による資金調達計画および当該資金調達に基づく対象会社の将来の株主構成（経済的持分比率）の確認
- 対象会社との交渉を見据えたKPIの定量化および財務リターンに対する影響の確認
- 財務リターンの達成可能性に関するLP投資家への説明根拠

【投資実行以降】

定量評価モデルは投資実行以降も引き続き以下のような用途に用いられる。

- 対象会社の事業計画策定
- 定量評価モデルで前提とした事業計画と実績との比較，および差異が生じた場合の要因分析（対象会社のモニタリング）
- 対象会社で資金調達が必要となる場合における，当該資金調達の検討および財務リターンへの影響分析
- Exitが近づいた段階における最終的な財務リターンの計算

定量評価モデルは，投資実行まではCVCが投資の合理性や妥当性を自ら確認するためのみならず，LP投資家に対して投資条件の合理性や妥当性を説明するための重要なツールとして機能し，投資実行以降は対象会社とのコミュニケーションツールにもなり得る。

［3］ 定量評価モデルの構成

定量評価モデルはExcelファイルを用いて作成するのが一般的であるが，その構成は以下のとおりである。

上述のとおり，定量評価モデルを「インプット」「計算」「アウトプット」の3つのパートに区分し，インプットのパラメーターを変更することにより，ア

図表 3 −24　定量評価モデルの構成

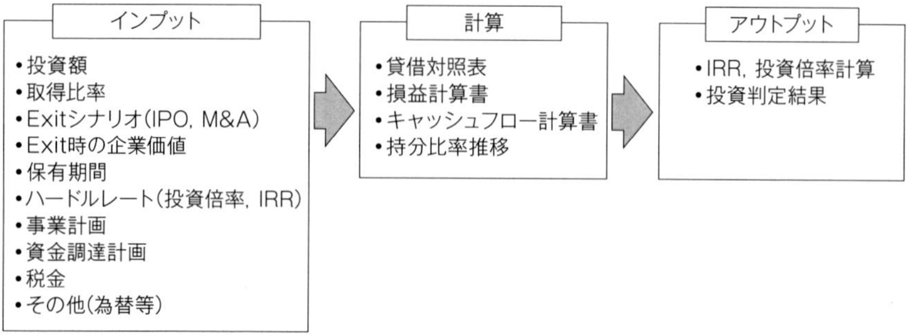

（出典） KPMG 分析

ウトプットに関する様々なシミュレーションを行うことが可能となる。

上述のとおり，定量評価モデルは，投資案件における財務リターン（投資倍率および IRR）が，CVC の設定する投資基準（ハードルレート）を充足するか否かを判定するためのものである。投資倍率および IRR を計算するには，**図表 3 −24**に記載したような様々なインプットが必要であり，これらのインプットは，主要な分類に基づいて個別の入力シートに入力する。例えば，投資額，取得比率や Exit に関する前提を 1 つのシートにまとめるとともに，事業 KPI に関する前提は別のシートにまとめるといった形である。なお，定量評価モデルの客観性を担保する観点から，インプットの根拠となる情報や前提条件の計算方法についても取りまとめておくことが望ましい。

財務リターンの正確な計算を可能とするために，定量評価モデルは，投資実行時点から Exit 時点までの期間（保有期間）をカバーする必要がある。通常は，IPO または M&A による Exit が想定されるため，保有期間は想定期間を用いる。また，IPO または M&A で Exit する際の対象会社株式価値の計算方法といった Exit に関する前提の設定も必要となる。

[4]　定量評価モデルのインプット

定量評価モデルへのインプットとしては大きく以下の項目が挙げられる。

- 投資額
- 取得比率
- Exit シナリオ
- Exit 時の株式価値
- 保有期間
- ハードルレート
- 事業計画
- 資金調達計画
- 税金
- 為替

投資額・取得比率

通常，投資額は対象会社の資金需要に基づいて設定されることが多い。当該資金需要を１つの投資家が全額出資する場合もあれば，資金需要の大きさ，株主のバリエーションを増やしたいという対象会社の意向等に基づいて，複数の投資家が共同で出資する場合もある。取得比率は財務リターンに直結するため，投資家の立場からはできるだけ高いほうが望ましいが，CVC の１件当たり投資可能額，対象会社の経営への関与（支援）度合い，既存投資家の持分とのバランス，創業者の経営権確保やインセンティブ（創業者持分は多いほうが大きなインセンティブとなる）を考慮したうえで，当事者の交渉により決定される。

Exit シナリオ・Exit 時の株式価値

CVC が財務リターンを確保するためには，当然のことながら最終的に Exit する必要がある。一般的な Exit 手段である IPO と M&A のどちらをメインシナリオとするかは案件により様々であり，実際にどちらの形で Exit するのかを投資検討段階で予想することは困難であるため，定量評価モデルでは，いずれの Exit 手段であっても財務リターンを計算できるようにしておくことが望ましい。

財務リターンは，基本的に投資額と回収額により計算される。回収額はExit時の対象会社の株式価値にその時点におけるCVCの持分比率を乗じることにより計算されるため，定量評価モデルではExit時における対象会社の株式価値の計算方法やCVCの持分比率等，CVCの回収額計算に係る前提条件を設定する必要がある。

Exit時における対象会社の株式価値の推計方法には様々な考え方が有り得る。IPOシナリオの場合であればExit時における対象会社の純利益にPERを乗じて，また，M&Aシナリオの場合であればExit時における対象会社のEBITDAに企業価値／EBITDA倍率を乗じることによって算出された企業価値からネット有利子負債を控除して推計されることが多い。

定量評価モデルにおけるExit時の想定PERや想定EV/EBITDA倍率は，客観性を担保する観点から，マーケットで入手可能なデータに基づいて設定される。例えば，Bloomberg や Mergermarket 等のデータベースから対象会社と類似する企業の取引事例を参考とすることが考えられるが，こうしたデータも定量評価モデルのインプットの根拠として取りまとめておく必要がある。

また，Exit時の想定PERや想定EV/EBITDA倍率が変動した場合のアウ

図表3－25　Exit時の対象会社株式価値の算定方法（例）

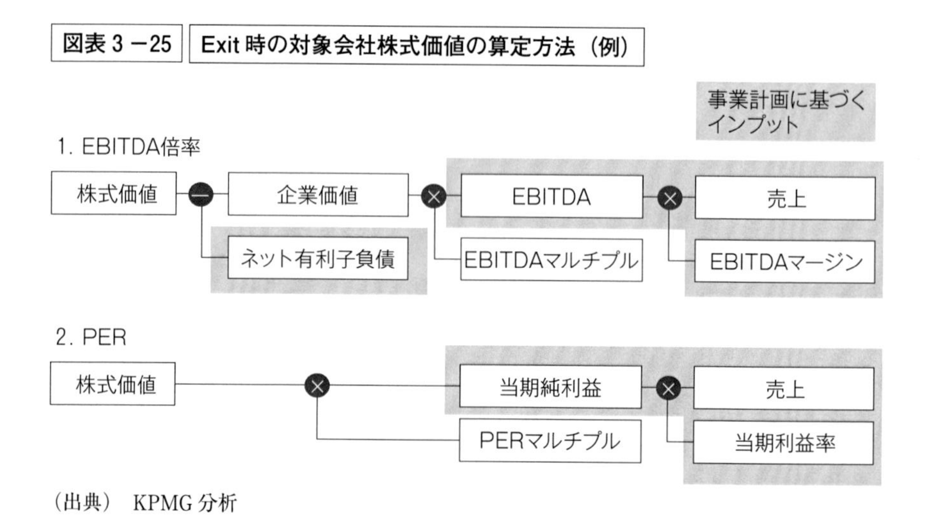

（出典）KPMG分析

図表3－26　対象会社に対する持分比率の推移の計算（例）

A．スタートアップの株式価値

（単位：百万円）

	n 期	n+1期	n+2期	n+3期
株式価値（増資前）	500	1,000	2,000	3,000
増資額	－	250	400	300
株式価値（増資後）	500	1,250	2,400	3,300

B．増資額

（単位：百万円）

投資家	n 期	n+1期	n+2期	n+3期
CVC		250		
創業者				
投資家（Seed Round）				
投資家（Series A）			400	
投資家（Series B）				300
増資計	－	250	400	300

C．増資により新規増加する持分

投資家	n 期	n+1期	n+2期	n+3期
CVC		20.0%		
創業者				
投資家（Seed Round）				
投資家（Series A）			16.7%	
投資家（Series B）				9.1%
合計		20.0%	16.7%	9.1%

D．増資後の株主構成

投資家	n 期	n+1期	n+2期	n+3期
CVC		20.0%	16.7%	15.2%
創業者	70.0%	56.0%	46.7%	42.4%
投資家（Seed Round）	30.0%	24.0%	20.0%	18.2%
投資家（Series A）			16.7%	15.2%
投資家（Series B）				9.1%
持分合計	100.0%	100.0%	100.0%	100.0%

（出典）　KPMG 分析

トプットに対する影響を把握する観点から，これらの倍率に一定のレンジを設定して感応度分析を行うことも有効である。

Exit時におけるCVCの持分比率は，基本的には対象会社の資金調達計画に基づいて計算される。通常，スタートアップは，有利子負債による資金調達が難しい場合が多いことから，投資家から出資を募ることで資金調達する必要がある。そのため，CVCによる投資実行以降に，対象会社が追加で資金調達することが想定される場合には，当該資金調達によるCVC持分の希薄化を考慮する必要がある。

対象会社の将来の資金調達が投資実行時点の想定を超える場合には，Exit時点におけるCVCの持分比率が想定を下回る可能性があるため，投資検討段階において，対象会社の資金調達計画で想定されている金額に重要な不足がないかどうかを検証する必要がある。

なお，将来の資金調達以外にもCVCの持分比率の希薄化に影響する事項として，対象会社のマネジメントや従業員に対するストックオプションの付与がある。将来的にマネジメントや従業員に対してストックオプションの付与が想定される場合には，持分比率の推移を計算するにあたって考慮する必要がある。

また，近年のスタートアップ投資のケースでは，M&AでExitする際に優先分配権が設定されることも多い。優先分配権に関する詳細な説明は割愛するが，優先分配権は，M&AでExitする際に享受できる財務リターンの株主間の配分に柔軟性を持たせるための仕組みであり，対象会社の株主であるCVCの財務リターンにも影響を及ぼすものである。したがって，投資実行にあたってCVCが優先分配権を設定する場合には，財務リターンを正確に計算するために，優先分配権の影響も考慮する必要がある。

保有期間

日本におけるVCの平均的な回収期間は，61ページで述べたとおり，シード・アーリーで5～7年，ミドル・レイターで1～3年である。一方，米国では，シードで7年～9年，アーリーで6年，ミドルで5年，レイターで2～4

年である。定量評価モデルのインプットとして保有期間を設定するにあたっては，これらを参考にすると良い。

ハードルレート

定量評価モデルのアウトプットとして計算される投資倍率やIRRがCVCの基準を満たすか否かを判定するためには，基準となるハードルレートを設定する必要がある。ハードルレートを検討するにあたっては，国内におけるVC・CVCのパフォーマンスが参考になる。国内の主要なVC・CVCの実績は以下のとおりである。

これによれば，CVCの投資倍率（回収額÷投資額）は約2倍，IRRは約20%の水準にある。

他の統計ではどうだろうか。The World of Corporate Venturingが2016年に101社を対象に実施したインタビューによれば，27社が自社のCVCのIRRの平均値を10%～20%と回答している。

図表3－27　日系VC・CVCのIRR

各社の目標リターン	設立年	投資金額（ファンド規模）	ファンドパフォーマンス	
			IRR	投資倍率
独立系VC	•2000年代前半	•約80億円	•約20%	•約2倍
金融系VC	•2010年代前半	•約10億円	•10%～20%	•n.a. ※案件によっては，3～7倍の間を想定することがある
CVC①	•2000年代前半	•約80億円	•20%～25%	•約2倍
CVC②	•2010年代半ば	•約20億円	•20%～25%	•約2倍

（出典）KPMG分析

図表3－28 グローバルにおけるCVCファンドのIRRの分布（2016年）

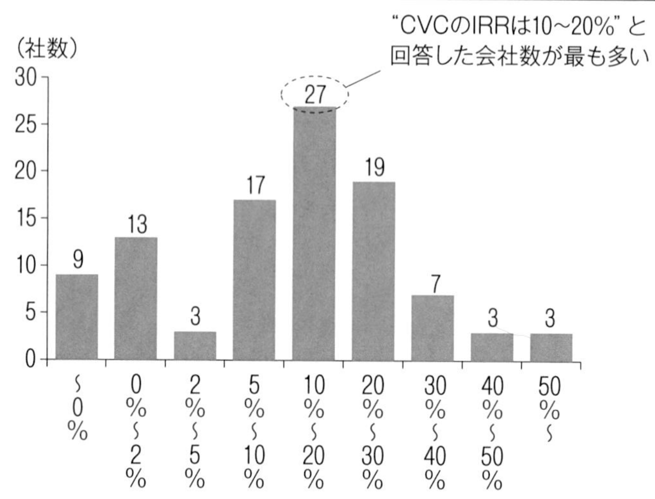

（出典） Corporate Venturing "The World of Corporate Venturing 2016"

なお，上述のパフォーマンスは，投資先のサバイバルリスク考慮後の数値である点に留意が必要である。スタートアップは生存確率が低く，株式の流動性も低いことから，通常の投資と比較して回収不能となるリスクが高い。したがって，CVCトータルで財務リターンを確保するためには，CVCが目指す全体としての財務リターンの水準に加え，スタートアップへの投資が失敗して回収できないリスク（プレミアム）をハードルレートに反映する必要がある。

また，対象会社のステージや事業展開エリア（の成長性）により成長期待が異なるため，これらの要素に応じて期待リターンの基準を設定する必要がある。定量評価モデルへ適用するに際しては，ステージと事業展開エリアのマトリクスを作成したうえで，各々のハードルレートを設定することが多い。

事業計画

事業計画は，基本的に対象会社から開示されたものを定量評価モデルのインプットとする。スタートアップの事業計画は右肩上がりで作成されていることが多いため，対象会社の業績が計画どおりとならない場合には，定量評価モデルに基づいて計算された期待リターンをCVCが享受できない結果となってしまう。したがって，投資検討段階では，CVCの投資資金に係る回収可能性を検討する観点から，当該計画の合理性および蓋然性を検証する。

しかしながら，スタートアップの事業計画の合理性および蓋然性の検証は困難な場合も多い。スタートアップは社歴が浅く，管理体制も十分でないことから，実績財務データが入手しにくいうえに，営業赤字であることも多いため，今後の売上高や営業利益の予測は難易度が高い。仮に予測することができたとしても，客観的な検証は難しい。

そのため，スタートアップの事業計画においては財務数値よりも事業KPIに注目して計画の妥当性および蓋然性を検証していくケースが多い。定量評価モデルでは，右肩上がりの事業計画に基づいた恣意的な結果が導出されることを避けるために，前提となった事業KPIに関する根拠を準備しておくことが望ましい。また，事業計画に関する不確実性の排除は困難であることから，そのような不確実性が顕在化した場合に定量評価モデルのアウトプットに与える影響を把握するために，事業KPIを変数とした複数のシナリオを作成し，アウトプットの感応度分析を実施するのも有効である。

資金調達計画

資金調達計画に関しても，事業計画と同様に基本的には対象会社から開示されたものを定量評価モデルのインプットとする。資金調達計画は，事業計画に基づいて必要な資金がすべてカバーされるように作成されなければならない。上述のとおり，スタートアップの資金調達は，投資家からの出資によることが多いが，当該資金調達はCVCにとっての財務リターンに影響を及ぼすことから，定量評価モデルは，資金調達の結果として生じるCVC持分の希薄化について分析できるものでなければならない。あわせて，ビジネスの観点から，対象会社の資金調達計画の合理性・妥当性を検証する必要がある。

税　金

税金に関して，定量評価モデルのインプットとして考慮すべき項目には，主に以下の項目がある。

- CVCのExit時におけるキャピタルゲイン／ロス
- スタートアップの事業運営上生じる法人税等
- スタートアップの繰越欠損金

CVCが保有する有価証券の税務上の簿価と売却価格との差額は，課税所得の計算上譲渡益または譲渡損として認識される。ExitによりCVCに株式譲渡益が生じる場合には，当該譲渡益に対して課税されるため，財務リターンは当該譲渡益課税を考慮したうえで計算する必要がある。また，スタートアップの事業運営上も法人税等の課税が生じるため，事業計画でこれらの税金が適切に考慮されているか否かを確認することが重要である。なお，キャピタルゲイン課税や，事業運営上生じる法人税等の税率は，各国の税制を踏まえて適切に設定する必要がある。

スタートアップの場合，創業から数期間は赤字が続き，税務上の繰越欠損金を抱えている場合が多い。繰越欠損金は，黒字転換以降の期間に節税効果をもたらすため，金額が大きい場合にはスタートアップの資金繰りや株式価値の計算にも相応の影響を及ぼす。こうした繰越欠損金による節税効果を定量評価モデルにおいて考慮するべきか否かを検討する必要がある。

為　替

CVCがすべての資金を日本円で調達し，投資先である対象会社が日本円で事業活動を展開するのであれば，為替の問題が定量評価モデルに直接影響することはない。

しかしながら，特に対象会社が海外にある場合，また日本の企業であっても収入や支出に占める外貨の割合が高い場合には，インプットとして為替の前提を織り込む必要がある。CVCに外部のLP投資家が参画している場合，LP投資家は定量評価結果を日本円ベースで説明するよう依頼するかもしれない。モデルのインプットが元々外貨をベースとしている場合には，インプットや計算過程を日本円に換算してしまうと不正確な定量評価結果を導出してしまう可能性もある。定量評価モデルのアウトプットは，基本的に投資倍率およびIRRであることを勘案すると，計算結果の正確性を担保するためにも，インプットや計算過程は現地通貨ベースとするのが合理的といえる。

なお，為替のようなマクロ経済の前提を定量評価モデルに用いる場合には，作成者の主観を排除するよう，できるだけ客観的な情報源に依拠して設定する必要がある。例えば，主要な銀行が公表する一般的経済調査等の結果を用いる方法も考えられるが，このような情報やデータが入手できない場合や，定量評価モデルの対象期間をカバーしていない場合もある点に留意が必要である。

[5] 成長ステージにあわせた適用

ここまで定量評価モデルに必要なインプットについて述べてきたが，CVCの投資対象がスタートアップである点に鑑みると，必ずしも定量評価モデルに必要なインプットすべてが入手できるとは限らない。通常，スタートアップは限られた人的・資金的リソースの下で運営されており，財務数値や事業計画が整備されていない場合も多いためである。

ミドル・レイターステージにあるスタートアップの場合には，人的・資金的リソースが比較的整備されていること，および既存の投資家に対して財務数値や事業計画に関する報告を行う必要があることから，比較的情報は入手しやすい。一方で，シード・アーリーステージにあるスタートアップの場合には，事業の立ち上げが優先され，内部管理に要する人的・資金的リソースが十分でないことが多いため，CVCの投資検討段階では財務数値や事業計画を十分に入手できない場合が多い。

対象会社からの情報入手が困難な場合には，CVC側で根拠となる情報を収集したうえで定量評価モデルの前提条件を設定することも考えられる。しかしながら，CVCの人的リソースにも制約があること，通常，（特にシード・アーリーステージの場合）スタートアップに対する1件当たりの投資額は比較的少額であること，投資意思決定にはスピード感が求められることなどから，CVC側で定量評価モデルに必要な情報を入手し，条件を設定することも困難と考えられる。したがって，シード・アーリーステージにあるスタートアップの定量評価を行う場合には，こうした制約に鑑み，前提を一部簡略化する，あるいは前提の根拠について柔軟性を持たせるといった運用が必要となる。

また，CVCの投資目的の観点からも，シード・アーリーステージにあるスタートアップへの投資は，対象会社の成長支援の色合いが濃い一方，ミドル・レイターステージにあるスタートアップへの投資の場合は，財務リターン獲得の比重が高くなる。したがって，ミドル・レイターステージにあるスタートアップへの投資においては定量評価モデルに基づく評価の比重が高い一方，シード・アーリーステージにあるスタートアップへの投資は定性評価の比重が高いことから，定量評価モデルは柔軟に運用できるように構築しておく必要がある。

[6] 投資倍率とIRR

CVCにおける財務リターンの基準として一般的に用いられる指標である投資倍率とIRRの計算式の概要は以下のとおりである。

投資倍率＝投資回収額／投資額
IRR ＝(投資回収額／投資額)^(1／保有年数)－1

単純化のため，投資回収額はExit時における対象会社の株式価値にCVCの持分比率を乗じて計算されるものとしている。また，スタートアップが事業で獲得した資金は再投資されるのが通常であるため，対象会社からの配当はないものと仮定している。なお，投資回収額に生じる税金等は考慮していない。

計算式に関する詳細な説明は割愛するが，投資倍率は投資金額に対する投資回収額の比で算出され，保有期間の長短による影響を受けない。これに対して，

IRR は保有期間が長ければ長いほど低くなり，CVC のパフォーマンスが低下する。CVC が対象会社への投資を実行するにあたって外部から資金調達している場合には，調達した資金に関するコストが生じるため，保有期間の概念を含む IRR は合理的な指標ではあるものの，CVC 本来の目的に鑑みると，財務リターンを通常の VC と同様の指標で評価するのは必ずしも適切とはいえない。CVC の最大の目的は，イノベーションの実現であり，長期投資の視点が求められるため，長期保有した場合にパフォーマンスが低下する IRR を主たる基準とすることは CVC の目的と合致しないともいえる。IRR は CVC においても引き続き定量評価に関する重要な指標ではあるものの，近年は投資倍率が重視される傾向がある。

[7] 投資実務における新たな知見と経験の情報共有が重要

日本における CVC の投資評価実務はまだまだ十分に確立されておらず，投資実務を通じて新たな知見や経験を蓄積している段階にある。したがって，CVC の投資評価実務においても，新たに得られた知見や経験を情報共有していくことが重要である。適切な投資評価の実現のためには現状の基準にとらわれることなく，必要に応じて内容を更新することも必要である。

3-6 CVC を用いた投資スキームの会計上の論点

スタートアップへの投資については，企業が直接，もしくは設立した CVC 子会社を通して，あるいは CVC ファンドスキームを利用して投資する場合がある。後者の CVC ファンドを利用する場合でも，CVC 子会社等を設立して CVC ファンドの運用に関する意思決定機能を持ちつつ投資する場合や，単に CVC ファンドへ業務執行権のない出資のみを行う場合など，CVC には様々なスキームが想定される。本節では，その中でも以下の当事者を想定し，各当事

図表3－29　前提となる投資スキーム

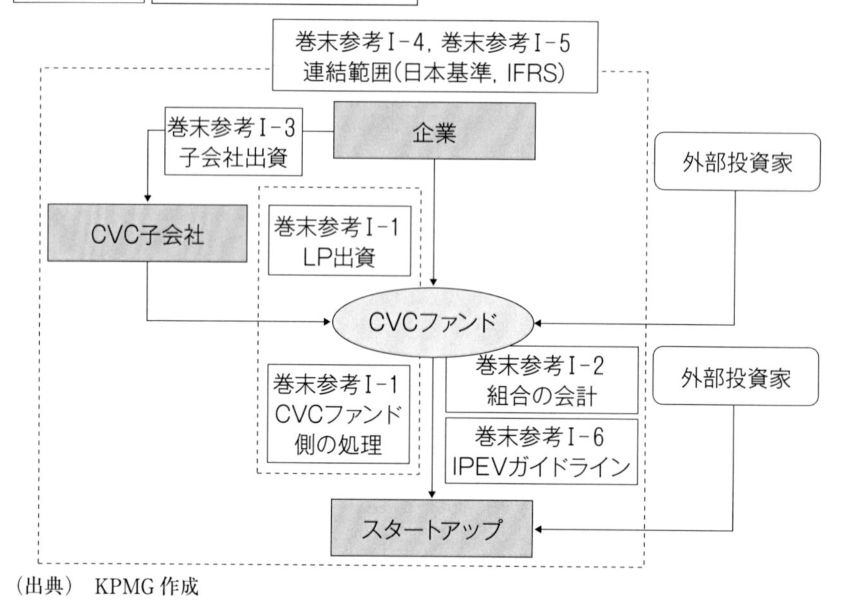

（出典）　KPMG 作成

者における会計処理の論点を検討する。

企業は，CVC ファンドスキームを利用してスタートアップへ投資し，かつ，その運営のために連結子会社として CVC 子会社を設立する（**図表3－29**参照）。

CVC 子会社は，CVC ファンドを運営するためだけに企業が設立したものであり，株式会社もしくは合同会社を想定する（3－3［1］参照）。CVC ファンドは，スタートアップへ直接投資を行うファンドであり，実務上よく採用される LPS または NK を想定（3－3［1］参照）する。CVC ファンドではスタートアップへの投資のみを有しているものとする。スタートアップは投資対象となる非公開企業であり，企業，CVC 子会社および CVC ファンドは，スタートアップに対する支配も影響力も有さず，共同支配にもなっていない。なお，企業は有価証券報告書を提出しており，指定国際会計基準特定会社としての要件をすべて満たす（連結財務諸表規則1条の2）一般事業会社を想定する。

このような前提の下で，企業の立場で一般的に想定される会計上の論点をまとめると以下のとおりである。

論　点	巻末参考Ⅰ
企業の個別財務諸表におけるCVCファンドへの出資の会計処理	1
組合自体に財務諸表の作成が求められる場合の会計処理	2
企業の個別財務諸表におけるCVC子会社への出資の会計処理	3
企業の連結財務諸表（日本基準）におけるCVCファンドへの出資の会計処理	4
企業の連結財務諸表（国際財務報告基準）におけるCVCファンドへの出資の会計処理	5
スタートアップ投資の公正価値評価	6

上記論点についての具体的な会計処理の考え方や内容は，巻末にある巻末参考Ⅰの1～6に記載している。

巻末参考Ⅰ－1は，個別財務諸表における組合員たる企業側のLP出資の会計処理と個別財務諸表に取り込むためのCVCファンド側の会計処理を検討したものである。

また，巻末参考Ⅰ－2はCVCファンドをLPSで組成した場合に組合自体の財務諸表で求められるスタートアップ投資の時価評価に関する会計処理について解説している。巻末参考Ⅰ－3は，CVC子会社を株式会社および合同会社のいずれの形態で設立しても会計処理に違いがない点を述べている。

巻末参考Ⅰ－4，巻末参考Ⅰ－5は，子会社，関連会社，共同支配企業に該当するか否かを，日本基準，国際財務報告基準のそれぞれの要件に基づいて，LPS，NKのスキームごとに検討したものである。

巻末参考Ⅰ－6は，欧州における一部企業の未公開株式の公正価値評価をめぐる実務で利用されているInternational Private Equity and Venture Capital Valuation Guideline（IPEVガイドライン）について解説している。

最後に，このようにCVCファンドを利用したスタートアップ投資の会計実務は論点が多く，そのスキームごとに関連基準の解釈も異なることから，実際には専門家のアドバイスを基に慎重に処理する必要がある。

第4章

米国と日本におけるCVC事例

4-1 米国におけるCVC事例

CVCの先端事例

ここでは米国で最も代表的なCVCを有しているGoogle（第四次ブーム時に設立）とIntel（第三次ブーム時に設立），さらに先進的なベンチャー管理手法を構築しているUnited Parcel Service，Hewlett Packard（HP），Lucent Technology（第三次ブーム時に設立）の計5社の事例を紹介する。

図表4－1　CVC紹介事例

節	企業
[1]	Google
[2]	Intel
[3]	United Parcel Service
[4]	Hewlett Packard
[5]	Lucent Technologies

[1] Google

投資領域ごとのCVC子会社の設立

Googleは，スタンフォード大学の博士課程に在籍していたラリー・ペイジとセルゲイ・ブリンによって設立されたテクノロジー企業である。同社は，検索エンジンの開発や，AndroidやChromeプラットフォームを展開することで広告収入を軸としたビジネスモデルを構築した。

他方で，Googleは事業の多角化も進めている。例えば，建屋内の温度調整を行うサーモスタッド機器を製造するNestの買収を通じたスマート家電事業

図表4－2　GoogleのCVC子会社とその投資領域

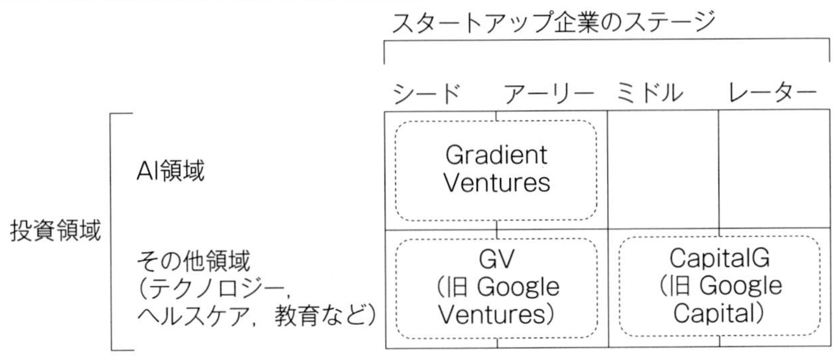

（出典） GVホームページ

の展開や，自動運転プロジェクト，ドローンを活用した配送プロジェクトへの参入などが挙げられる。また，2015年には持株会社Alphabetを設立し，これまでGoogleの傘下にあったNestやGoogle Xなどは，Googleと同様Alphabetの子会社となった。これは，Googleがインターネット事業を継続していくと同時に，検索エンジン以外の新規事業にも注力し，革新を進めていくという意思表示でもある。Alphabetの傘下には，「GV（旧Google Ventures）」「CapitalG（旧Google Capital）」「Gradient Ventures」という3つのCVCもある。

GoogleのCVC戦略の特徴としては，投資領域別にCVC子会社を設立し，異なる投資基準のもとでスタートアップ投資を行っていることが挙げられる。上記のCVCは，GVが投資ステージの初期であるシード，アーリーステージ，CapitalGがレイターステージ，Gradient Venturesが人工知能（AI）のシード，アーリーステージのスタートアップ企業を各々対象とすることで棲み分けが図られている。

GV

(1) ライフサイエンス業界へ注力するGV

2009年に設立されたGV（旧Google Ventures）は，将来性のあるスタートアップ企業を発掘し，GVが保有するナレッジや資金を活用することで，スタートアップ企業の成長を支援することを目的としている。なお，GVは投資対象候補となるスタートアップがGoogleのビジネスの方向性に沿うか否かを問わず，GV独自の判断で投資する。

投資対象業界であるが，GVは「Life Science」チームを設けており，当該分野への投資に注力している。2012年，2013年におけるスタートアップ投資のうち，ライフサイエンス業界を対象とする投資は全体の10％弱であったのに対し，2014年，2015年は各々36％，31％と，その割合は拡大している。第四次ブームにおいて，IoTやAIが注目される中で，ライフサイエンス分野に注力しているのは，GVの大きな特徴である。

(2) GVの投資基準

GVにはこれまで300件以上の投資実績があり，Jet.com（Exit時のバリュエーション金額：$3.3B)，NestLab（Exit時のバリュエーション金額：$3.2B)，HomeAway（Exit時のバリュエーション金額：$2.15B）に見られるように，後に高く評価される多くのスタートアップ企業に投資した。ライフサイエンス分野を対象に積極的な投資を展開しているGVは，どのような投資基準を設けてスタートアップ企業を選定しているのであろうか。

第1に「People First」である。大半の投資家は，スタートアップ企業が保有している技術に着目している。だがGVは，まず「人」，つまり「創設者」と「チーム」を重視している。創設者がどれだけ自社製品に情熱を持っているのか，スタートアップ企業が保有している技術とは関係なく，どれだけそのチームと一緒に働きたいか，という視点でスタートアップ企業を評価する。

第2に「Focus on three Ds: Design, design, design」である。これは，スタートアップ企業はプロダクトデザインを重視すべきであるということを意味しており，創設者がプロダクトデザインに関わるキャリアを持っていなかったとしても，プロダクトデザインには精通しておくべきであるとGVは考えている。これは，ソフトウェアのユーザーインタフェース設計や，ハードウェア設計が当該スタートアップ企業の成功に大きく影響するとGVが考えているためである。

第3に「Mobile Chops」である。これは，スタートアップ企業にとって端末を活用したサービスを提供することが重要であるということを意味している。現在，人々は携帯電話やタブレットなど，端末機器を通じたコミュニケーション・サービスに多くの時間を費やしている。したがって，端末機器とスタートアップ企業のサービスとの親和性の高さが，そのスタートアップ企業の成功に繋がるとGVはとらえている。

第4は，「Solve a real」である。これは，スタートアップ企業のサービスによって，市場の真の需要が満たされることが重要であるということを意味している。スタートアップ企業のサービスが，世の中の「本当の困りごと」に対して，ソリューションを提供するものであることをGVは重視しており，そのスタートアップ企業が愚直に世間の困りごとを突き詰めているか否かに着目している。

最後に，「Ability to make something」である。これは，サービスをローンチするためのスタートアップ企業の体制が重要であるということを意味している。ビジネスサービスのコンセプトが決定した後，そのサービスを市場に対して適切に展開することができる体制を整えていることを重視している。

以上5つの投資基準に基づいてGVは投資を行っている。GVは，シードやアーリーステージのスタートアップ企業を対象としていることから，売上や市場浸透率といった定量的な判断基準よりも，創設者のマインドといったソフト面の定性基準を重視した判断基準を設けている。

(3) 「デザイン・スプリント」を活用したバリューアップ

また，GVの特徴は，**図表4－3**に示す体制からも見て取れる。この中で特徴的な組織が「Design」チームである。

GVがデザインを重視していることは，前述した投資基準に「Focus on three Ds: Design, design, design」を設けていることからも明白である。

図表4－3　GVの組織体制

- Investing
- Life Science
- Design
- Engineering
- Talent
- Marketing
- Partnerships
- Operations
- Advisers to GV

（出典）GVホームページ

「Design」チームの設立は，GVの設立と同じ2009年に遡る。Designチームは，Gmail，Google Apps for Business，Google Spreadsheet，Google Trendなどのプロダクトデザインを指揮してきたブレイデン・コウィンツが立ち上げたチームが前身である。

Designチームの象徴的なアプローチが，Googleのこれまでのプロダクトデザインの経験を通じて蓄積されてきたナレッジを，スタートアップ企業向けにアレンジした「デザイン・スプリント」である。この「デザイン・スプリント」は，GV流のワークショップであり，企業が新しいサービスを開発するために行われる。このワークショップの最大の特徴はスピード感にあり，本来数週間から1ヵ月弱を要するワークショップをわずか5日間で完結させる。具体的なスケジュールは以下のとおりである。

1日目にチームの長期目標を設定するとともにターゲットとするべき顧客を定め，翌日にターゲット顧客に提供するサービスのアイデアをチームメンバーで出しあう。3日目は，出しあったアイデアの中で長期目標の達成に有用なサービスを決定する。4日目にこれまでチームで議論した内容をもとに製品のプロトタイプを作成し，最終日は，募集したユーザーに作成したプロトタイプを使用してもらい，フィードバックを得る。これは，ユーザーテストを行うための必要最低限の機能を備えたプロトタイプを迅速に作り上げるまさにリーンスタートアップのアプローチである。GVは，このスピード感で進めるために，わずか5人程度のユーザーインタビューやユーステストによるプロトタイプのトライアンドエラーを高速回転させている。

特にスタートアップ企業では，この「デザイン・スプリント」を組み入れることが重要であり，その重要性は日々増しているとGVは考えている。理由としては，サービス・製品の開発期間が短縮していることが挙げられる。このような状況に対応すべく，多くのスタートアップ企業は，サービス生成のためのツール（ゲーム開発ツールの場合には，「Unity」や「Unreal Engine」など）を活用することにより，短期間で開発している。とりわけスタートアップ企業の場合には，資金ショートを回避するためにも，他社に先立ってサービスや製品を市場に投入し，大きなシェアを獲得することが目標となる。

ワークショップナレッジを保有し，そのナレッジをスタートアップ企業向けに活かそうとする発想力もGVの強みである。ビジネスモデルが確立されていないシードやアーリーステージのスタートアップ企業にとって，「デザイン・スプリント」のナレッジを活用できることは，非常に魅力的に映る。

CapitalG（旧Google Capital）

(1) レイターステージの投資に注力するCapitalG

Googleは，2009年のGVに次いで，2013年にCapitalGを設立した。CapitalGは，GVと同じくAlphabetのCVC子会社であるが，その投資戦略はまるで異なる。投資対象ステージは，GVがシードやアーリー等の初期ステージを対象としているのに対し，CapitalGは，レイターステージのスタートアップ企業，具体的には事業が軌道に乗りつつあるテック系スタートアップ企業を対象としている。

(2) スタートアップ企業に向けたGoogleネットワークの提供

CapitalGは，GVと異なり「Design」チームなどは保有していない。一方で，CapitalGはGVの「デザイン・スプリント」に勝るとも劣らない付加価値をスタートアップ企業に提供している。それがGoogleネットワークである。

図表4－4にGoogleネットワークにアクセスし，アドバイスを受けることのできるメンバーの一部を示している。CapitalGのメンバーは，Googleだけ

図表4－4　CapitalGがスタートアップに提供するネットワーク（一例）

Company	Department/Title
Alphabet	Senior Vice President
Google	CEO
	Global Marketing Senior Vice President
	People Operations Vice President
	India Sales & Operations, Vice President
	Global Performance Solutions, Vice President
	Security & Privacy Engineering, Vice President
	Engineering Vice President
	Research Vice President
YouTube	Chief Business Officer
	Product and Design,
Waymo	CEO
Nest Labs	CEO
Sidewalk Labs	Chairman and CEO

（出典） CapitalGホームページ

でなく，YouTubeやWaymoのCBOやCEOにもコンタクトすることが可能である。すでに魅力的なビジネスコンセプトを持っているが，どのように市場に展開するべきかという点に頭を悩ませているレイターステージスタートアップ企業にとって，CapitalGが保有するGoogleをはじめとする人材ネットワークへのアクセスは，自社の技術の可能性を拡張する意味でも非常に魅力的である。

⑶　投資基準と投資事例

CapitalGは，2013年以降，ビッグデータ，金融，セキュリティ，eラーニングで事業展開するスタートアップ企業約30社に投資している。その投資基準は大きく2つで構成されている。

第1の投資基準は保有技術である。今後，世界的なトレンドとなるであろう技術を保有していることを条件としている。第2の投資基準は事業規模である。具体的には，売上が$10M（10億円）以上，もしくはそれと同等（数百万から数千万のユーザーを抱えているなど）の規模であることを条件としている。つまり，CapitalGは，今後，新しいトレンドとなる市場で，高いシェアを占め，主要プレーヤーとなる企業を求めている。

この投資基準のもとで，CapitalGはどのようなスタートアップ企業に投資しているのか，その例をいくつか紹介したい。

- ServeyMonkey

「ServeyMonkey」は，アンケート作成ツールを提供するオンライン調査会社である。アンケート作成には手間がかかるものであるが，ServeyMonkeyでは，多くのテンプレートや専門家作成のアンケート例が準備されており，ロゴの表記まで含めて簡単にアンケートを作成することができる。当該サービスは，1999年から提供されており，現在は190ヵ国・16言語で展開されている。米国Fortune 500に挙げられるトップ企業の99％が導入しており，米国では政府やNPOが半数を占める。

- Renaissance

「Renaissance」は，1984年創業の教育関連企業である。2011年に投資ファンドのPermiraに買収された後，クラウドベースの教育サービスを提供している。Renaissanceは，生徒の学習状況を分析し，これを教師と共有することで，生徒への最適な教育プログラムの提供を可能としている。アメリカでは全学校の3分の1以上，世界60ヵ国で採用されている。

- Credit Karma

「Credit Karma」は，ローン等を借り手に紹介する融資紹介サービスを提供している企業であり，消費者に与信スコアと与信モニタリングを無料で提供している（通常，アメリカでは与信スコアの確認は有料となる)。また，信用情報にあわせて，顧客に金融商品を斡旋している。2016年時点で4,500万人のアメリカ人が無料会員として登録しているが，これは信用データファイル保有者の5分の1に相当する。

Gradient Ventures

Google は，2014年頃から人工知能（AI）関連の取り組みに注力している。2014年に英国の AI 関連スタートアップ企業であるディープマインド・テクノロジーを買収し，2017年には，人工知能を活用した画像認識技術「Google Lens」，音声 AI サポート技術である「Google Assistant」，家庭用 AI アシスタント「Google Home」と矢継ぎ早に当該事業の展開を進めている。

さらに Google は，同2017年に Gradient Ventures の設立を発表した。Gradient Ventures は，GV と CapitalG の AI 投資領域を独立させる形態となっている。主な投資領域は，AI に関連したビジネスに取り組んでいるアーリーステージのスタートアップ企業であり，今後 Gradient Ventures は，GV との共同出資も視野に入れている。

なお，Gradient Ventures は，資金面の支援だけでなく，CapitalG と同様に Google の人材ネットワークも提供している。CapitalG が提供する人材ネットワークと比べると，Gradient Ventures が提供するネットワークは限定的ではあるものの，Google のヴァイスプレジデントといった通常ではコネクションが持てないようなネットワークへのアクセスを可能としている。

Gradient Ventures は，立上げを発表してから間もないが，すでにポートフォリオには4社が並んでいる。ポートフォリオ企業の1つである CAPE はドローンの開発事業を行っており，オンラインによるドローン操作を可能としている。このドローンは，遠隔地でもほとんど時間差なく操作することができ，撮影した画像を0.5秒以下の時差で送信することができる。これまでに1万回飛行し，事故は一度も起こしたことがないという実績がある。

図表4－5　Gradient Ventures アドバイザー一覧

所属組織	タイトル，担当部署
X （Alphabetの子会社である研究機関）	Captain of Moonshots
Calico （Googleが設立した医療系ベンチャー）	Chief Computing Officer
YouTube	VP, Engineering & VR
Google	VP, Marketing
	VP, Design
	Research Director, AI
	Director of Engineering, Machine Intelligence

（出典）Gradient Ventures ホームページ

図表4－6　Gradient Ventures ポートフォリオ企業

ポートフォリオ	企業事業概要
Algorithmia	アルゴリズムのマーケットプレイスを運営
CAPE	オンライン操作が可能なドローンの開発事業
Cogniac	動画や画像データから必要なデータを抽出
AllyO	AIを活用した採用プロセスの自動化を支援するソフトウェアの開発
BenchSci	バイオメディカル向けのAIを活用した検索エンジンの開発
PullRequest	コードレビューを実施するクラウドサービスの提供
Scotty Labs	遠隔での自動車の運転を操作するためのソフトウェアの開発
Ubiquity6	簡易的に3Dマップを作成し，そのAR空間の共有するアプリを開発

（出典）Gradient Ventures ホームページ

[2] Intel

事業のサポートを目的としたIntelによるCVC子会社の設立

1968年設立のIntelは，マイクロプロセッサ，チップセット，フラッシュメモリなどを製造・販売している。製品ライフサイクルが短い市場にあって，顧客の需要を満たす製品・機能を提供することを目的として，1991年にLes VadaszとAvram MillerによってIntel Capitalが設立された。Intel Capitalの大きな特徴として挙げられるのが，投資資金はIntelから拠出されているため，ファンドの運用期限に気を遣う必要がないという点である。通常，CVCは10年程度の運用期間を設けて投資回収することを念頭に置く必要があるが，Intel Capitalはさらに長期的なスパンでの投資を可能としている。

次にIntel Capitalの投資方針であるが，これは親会社であるIntelの事業をサポートすることを前提としている。Intel Capitalは，Intelの製品群にとって不可欠な技術や，Intelの事業の発展につながるスタートアップ企業に投資している。したがって，Intel Capitalは，外部環境やIntelのビジネス方針に沿った投資領域を設定している。

例えば自動運転分野に関しては，Intelが「自動運転本部」を設置するなど，積極的な取り組みを進めているが，Intel Capitalも同時期から2年間で2億500万ドル規模の投資を自動運転に費やすと発表している。2014年にデータセンター，ビッグデータ，ウェアラブルデバイス，セキュリティ，クラウド，半導体としていた投資領域は，2016年にはAI（自律マシン），データと通信，スポーツと健康，VRに切り替えるなど，Intelの戦略に沿った投資領域へと再設定している。

最大の付加価値は，クライアントコネクションの提供

Intel Capitalは，スタートアップ企業がビジネスを展開するうえで，最も困難なことは，自社が信頼するに足る取引先であることを顧客に説明することと

認識している。特に顧客が大企業の場合には，スタートアップ企業が，意思決定者となるキーパーソンにたどり着くのは極めて難しい。

そこでIntel Capitalは，自社が投資するスタートアップ企業が，そのような状況を打開することができるよう，世界的な大企業の担当者とIntel Capitalの投資先企業を集めて「Intel Capital Technology Day」や「Intel Capital Global Summit」といったプログラムを開催している。

Googleが自社のネットワークを提供しているのに対し，Intelは自社が保有している顧客とのネットワークを提供しているのである。IntelのCVC設立は事業をサポートすることを目的としており，そのスタートアップ企業への付加価値の提供方法は，IntelのCVC設立の目的に沿ったものであることがわかる。

投資対象企業のステージを考慮した投資基準

Intel Capitalは一定のベースとなる投資基準に加え，スタートアップ企業のステージによって異なる投資基準を設けている。すなわちシードやアーリーといった初期段階とミドルやレイターといった一定期間を経たスタートアップ企

図表4－7　Intelの投資基準

投資基準の構成要素			投資判断のポイント（抜粋）	ステージごとの投資基準	
				アーリー	レイター
財務リターン獲得の可能性	内部環境	チーム	• 企業の経験 • ハングリー精神	✓ ✓	✓ ✓
財務リターン獲得の可能性	内部環境	革新性	• 保有テクノロジー	✓	✓
財務リターン獲得の可能性	内部環境	安定性	投資基準としては明文化されていないものの，倒産リスクをはじめとする安定性を踏まえた投資を実施していると考えられる。		
財務リターン獲得の可能性		競争力	• 顧客がどれくらいついているか • 顧客のリピート率 • パートナー		✓ ✓ ✓
財務リターン獲得の可能性	外部環境	市場性	• 市場規模 • 市場の破壊力 • 注目度（現在/10年後）	✓ ✓ ✓	✓ ✓ ✓

（出典）　KPMG分析

業を分ける形で異なる投資基準を適用している。

まず，ベースとなる投資基準であるが，Intel Capitalは，対象となるスタートアップ企業の参入市場に着目している。具体的な着目ポイントは，「市場の大きさ」「周辺市場に及ぼす影響」「現在と10年後の市場としての注目度」である。

加えて，投資基準としてシードやアーリーは，「チーム」「保有テクノロジー」が，ミドルやレイターステージは，この他に「顧客数」「リピート率」「パートナーとのネットワークの有無」が重視されている。

[3] United Parcel Service

設立背景

United Parcel Service（UPS）は1907年創業の大手輸送会社である。本業の小荷物配送事業の伸びが限定的な中，新規事業の開拓に必要な知識を蓄えること，特にテック系企業とのコネクションや，新興国でのナレッジを蓄積することを目的としてStrategic Enterprise Fund（SEF）を設立した。

投資基準

SEFの特徴は，その投資検討方法にある。自社の戦略との適合性を投資条件としつつ，VCとの協調投資によるリスクの最小化やスタートアップ企業の取締役会に出席することで得られる情報によるガバナンスの担保を前提としている。その中で，5つの投資基準を設けている。

まずは「戦略適合性」である。詳細は後段で説明するが，UPSが掲げる5つの戦略適合性のうち，少なくとも1つ以上の戦略適合性の要素を充足することが必要条件となっている。2点目は「VCとの協調投資」である。シード・アーリーステージのスタートアップ企業に対しては，特にVCの事業計画策定スキルが重要と考えていることから，初期の資金提供においては，VCとの協調投資が条件となっている。その他に「情報受領権」（UPSの事業部担当者が，ベンチャーの取締役会に出席することが条件),「ベンチャーの経営陣」(ベンチャーの経営陣に,当該事業領域における豊富な経験があること),「投資金額」(1件当たり投資金額の目安が0.25百USDから2百万USDの範囲であること)が投資基準として設定されている。

なお,戦略適合性に関しては,以下の**図表4－8**に示しているとおり,「グローバル展開」「個々の顧客に合わせたカスタマイズ」「E-Commerce関連ソリューション」といった判断基準を設定している。これは自社の戦略に関して,明確なビジョンがあるからこそ設定できる判断基準といえる。

UPSの投資目的は,「ナレッジ・リターン」を最大限獲得することである。従って,投資先が直面している問題や技術の開発状況などを細かく追跡し,自社の将来にもたらす影響を分析している。これらの分析結果は,四半期ごとに

図表4－8　UPSにおける投資基準の概要

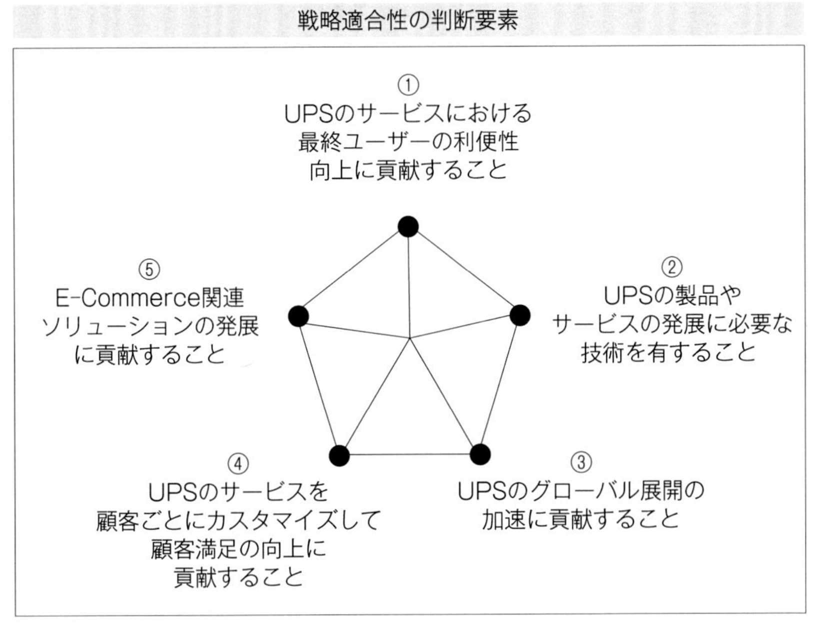

(出典) KPMG分析

報告書にまとめて社内に配布している。

[4] Hewlett Packard

1939年に創業したHewlett Packard（HP）は，設立当初，試験・計測機を主力製品として取り扱っていたが，パーソナルコンピューターの台頭，ネットの普及にあわせ，パーソナルコンピューターやその周辺製品の取扱いを開始した。そうした中で，HPは，製品・サービスの拡充や保有技術の改善を目的として，1980年代後半にCVC部門を設立している。

CVC設立の目的は，製品ラインナップの拡大，保有技術の改善のほか，将来の成長に繋がる，あるいは脅威となる技術の特定にあった。HPのCVCの特色としては，投資実行チームの存在が挙げられる。HPの投資実行チームは，事業部（2名）とコーポレート部門（1名）のわずか3人のチームで構成されている。特にコーポレート部門が戦略・財務リターンに基づき，Exitの意思決定権を持っていることが特徴的である。その中で事業部メンバーは，1名が事業部のありたい姿を設定し，それに沿った投資領域の検討とスタートアップ企業との事業シナジー創出を図り，もう1名がスタートアップ企業との窓口として機能する。

もう1つの特徴は，Exit判断の意思決定フローである。HPは事業シナジーを重視したExit基準を設けているが，具体的なフローは次のとおりである。

- そのスタートアップ企業が事業シナジーの創出に貢献しており，かつ株式保有がベンチャーとの関係を構築するうえで必要な場合は株式を保有する
- 事業シナジーを創出しておらず，かつ財務リターンを創出する余地がない場合には，株式を売却する
- 事業シナジーを創出しないものの，財務リターンを創出する余地がある場合は，適切なタイミングでのExitを企図

このように，少人数のCVCにおいても意思決定フローを最小限に抑えることで，Exitの意思決定を可能としていることがわかる。

図表4－9　CVCの運営組織と各チームメンバーの役割

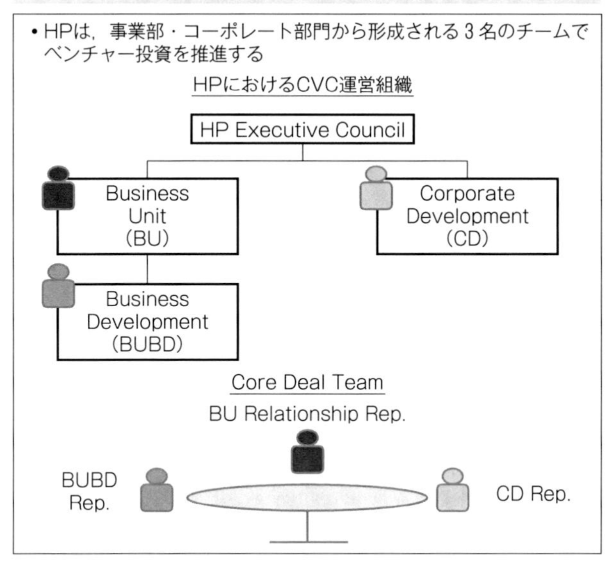

（出典） KPMG分析

図表4－10　Hewlett PackardにおけるExit意思決定プロセス

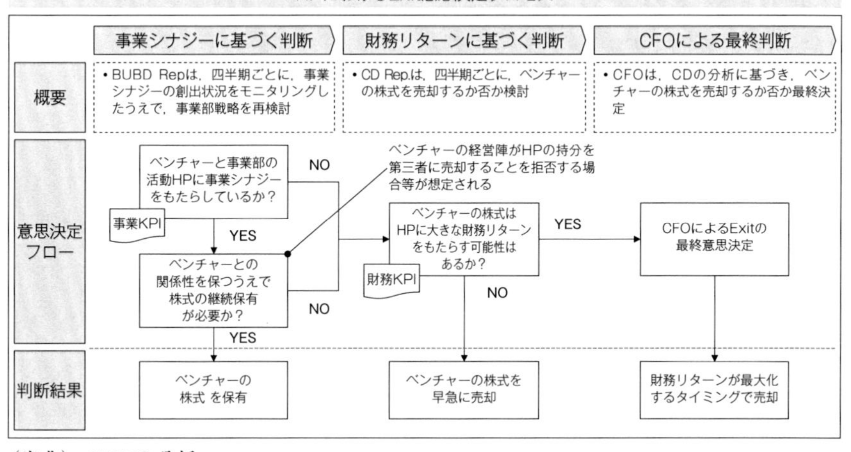

（出典） KPMG分析

[5] Lucent Technologies

1996年に設立されたLucent Technologiesは，固定電話および携帯電話事業者向けの通信機器メーカーである。(2006年にAlcatel社と合併し，Alcatel-Lucentとなる）当時はデータ通信量が増大している最中にもかかわらず，いまだに電話回線が主流であった。電話回線は，音声伝達のために設計されているものでデータ通信を考慮した設計とはなっておらず，Lucent Technologiesを含めた通信機器メーカーは早急に対処する必要性に迫られていた。

Lucent Technologiesは通信技術を開発するベル研究所を保有していたが，対処のスピードは決して早いとは言えなかった。そこで1998年に設立したのが，Lucent Venture Partners（LVP）というCVC子会社である。これは，外部のスタートアップ企業の力を活用することで，外部環境の変化に対応することが狙いであった。無線，データ通信，ソフトウェアなど，急成長が見込まれる分野を中心に出資し，技術面でのパートナー作りを目的とした投資を行っていた。

しかしながら，LVPは必ずしも順風満帆ではなかった。特に，シードやアーリーステージにあるスタートアップ投資に関しては，いまだビジネスが軌道に乗っていない状況にある企業も多く，結果としてLVPが予期しない方向にスタートアップがビジネスを展開するケースが散見された。

そこで，Lucent Technologiesは，シードやアーリーステージにあるスタートアップ企業に対しても，将来Lucent Technologiesの目標達成に沿うビジネスを展開してもらうべく，スタートアップ企業に対するモニタリングに工夫を凝らした。その大きな特徴は2つあり，1つはスタートアップ企業の役員会への参加，他方は事業部・スタートアップ企業間の橋渡しである。

1点目のスタートアップ企業の役員会への参加は，スタートアップ企業に対する投資基準としても設定されており，役員会での発言を通じてスタートアップ企業の成長を最大化すること目指している。さらに，スタートアップ企業と定期的で密接なコミュニケーションを取ることで，事業部との連携の最適なタ

図表4－11　Lucent Venture Partnersにおけるモニタリング手法の概要

役員会への出席

• LucentのCVC子会社であるLucent Venture Partners(LVP)は役員会に技術専門家を出席させ，ベンチャーの成長の観点から助言を行う

アーリーステージのベンチャーにおける役員会の体制

投資基準	• 役員会への出席権が必須 —役員会での発言を通じで影響力を保持する —投資の条件とする —議決権は必須ではない
技術専門家の職掌	• 事業部とのコンフリクトが生じる場合でも，LVPパートナーはベンチャーの成長を最大化する目的で助言を行う • 他の投資先から得られた情報を経営陣に共有する
ゴール	• 事業部への紹介の適切なタイミングを明らかにする • 投資先の育成を通じ，事業部と連携の最適化を図る • 事業部との連携が難しい場合はベンチャーの株式価値を向上させ，LVPの財務リターンを最大化する

（出典）　KPMG 分析

イミングを計っている。

2点目の提携時の事業部・スタートアップ企業間の橋渡しについて，LVPはスタートアップ企業の事業展開の進捗度を共有するだけでなく，スタートアップ企業と事業部との利害調整をするための面談を設定し，LPVがそれをリードしている。

特に初期ステージでは，事業の方向性も定まっていないスタートアップ企業が多いため，LPVがこのような工夫をモニタリングに織り込んでいることは，多くの企業にとって参考になるであろう。

4-2 日本におけるCVC事例

日本企業による多様なCVC活動

米国に追従する形で，日本においても多種多様な業界でスタートアップ企業とのコラボレーションを通じて価値を創出すべく，多くの企業がCVC活動を推進している。ここでは，ニコン，オムロン，朝日新聞社，富士通という4社によるCVC活動の事例を参考に，投資スキームとして，CVC活動の全体像を解説する。

加えて，単独の大企業によるこれまでのCVCの枠組みを超えた新たな先進的取り組みとして，リコー，オムロン，SMBCベンチャーキャピタルの3社が設立した合同会社テックアクセルベンチャーズについても取り上げる。同社は，テクノロジーを活用したシード・アーリーステージのスタートアップ企業に投資するファンドである。

図表4－12 対象企業と投資スキームの関係

節	企業	投資スキーム
[1]	ニコン	VCとの二人組合
[2]	オムロン	CVC子会社－直接投資
[3]	朝日新聞社	CVC子会社－社外LPの活用
[4]	富士通	グループ内二人組合
[5]	テックアクセルベンチャーズ	大企業とVCによるCVC合弁子会社

なお，各社とも直接投資やLP出資は実施していることから，個別の解説は各社とも割愛し，必要に応じて各社の取り組みの中で触れることとする。

［1］ ニコン

光利用技術と精密技術を有する光のパイオニア企業

【企業価値向上に向けた戦略転換を実施】

ニコンは，光のパイオニア企業として，1917年の設立以来100年余にわたり，光利用技術と精密技術を核とする光学技術，画像処理技術，ソフトウェア・システム技術，材料技術，および精密計測・加工技術を基に事業を展開してきた。主要製品は，デジタルカメラをはじめとする映像製品，FPD 露光装置，半導体露光装置，超解像顕微鏡などの生物顕微鏡，X線／CT 検査システムなどの測定機，網膜画像診断機器と幅広い。

このように，多様な事業を展開するニコンは，グループ全体で企業価値向上に向けた収益力強化と体質改善を目的として，2016年11月に「構造改革プラン」を発表した。売上成長から収益力強化へ戦略転換を図り，全社で収益性の改善・向上を進めると同時に，ポートフォリオ経営への転換，資本効率を重視した経営指標の導入・浸透，またガバナンス体制を強化することで，より透明性の高い規律ある経営体質を実現することを目指している。

【精密機器業界におけるスタートアップ企業投資の活性化】

事業ポートフォリオの変革は，ニコンのみならず精密機器業界全体の経営課題である。スマートフォンの台頭により精密機器業界全体でデジタルカメラをはじめとする様々な機器に構造変化が生じているため，各社とも次世代事業の育成を目的として，スタートアップ企業に対する投資を積極化させている。**図表4－13**は，国内の精密機器企業によるスタートアップ企業向け投資件数の推移を示している。2012年を除き，2009年以降のスタートアップ企業に対する投資件数は増加傾向にある。

ニコンも前述のスタートアップ企業に対する投資件数を牽引する主要企業に含まれる。次に，ニコンの現状と，同社がどのようにCVCを活用しているか

図表4－13　国内精密機器メーカーの投資動向

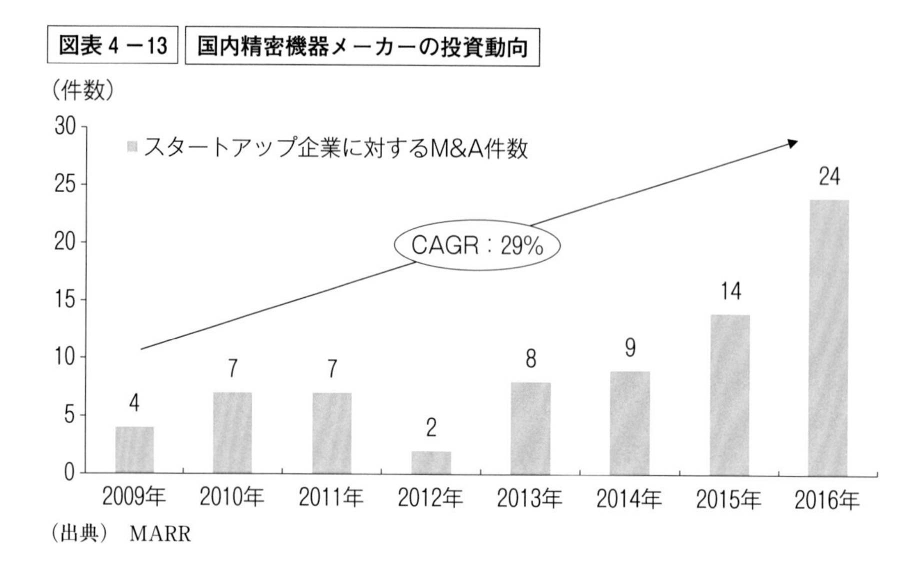

（出典）　MARR

について具体的な取り組みを紹介したい。

新規領域開拓のためのCVC活用

【CVCのコミットメント】

ニコンは，2014年に発表した中期経営計画（2016年11月に取り下げ，構造改革フェーズへの移行を発表）において，CVCに約300億円を投じる方針を明確にしている。CVCに対する具体的な予算額を対外公表している日本企業はまだまだ少数であり，CVCに対する経営陣の強い意気込みが感じられる。

ニコンは，成長事業の1つと位置づけるヘルスケア事業をCVCの投資領域として設定している。さらに，同社の既存事業に関連する分野のほか，IT，AI，ロボットなどの最新技術を保有するスタートアップ企業への投資も視野に入れている。今後の成長を目指すヘルスケア事業を中心に据え，比較的幅広い領域を設定することにより，オープンイノベーションを実現するという意図がうかがえる。

自前主義でゼロから新規事業を立ち上げるには一定時間を要するため，ニコンはCVC活動におけるスタートアップ企業との協業を通じてスピーディーに新規事業のノウハウを獲得し，本業へのインパクトを創出しようとしている。また，事業ポートフォリオの変革という大局的な戦略目標も達成すべくCVC活動を打ち立てる，というストーリーも，投資家から納得感が得られやすい構成となっている。

SBIインベストメントと共同でのNikon-SBI Innovation Fundの運営

【LP出資によるノウハウ蓄積】

CVC活動の一環として，ニコンは日本・米国・欧州のベンチャーキャピタル（VC）が運営するファンドへのLP出資を通じてベンチャー投資の知見を蓄積してきた。前述の300億円の予算のうち，1社あたり10億円程度を目安に10社程度のベンチャーキャピタルに総額100億円程度をLP出資している。

LP出資したベンチャーキャピタルには，SBIインベストメント，Beyond Next Ventures，500 Startups Japan，Geodesic Capital等が含まれる。Geodesic Capitalは，前駐日米国大使のジョン・ルース氏と米国のベンチャーキャピタルであるアンドリーセン・ホロウィッツの元パートナー，アシュビン・バチレディ氏が設立したファンドである。当該ファンドは，米国シリコンバレーと日本を結ぶ投資プラットフォームとなることを目指しており，LPにはニコンに加えて総合商社，その他様々な日本企業が名を連ねている。

【SBIインベストメントとCVCファンドの共同運営】

ベンチャーキャピタルが運営するファンドへのLP出資を経て，ニコンのCVC活動は2016年に大きな進展を見せることになる。2016年7月にスタートアップ企業との共創を一層加速させるための施策として，SBIホールディングスの100%子会社であるSBIインベストメントと共同で，二人組合形式のCVCファンドの設立を発表した。前述のとおり，ニコンは複数のベンチャーキャピタルへのLP出資を通じてスタートアップ企業に関する最新情報を収集してきたが，より直接的にスタートアップ企業に対するアクセスを獲得すべく，CVC ファンドの立ち上げを決定したのである。なお，ニコンはLP出資を通じてSBIインベストメントとの関係性も構築してきた。その過程でSBIインベストメントのサービスを評価し，二人組合のパートナーとして同社を選定したのである。二人組合のパートナーとして選定するに足る信頼感の醸成には一定時間を要することも認識しておくべきであろう。

このCVCファンドの投資スキームは，**図表4－14**に示すように，SBIインベストメントがGP，ニコンがLPとなる二人組合形式であり，別名プライベートファンドと呼ばれる。なお，SBIインベストメントは，ニコンに加えて複数の事業会社と二人組合形式のファンドを運営する国内では数少ないベンチャーキャピタルである。

当該ファンドにおいて，ニコンはスタートアップ企業の技術精査を，ファンド運営のパートナーであるSBIインベストメントは，投資案件のソーシングや投資検討先企業の事業評価，スタートアップ企業特有の財務的観点からのデューデリジェンス，ならびにファンド運営関連業務を担っている。ニコンのCVCファンドは，2016年にスタートアップ企業4社とベンチャーキャピタル

図表4－14　ニコンによる投資スキーム

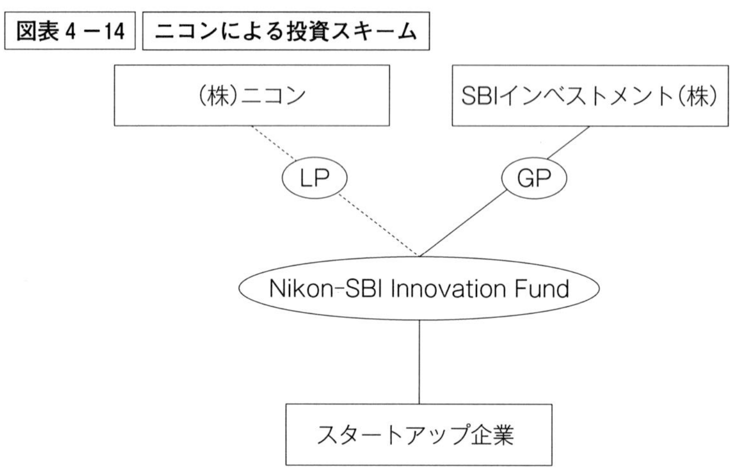

（出典）株式会社ニコンホームページを基にKPMG作成

1社，2017年にはスタートアップ企業4社（2017年10月末現在）へ投資しており，着々と実績を積み重ねている。投資先のスタートアップ企業の事業概要は以下のとおりである。

- A社：自動運転プラットフォーム開発企業
  自動運転技術に関連するプラットフォーム開発，物流ロボット開発，大学や企業向けの研究用ロボット開発
- B社：コミュニケーションロボット製造企業
  個人ユーザーに対して高精度で顔認証を行い，ユーザーの嗜好や生活習慣を学習しながら，生活の支援を行うAIエンジンを搭載したロボットの開発・製造・販売

加えて，IoT，AI，VR/ARなど，将来の映像関連企業や高精度・高出力X線装置関連ベンチャー，眼科検診関連スタートアップ企業も含まれる。なお，ニコンは本体からの直接投資も活発に行っている。土地勘がある事業領域に対しては主として直接投資，既存事業の隣接領域に対してはCVCファンドからの投資とする形で棲み分けている。CVCファンドによる投資は，直接投資とは異なる独立した意思決定プロセスによっており，迅速なスタートアップ企業への投資が可能となる仕組みを構築している。

現状のCVCファンド運営の難しさとしては，コーポレート部門，事業部門，およびスタートアップ企業間の連携にあるという。スタートアップ企業との連携については，投資直後にコーポレート部門が協業を進め，その後，事業部門に引き継ぐ手法を採用している。事業部門とスタートアップ企業との協業が想定ほど進まない場合には，継続的にコーポレート部門がサポートするケースもあるとのことである。

更に，ニコンはCVCファンドに加えて，2016年10月にコーポレートアクセラレータープログラムを開催している。ここでは，149件の応募から書類と面接を通じて選考された10チームが自社ビジネスのプレゼンテーションを実施している。当該プログラムを通じて発見された課題を改良し，同社は新たなプロ

グラムを企画している。こうしたプログラムを通じて，CVC 活動のソーシングエコシステムが着実に構築されつつある。

CVC 活動における KPI の意義と留意点

【意味のある KPI の設定】

ニコンは，スタートアップ企業への投資案件を年間300件精査しているが，このうち5件程度の投資実行を目指している。ニコンには，既存事業についてはKPI によるモニタリングが適しているものの，CVC のような新規事業については，既存事業の KPI とは区別して管理することが望ましいという発想がある。つまり，既存事業と近い尺度となる短期的な KPI で活動を縛ると，KPI が未達の際に CVC 活動を止める圧力が強まることを危惧しているのである。短期的に重要なことは，KPI よりもむしろ，自社に新規事業の仮説がいくつあり，いくつ検証ができて，時系列でいくつが実証されたかであるとされている。

ニコンは，投資先の経営者との交渉や自社の事業部への根回しといった投資実行に至る一連の苦労や困難を熟慮したうえで，各投資案件に対応している。具体的には，達成困難な投資件数やシナジーを KPI として設定するのではなく，厳選された投資案件に対して意思決定することを最優先した取り組みを行っている。

日本企業への示唆

【CVC 活動の継続性担保】

KPMG の調査では，CVC 活動が停滞する主な原因は，経営トップの代替わりであることが判明している。したがって，CVC 活動を推進するうえで重要な点は，CVC 組織の継続的運営を維持することである。CVC 組織の継続性を担保するためには，CVC 運営組織発足当初の赤字幅を最小化する必要がある。CVC は中長期的視点で取り組むべき施策とはいえ，担当組織の赤字が目立ってしまうと，CVC 活動を止める圧力が社内で強まる場合もある。一般的に，CVC 組織の立ち上げに際して収益を悪化させないためには，CVC 組織に帰属する固定費を変動費化することにより，CVC組織の損益分岐点を引き下げる仕組みを構築する必要がある。

例えば，CVC組織の専任社員は必要最低限とし，別途社内でモチベーションの高い人材をスカウトすることで人件費を削減することができる（固定費の一部を変動費化することができる)。仮に社外からキャピタリストを採用する場合でも，インセンティブを厚くする報酬設計が望ましい。ただし，インセンティブをスタートアップ企業株式の売却によって生ずるキャピタルゲインに応じた配分とするかどうかについては議論の余地がある。戦略リターンを目的としたCVC活動の場合には，戦略リターンの創出状況に応じたインセンティブの設計が理想的である。

【二人組合における要諦】

ベンチャーキャピタルファンドとの二人組合の特徴は，大企業は新規事業の創出，ベンチャーキャピタルは投資先株式の売却によるキャピタルゲインの獲得という各々の目的のために，5年から10年にわたる長期的な関係を構築する点にある。二人組合により，大企業は独占的にベンチャーキャピタルのノウハウを活用することができる。

ここで留意すべきは，投資業務やファンド運営業務をベンチャーキャピタルに依存し過ぎるのは回避すべき，という点である。過度にベンチャーキャピタルに依存すると，社内のCVC担当者にスキルが移転せず，いつまでたっても自社ならではのイノベーション活動にシフトすることができない。このスキル移転の有効な手段としては，大企業のCVC担当者に財務デューデリジェンスやスタートアップ企業との交渉を担当させることで，ベンチャーキャピタルのノウハウを習得させ，投資業務への関与度合を高めるといった手法が考えられる。

【スモールスタートの重要性】

スタートアップ企業の事業内容や投資環境は時々刻々と変化するため，

CVC活動には戦略の精緻さと実行・運営とのバランスをうまく保つ必要がある。ニコンのアクセラレータープログラムのように，迅速に戦略を立案したうえで，継続的な改善活動を通じてCVC戦略を磨き上げる手法は非常に参考になる。また，中期経営計画を策定するタイミングでCVC戦略を組み込むことは，社内外に説得力のあるストーリーでCVC戦略を語ることを可能とするため，極めて効果的である。

なお，CVC戦略立案のスピード感と精緻さを両立させるためには，アドバイザーの活用が機能する場合もある。その際，スタートアップ企業の知見だけでなく，大企業側の事業ポートフォリオ変革や新規事業戦略に精通したアドバイザーを選定するのが重要である。

[2] オムロン

ベンチャースピリットを持つ社会課題解決企業

【オムロンの創業者によるベンチャーキャピタル設立】

オムロンは，制御機器事業，電子部品事業，車載事業，社会システム事業，ヘルスケア事業など幅広い事業を展開する次世代の社会課題解決企業であり続けることを自社のミッションとしている。多数の事業を展開しているオムロンのコアコンピタンスは，センシング&コントロール技術にある。「機械でできることは機械に任せ，人間はより創造的な分野での活動を楽しむべきである」という企業哲学を実践している。この企業哲学は，オムロンのベンチャー投資にも色濃く反映されている。

オムロンの創業者である立石一真氏は，1971年に日本初のベンチャーキャピタルともいわれる京都エンタープライズ・デベロップメントの設立に尽力した。以降，1972年から1974年にかけて，日本エンタープライズ・デベロップメント（日本長期信用銀行系），日本合同ファイナンス（現ジャフコ，野村証券系）など，多くのベンチャーキャピタルが設立される先駆けとなった。この1972年から1974年は，日本の第一次ベンチャーブームと形容されることも多く，オムロン創業者の同氏は，現在まで続く日本のベンチャーコミュニティ形成の礎を築いた人物の一人であることは間違いない。

【小規模なビジネスユニットの集合体】

創業当初はスタートアップ企業であったオムロンも，現在では大企業となった。巨額の売上高を誇る同社であるが，実は小規模な事業の集合体で構成されている。**図表４－15**は，オムロンの各ビジネスユニットの売上高の分布イメージを示している。この図表が示すとおり，同社には現在でも100を超えるビジネスユニットがあり，各々の売上高は，数十億円から数百億円程度である。ビジネスユニットの増加こそが全社の成長に寄与するのであり，１つの企業体として新たなビジネスユニット（疑似スタートアップ企業）を産み出すことを追求している。コンパクトなビジネスユニットの集合体であるからこそ，小規模なスタートアップ企業との協業に対する親和性が高いのである。

現在まで創業当時のベンチャースピリットを持ち続けている企業文化，小規

図表４－15　オムロンのビジネスユニットごとの売上高イメージ

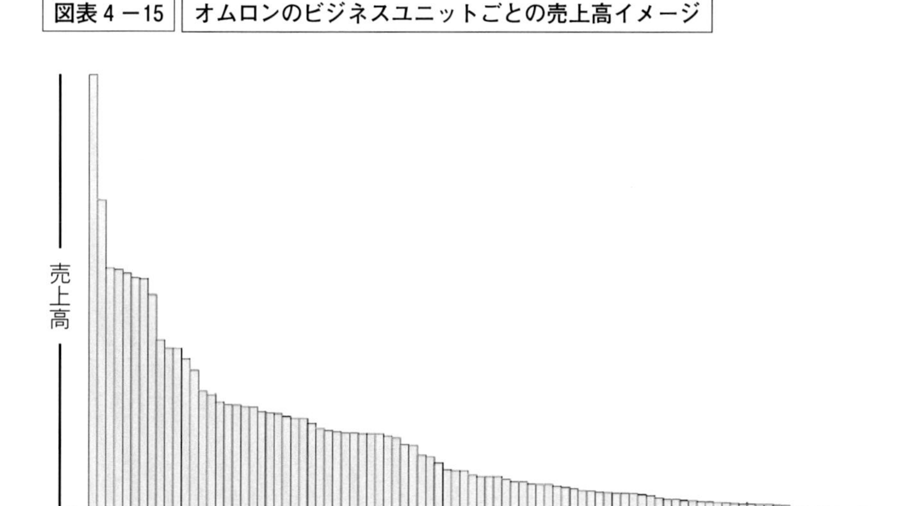

（出典）　KPMG セミナー資料（2017年５月15日イノベーション懇話会）

模なビジネスユニットの集合として成立している企業体といった特性が，オムロンのCVC活動に寄与している。

スタートアップ企業との共創の歴史を経てオムロンベンチャーズ設立

【外部環境の変化に対応するために新規事業設立数の増加を目指す】

では，具体的にオムロンはスタートアップ企業とどのような取り組みを行ってきたのであろうか。同社は2014年にCVC子会社としてオムロンベンチャーズを立ち上げ，スタートアップ企業に対する投資を活発化させることになる。しかしながら，オムロンベンチャーズの立ち上げに至るまでの過程で，同社にとっての最適解を模索するための様々な試行錯誤が繰り返されてきた。

オムロンのオープンイノベーションの発端は大企業特有の危機感にあり，それは新規事業創出数の減少であった。オムロン単独の新規事業創出は，1990年代にピークを迎えた後，減少に転じている。また，既存事業の投資基準といった事業性評価の枠組みの中では新規事業の創出は困難であるため，スタートアップ企業の技術を積極的に取り込む必要性が同社内部から生じてきた。一方で，社内リソースのみでは変化の速度が増す外部環境への迅速な対応が困難な状況にあった。さらに，技術の多様化により，１つの技術が自社の売上に与えるインパクトも小さくなってきた。このようにオムロンは，内部環境と外部環境の大きな変化に対応するために，スタートアップ企業との付き合い方の枠組みを設計する必要に迫られたのである。

【スタートアップ企業との共創に関する課題認識】

オムロンは，スタートアップ企業との共創の道を模索し，様々な施策を打つことになる。シリコンバレーにおけるサーチセンターの設置，外部のベンチャーキャピタルファンドへのLP出資，事業部やR&D部門によるスタートアップ企業への直接出資等である。このような試行錯誤を経て，同社はスタートアップ企業との付き合い方について独自の課題意識を持つこととなる。

• **投資ノウハウ：**

社内にベンチャー投資のノウハウを蓄積するためには何をすべきか。

• **投資意思決定：**

スタートアップ企業のスピード感についていくためにどのような意思決定をすべきか。

• **事業部との連携：**

スタートアップ企業の経営の自由度を担保したうえで，オムロンの各部門を巻き込みつつ，うまく協業を進めるためには何をすべきか。

• **スタートアップ企業が享受するメリット：**

オムロンのリソースをうまく活用してスタートアップ企業に投資のメリットを感じてもらうためには何をすべきか。

このようにスタートアップ企業とオムロンの双方がWin-Winの関係になるための解決策の1つが，2014年7月に完全子会社として設立したオムロンベンチャーズである。同社のミッションは，新規事業創出のためのパートナー獲得，ベンチャー探索，投資実行，および投資後のモニタリングである。

【課題意識に基づく投資スキームの設計】

具体的な投資スキームは**図表4－16**に示したとおり，CVC子会社であるオムロンベンチャーズがスタートアップ企業へ直接投資する形態を採っている。なお，CVC子会社とスタートアップ企業との間にファンドは介在していない。

では，なぜオムロンはCVC子会社であるオムロンベンチャーズによる直接投資を採用したのであろうか。それは，前述の課題意識と密接に関係している。それぞれの課題とオムロンの対応策を確認していく。

• **投資ノウハウ：**

オムロンベンチャーズがスタートアップ企業との窓口になることにより，オムロン社内には投資ノウハウが蓄積される。この投資ノウハウには，後述するオムロン本体の事業部との連携スキルも含まれる。オムロンベンチャーズの旗を立てることにより，ソーシングから投資，そして投資後の戦略リターン創出

図表4－16 オムロンによる投資スキーム

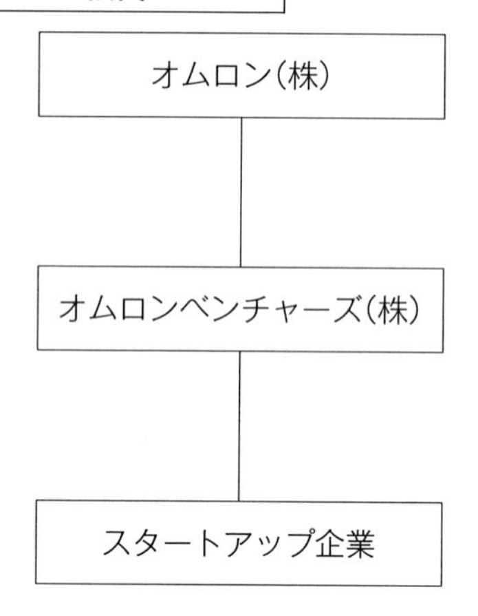

（出典） KPMG分析

までのノウハウを蓄積することができる。

• 投資意思決定：

オムロンベンチャーズによる投資意思決定は，オムロンベンチャーズの代表取締役，オムロンの経営戦略本部長やCFO，CTOで構成される少人数の投資委員会で迅速になされる。日本の大企業の場合，月次の取締役会や経営会議で投資意思決定がなされるのが通例である。月次の意思決定は投資対象企業を入念にデューデリジェンスすることができるという利点はあるものの，スタートアップ企業に対する投資の場合には迅速な意思決定が勝負の鍵を握る。その点，オムロンベンチャーズによる投資意思決定は，スタートアップ企業のスピード感に沿う仕組みとなっている。

• 事業部との連携：

ベンチャーキャピタルとは異なり，CVCにとっては，戦略リターンを獲得することが目的である。戦略リターン獲得のためには，社内の事業部を巻き込むという属人的ではあるが，高度なスキルを必要とする。オムロンベンチャーズは，社内公募でやる気のある人材を募集することで，社内事情に精通し，かつベンチャーとの向き合い方がわかる人材がCVCを担当する仕組みを構築している。事業部との連携が必要な場合には，社外のキャピタリスト人材ではなく，社内の人材の方が効果的という考え方があるものと推測される。

さらに，投資基準として，スタートアップ企業と組んで何をしたいかが明確であること，スタートアップ企業との協業に関してオムロン内部の責任の所在が明確であることの2点を含めている。つまり，投資時点から将来の戦略リターン創出活動を加速させる仕組みが組み込まれているといえる。

• ベンチャーが享受するメリット：

CVCは，資金提供の見返りとして大企業がスタートアップ企業を意のままに操る仕組みではない。大企業とスタートアップ企業の双方が投資によってメリットを享受するための仕組みである。オムロンベンチャーズの場合，オムロン側から見た投資メリットは，新規事業の仮説を迅速に構築・実行することができる点であり，一方のスタートアップ企業側から見た投資のメリットは，オムロンのヒト・モノ・カネといった経営資源を活用することで自身の成長を図ることができる点である。この大企業，スタートアップ企業の双方が提供する経営資源をどのように組み合わせるかが戦略リターンの創出に直結する。

なお，ファンドが介在しないスキームの背景には，ファンド運営の時間軸に縛られることなくスタートアップ企業との共創関係を構築したい，ファンドの運営事務手続きを回避したい，といったオムロンベンチャーズの明確な意図がある。通常のファンドの場合には7年から10年程度の運用期間が設定され，運用期間満了後には解散となる。一般的にファンドを設立した場合には，会計監査や規制当局とのコミュニケーションが発生し，社内の経理・財務人材の負荷が増加する場合がある点に留意が必要である。

また，ベンチャーコミュニティに対する本気度を示すうえでもCVC子会社を活用する方法は有効である。仮にオムロンの社内でベンチャー投資を行っていたとすると，CVC活動は社外から認知されにくかったものと想定され，スタートアップ企業がオムロン本体の組織改編等による担当者の異動を懸念する場合もあったであろう。

オムロンは，スタートアップ企業と共創する際の自社の課題意識に基づく投資スキームと，それを支える仕組みを構築しているといえる。

代替型投資と補完型投資双方の投資領域を設定

【代替型投資と補完型投資による事業仮説構築・検証アプローチ】

オムロンは，オムロンベンチャーズを活用してどのような戦略リターンを創出しつつあるのだろうか。第2章で紹介したCVC投資戦略マッピングに基づいて解説することとしたい。オムロンは，CVCの類型を代替型（競争環境変化への仕込み型）と補完型（現有競争力の補完型）に分類したうえで投資を実行している。なお，公開情報に基づく限り，オムロンベンチャーズは，2017年8月時点で国内外7社のスタートアップ企業に投資している。

- **代替型（競争環境変化への仕込み型）：**

事業会社が持つ事業仮説そのものと近い事業にトライするスタートアップ企業への出資により，その取り組み状況の情報の入手，自社プロジェクトの代わりとして事業仮説の構築，検証の実行を企図している投資。

- **補完型（現有競争力の補完型）：**

事業会社が持つ事業仮説の実現に不足している技術もしくは事業パートナー獲得のために，当該技術開発，事業開発にトライするスタートアップ企業に出資し，協業することで，事業仮説の構築・検証の実行を企図している投資。

代替型の投資については，既存事業と何らかのコンフリクトが生じたり，現時点では事業化の見通しが不明確であったりするため，必ずしもオムロン本体からの直接投資が馴染まない場合がある。代替型の投資を行うためには，本体と切り離した形で投資子会社，つまりCVC子会社を通じて投資する手法が有効である。オムロンベンチャーズは，代替型の投資を行うビークルとしても機能させる戦略的意図に基づいて組織設計されているといえる。

【代替型投資と補完型投資による戦略リターンの創出事例】

具体的に代替型・補完型それぞれの投資において，戦略リターンが創出されつつある事例を紹介したい。

• 代替型：農業関連スタートアップ企業への投資

オムロンベンチャーズによる農業系スタートアップ企業Ｂ社に対する投資が代替型に該当する。Ｂ社は，有機・自然農法による野菜の生産販売，生産技術の開発を主力事業としている。この投資の目的は，Ｂ社の持つ農業関連システムの開発技術と，オムロンの強みであるセンシング＆コントロール技術とを融合させることによる農業革新の実現である。

投資実行後，オムロンとＢ社は太陽光型植物工場システムを共同で開発し，Ｂ社製品をオムロンがグローバル市場で販売している。これは，Ｂ社にとってはグローバル化の足掛かりとなり，新製品・サービスの開発および拡販という戦略リターンが創出されつつあることを意味している。この太陽光型植物工場は，ハウス内の光，温度・湿度，二酸化炭素，土壌水分などのハウス内環境を，植物の成長を最大化するように自動制御するシステムである。このシステムを利用することにより，農業経験がなくとも安定した収量を確保することが可能である。

この投資は，オムロン側とスタートアップ企業側の双方にメリットがある。オムロン側にとっては，農業は新規分野に位置づけられているため，この投資によって短期間で知見を獲得することにより，結果として事業機会を見極めることができる。一方で，スタートアップ企業側にとっては，オムロンのブランドや信用力を用いたグローバルマーケティングの展開，オムロンの品質保証人材による不具合の未然検出のほか，オムロンの海外協力会社による生産受託といったメリットを享受することができる。

• 補完型：ヘルスケア関連スタートアップ企業への投資

オムロンの既存事業であるヘルスケアと関連するスタートアップ企業Ａ社に対する投資が補完型に該当する。

オムロンは，高血圧由来の脳・心血管疾患リスクを極限まで減少させるためのイベントゼロ事業を推進している。イベントとは，日本人の死因の上位を占める高血圧に起因する脳・心血管疾患を意味しており，これらはたとえ死に至らなくとも，発症すると寝たきりや言語障害が続くことも多く，健康寿命に大きな影響を与える。オムロンは，健康寿命に致命的な影響を与えるこうしたイベントをなくすことを目標としている。

1973年に血圧計を開発して以来，オムロンのヘルスケア事業には，これまで病院で測るのが常識であった血圧を，家庭で測定する家庭血圧の文化として根づかせた功績がある。オムロンは，血圧計に関する長い事業経験を通じて連続血圧計測定技術を開発したが，イベントゼロ実現のためには，血圧計使用者の行動変容を解析する技術が求められていた。

そこでオムロンは，自社が保有していない行動変容解析技術をスタートアップ企業に求めることとなった。自社の有する連続血圧計測定技術とスタートアップ企業A社の有する行動変容 AI 技術を組み合わせることにより，次世代血圧計の Proof of Concept を実行している。

日本企業への示唆

【補完型投資と代替型投資において CVC 担当者に求められるスキル】

補完型投資と代替型投資で CVC 担当者に求められるスキルは異なる。補完型投資の場合，CVC 担当者に求められるのは事業部のニーズを顕在化させること，事業部のニーズに沿ったスタートアップ投資を実行すること，投資後に事業部とスタートアップ企業との協業を促進することなどである。補完型投資により成果を創出するため，CVC 担当者には各事業部の事業に関する深い知識やキーパーソンとの強いコネクションが必要となる。業務の実力もあり，社内政治もこなす生え抜きのエース社員を担当者として据えるのが１つの案である。

一方の，代替型投資の場合に CVC 担当者に求められるスキルは，事業部のニーズをいったん度外視したうえで自社の破壊的イノベーションの仮説を構築すること，既存事業部とのコンフリクトを乗り越えて投資を実行すること，スタートアップ企業の製品やサービスを破壊的イノベーションが生じる水準にまで磨き上げることなどである。破壊的イノベーションの事業仮説は，社内の論理に影響を受けやすい生え抜き人材からは産まれないことが多い。そこで，社外のテクノロジー企業でイノベーション創出実績のある人材や，スタートアップ企業への投資実績がある人材を活用することが望ましい。なお，代替型投資の場合には，将来的な協業が実現しなかったとしても，キャピタルゲインで大きなリターンを創出することができれば良いという発想が必要である。

代替型投資と補完型投資を両立させるためには，相反するスキルが求められる。異質な人材の融合こそがイノベーションを促進する。いずれにせよ，各々の投資における目的と，目的に照らして必要とされるCVC担当者のスキルを整理することが重要である。

［3］ 朝日新聞社

既存事業に代わる新規事業の柱の獲得を目指す

【新聞業界の構造変化とインターネットプラットフォームの台頭】

朝日新聞社によるCVC活動の目的は，スタートアップ企業との共創を通じて既存の新聞事業に代わる新規事業の柱を獲得することにある。朝日新聞社は，どのようなアプローチを用いて新規事業の柱を獲得しようとしているのであろうか。新聞業界を取り巻く構造変化と朝日新聞社の打ち手をスタートアップ企業との共創の歴史を振り返りつつ紹介したい。

社団法人日本新聞協会によれば，2000年に53,708,831部であった日本国内における新聞の発行部数は，2016年には43,276,147部にまで減少している（発行部数は朝夕刊セットを１部として計算）。日本の主要な新聞社の発行部数も軒並み減少しており，新聞業界はこれまでに経験したことのない市場の縮小に直面している。この主要な要因として挙げられているのが，インターネットメディアによる新聞の代替である。

図表４－17は，インターネットプラットフォームサービスを国内外で提供するスタートアップ企業を時系列でまとめたものである。2008年以降にインターネットプラットフォームが勃興していることがわかる。2008年から2013年にか

図表4－17　多様化するインターネットプラットフォーム

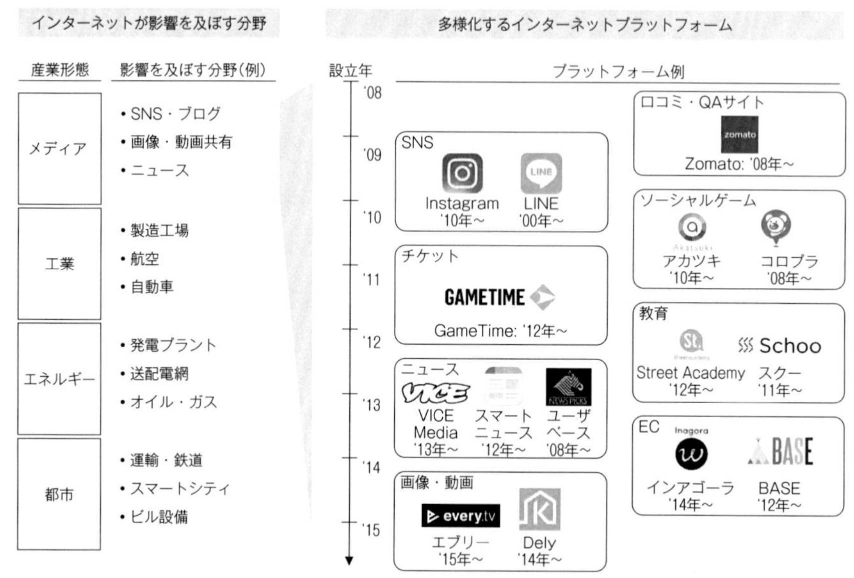

（出典）　KPMG分析

けては，インターネットにおけるニュースメディア，特に各ニュースをまとめた「ニュースまとめサイト」「キュレーションサイト」が台頭している。ニュースまとめサイトは，ウェブサイト上の関連ニュースやブログを集約したサイトである。このようなニュースまとめサイトは，新聞や雑誌といった紙媒体の脅威となっており，新聞業界にとっても無視できない存在になっている。

【The Huffington Postとの合弁会社設立】

朝日新聞社は，このようなインターネットプラットフォームの台頭を逃すまいと，インターネットプラットフォームを自社に取り込むことを決定した。具体的には，2013年に米国AOL傘下のThe Huffington Postと合弁会社ザ・ハフィントン・ポスト・ジャパンを設立している。The Huffington Post（以下「ハフポスト」という）は，前述のニュースまとめサイトから派生したメディアであり，各媒体のニュースへのリンクに加えて，著名人やブロガーなどによるオリジナル記事も掲載しているオンラインメディアである。

なお，ハフポストのビジネスモデルは，朝日新聞社の本業である新聞や朝日新聞デジタルとのカニバリゼーションを起こしかねないリスクを孕んでいる。しかしながら，朝日新聞社は果敢に新興のインターネットプラットフォーマーを自社に取り込むことを決断した。このような既存事業とのカニバリゼーションのリスクがある代替型投資により新規サービスを創出した取り組みは，朝日新聞社のCVC活動に大きな影響を与えることになった。

【朝日新聞メディアラボによるスタートアップ企業との共創実績】

The Huffington Postとの合弁会社設立と並行して，朝日新聞はスタートアップ企業との共創を活発化させており，新規事業開発組織として，2013年に朝日新聞メディアラボ（以下「メディアラボ」という）を設立している。メディアラボは，既存の新聞事業の枠組みにとらわれることなく，自由な発想で新規事業や新商品の開発に取り組むことをミッションとしている。

メディアラボは，アクセラレータープログラムの運営や国内と米国のスタートアップ企業に対する投資実績を積み重ねることにより，メディア系スタートアップ企業のエコシステムを構築してきた。

2015年からはシリコンバレーに駐在員を配置して，現地の有力アクセラレーターや，ベンチャーキャピタルとの連携を強化している。関係を構築してきたプレイヤーは，ベンチャーキャピタル，インキュベーター，アクセラレーターなど幅広く，米国での投資実績は2016年時点で6社である。

朝日新聞社グループを巻き込んだCVCファンドの設立

【朝日メディアラボベンチャーズによるCVCファンド設立】

2013年に設立されたメディアラボは，スタートアップ企業への投資実績を積み重ね，少額投資だけでなく，スタートアップ企業を買収する事例も出てきた。これにより，朝日新聞社はメディアラボの活動を通じてベンチャー投資の雛形を構築することができた。しかしながら，朝日新聞社の中では，依然として主

図表4－18　朝日新聞社による投資スキーム

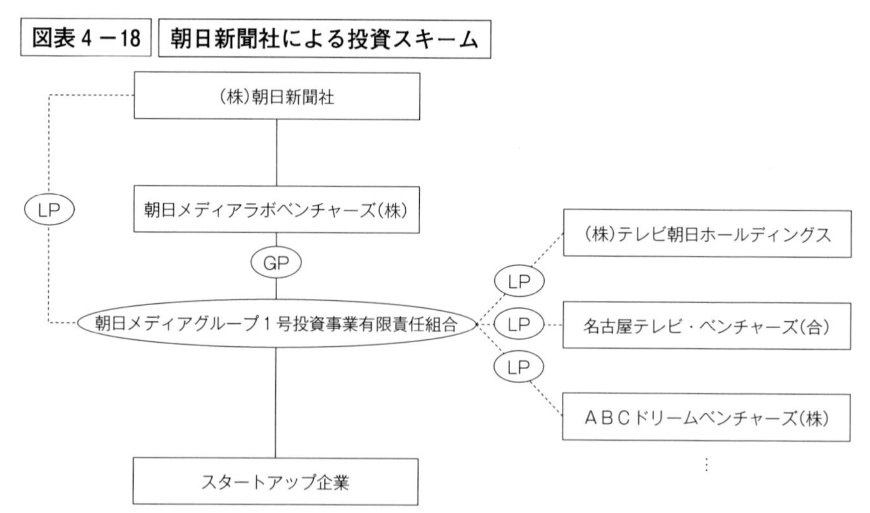

（出典）　朝日新聞社メディアラボ，朝日メディアラボベンチャーズ株式会社，株式会社朝日新聞社のホームページを基にKPMG作成

力の新聞事業や不動産事業以外の新規事業を産み出すスピード感に課題を感じていた。そうした懸念から，朝日新聞社は，2017年４月に腰を据えて新規事業領域の探索をより柔軟に行うための組織として，完全子会社である朝日メディアラボベンチャーズを設立した。

同社は，2017年８月に朝日メディアグループ１号投資事業有限責任組合（以下「朝日メディアグループファンド」という）を組成したと発表した。詳細な投資スキームは，**図表４－18**に示している。朝日メディアグループファンドの独自性は，LP出資者の構成にある。当該CVCファンドのLPには，2017年８月時点で朝日メディアラボベンチャーズの親会社である朝日新聞社をはじめ，グループの各メディア企業が名を連ねている。具体的には，テレビ朝日ホールディングス，名古屋テレビのCVC子会社である名古屋テレビ・ベンチャーズ，ABC朝日放送のCVC子会社であるABCドリームベンチャーズの３社である。2017年８月時点のファンド規模は20億円である。

【独自性のあるLP構成】

LP出資者となっている朝日新聞社グループの各社は，朝日メディアグループファンドにとって提供資金以上の可能性を秘めている。テレビ朝日ホールディングスには，スタートアップ企業との協業等により，投資対象企業の企業価値向上の支援が期待される。また，名古屋テレビ・ベンチャーズ（2017年4月設立）やABCドリームベンチャーズ（2015年7月設立）は，すでに名古屋や大阪を中心にスタートアップ企業への投資を行っており，朝日メディアグループファンドとは，地理的な補完関係に加えてそれぞれのベンチャー投資ノウハウの共有が図られる。

他の日本企業によるCVCファンドの運営事例では，第1号のCVCファンドを組成するタイミングで，グループ内から多数のLPを招集しているケースは少なく，国内では一部のインターネット系や通信系のCVCファンドに限定される。通常，多数のLPを募集する場合には，ファンドの中核となるファンドマネージャーの実績が必要である。具体的に必要な実績としては，対象スタートアップ企業のハンズオン支援，Exit，ベンチャーキャピタルファンドの運営における高いリターンの創出などが挙げられる。こうしたことから，社外LPを巻き込んだCVCファンドの運営は，最も難易度の高い手法と位置づけられている。

したがって，朝日メディアラボベンチャーズが，グループ内の企業とはいえ，第1号ファンドで多数のLPから資金拠出の確約を獲得していることは注目に値する。ファンドの組成に至るまでのベンチャーとの共創活動の成果が，グループ企業から評価されているものと推測される。

既存事業を代替する可能性を秘めた国内外のスタートアップ企業への投資を企図

朝日メディアラボベンチャーズは，今後国内外での投資を企図しており，環境の違いを踏まえた投資計画を策定している。朝日メディアラボベンチャーズが，「日本と海外の投資領域の違い」「投資対象技術・業界，投資対象ステージ」および「投資方針の視点」から，投資領域をどのように設定しているのかをより具体的に解説したい。

【日本における投資計画】

日本では，朝日新聞メディアラボの時代から引き続き，デジタルメディア，ソーシャルメディア，デジタルマーケティング，ビジネスを効率化させるテクノロジーサービスへの投資を企図している。

投資対象ステージについては，事業モデルが確立されたアーリーステージ以降のスタートアップ企業が主要な投資先となる見込みである。ただし，シードステージについても，Exit経験のある起業家（シリアルアントレプレナー）が設立したスタートアップ企業や信頼できる投資パートナーとの協調投資を実現することができる場合には，投資を検討する予定である。

投資方針については，投資先の経営状況や事業内容を踏まえ，リードインベスターとしての投資とフォローインベスターとしての投資の双方を検討しつつ，特に自社にノウハウがあるメディア領域については，ハンズオンで経営を支援する方針である。

【海外における投資計画】

投資領域は日本と共通しているものの，海外においては，技術シーズに対する投資も行う。具体的な投資領域のキーワードは，AI，AR/VR，フィンテック，EC，IoTなどである。

投資対象ステージには，シードステージのスタートアップ企業も含まれる。特に米国のスタートアップ企業は，Google，Facebook，Snapなど，インターネットサービスにおけるデファクトスタンダードになることが多い。朝日メディアラボベンチャーズは，米国を中心としてシードステージにある有望なスタートアップ企業に投資することにより，次世代のトレンド変化が日本に及ぼす影響を事前にとらえ，これに対していち早く対応することができるよう準備している。

投資方針については，関係を構築している海外のベンチャーキャピタルのネットワークを活用して案件をソーシングし，さらにベンチャーキャピタルとの協調投資を主眼に置いている。ベンチャーキャピタルやアクセラレーターとは，定期的に投資候補先について情報を共有する関係にある。なお，米国投資においては，スタートアップ企業の資金ニーズと朝日メディアグループの資金供給能力などを勘案したうえで，フォローインベスターとして投資するケースが一般的になる見込みである。

日本企業への示唆

【構造変化が生じている業界における代替型投資の有効性】

朝日メディアグループファンドの独自性は，新聞事業を中心とした既存事業を代替する投資を厭わない点にある。米国では，Google Ventures/Google Capital といった CVC が代替型投資により関係を構築したスタートアップ企業を買収することにより，新規サービスを創出している事例がある。しかしながら，日本では，代替型投資を中心に据えた CVC はまだまだ少数派である。

朝日新聞社には，The Huffington Post への出資などを通じて代替型メディアを自社に取り込んできた実績がある。構造変化が生じている業界に属する企業にとって，朝日新聞社のように代替型を中心とした CVC 活動を戦略の中心に据えることは，CVC 活動推進のモメンタムとなる場合がある。

【海外スタートアップ企業に対する投資の留意点と対応策】

日本での投資と比較した際に，海外投資には3つの留意点と対応策がある。

まず，経営陣との接触方法である。一般的に，海外では，投資対象となるスタートアップ企業の経営陣との接触は困難である。例えば，シリコンバレーの場合，優良なスタートアップ企業であればあるほどベンチャーキャピタルやエンジェル投資家をはじめとする豊富な資金提供者がいるため，資金面では困窮していない。優良なスタートアップ企業の経営陣と効果的に接触するためには，スタートアップコミュニティのインナーサークルに加わる必要がある。シリコンバレーへの投資を企図する場合には，シリコンバレーのインナーサークルに精通したベンチャーキャピタルへのLP出資や，ベンチャーキャピタルとの調投資を通じたノウハウの取得が有効である。

日本のCVCが海外のスタートアップ企業に投資する場合は，資金面に加えて提供可能な付加価値が重要である。シリコンバレーで活躍している，ある日系自動車メーカーのCVCの場合には，研究開発施設を提供している。さらに，スタートアップ企業との技術提携に係る契約書に関して，CVC担当者が本社を説得し，サプライヤー契約ではなくパートナー契約の形を採用している。日系自動車メーカーのCVC担当者は，シリコンバレーと日本の本社を行き来しており，本社にシリコンバレーにおける活動の意義を浸透させるエバンジェリストとしても機能している。また，ある広告会社の場合は，日本への進出支援・マーケティング支援を行っている。いずれの事例も資金面だけではなく，スタートアップ企業の事業展開を促進するための経営資源を提供している。

次に，デューデリジェンスにおける情報開示や実施期間についてである。海外の場合は，デューデリジェンスにおける十分な情報開示がなされていない場合がある。ある日本企業が海外のスタートアップ企業に対する投資を検討した際，情報開示が限定的で，公開情報と対象会社の経営陣へのインタビューのみに基づいたデューデリジェンスを余儀なくされた事例があった。かつ，資金調達ラウンドも数週間でクローズしてしまう場合もある（ただし，すべての海外投資案件のデューデリジェンスがこのような条件で進行するわけではない）。

投資家にとって情報・期間が限定されている資金調達ラウンドにおいては，公表前における経営陣とのコミュニケーションの密度が鍵を握っている。ショッピングリストの作成や，経営陣とのネットワーク構築を通じて，資金調達ラウンドの公表前までに十分な情報を収集する必要がある。資金調達ラウンドの公表後では対応が遅れるリスクがある。

最後に，投資先スタートアップ企業のモニタリングについてである。海外の場合であれば，日本と比べて投資実行後におけるスタートアップ企業のモニタリングにコストを要する。海外駐在員事務所にCVC担当者を配置していれば継続的なモニタリングは可能であるが，そうでない場合には，スタートアップ企業の株主の代表的な地位を有するベンチャーキャピタル（リードインベスター）に依拠せざるを得ない。なお，投資先のモニタリングに要するコストは，ファンドの管理報酬から捻出されるため，モニタリングのコストとリターンを勘案する必要がある。

朝日メディアラボベンチャーズの場合には，前述のとおりシリコンバレーに駐在員を配置して，現地のベンチャーキャピタルやアクセラレーターとの関係構築を図ってきた。海外のベンチャーコミュニティとのネットワークがない日本企業の場合には，一足飛びに海外企業へ投資するのは困難であろう。海外への投資を企図する場合には，まず海外のインナーサークルに精通したベンチャーキャピタルへのLP出資によりネットワークを構築し，協調投資を通じて投資実績を蓄積することが重要である。

[4] 富士通

イノベーションのDNAを受け継ぐITソリューション企業

【スピンアウトベンチャーと富士通の歴史】

富士通の歴史は，1923年の古河電気工業とシーメンス社による合弁会社，富士電気製造株式会社の設立に遡る。その後，1935年に，同社から通信機部門が分離独立する形で，富士通信機製造株式会社（現富士通）が誕生した。富士通の歴史は，スピンアウトベンチャーそのものである。その後，富士通の子会社が分離独立して富士通ファナック株式会社（現ファナック株式会社）が誕生するなど，富士通は，イノベーションのDNAが内在する企業である。当時富士通は，ファナック株式の売却により多額のキャピタルゲインを得た。経営トップは，富士通に関連するスピンアウトベンチャーの創出実績を踏まえ，スタートアップ企業との共創の意義を理解していた。これが，1990年代から本格化するCVC活動の原動力になっている。

CVC ファンドによる継続的な投資実績

【CVC 活動進化のステップ】

自社に内在するイノベーションのDNAを具現化すべく，富士通は1990年代からCVC活動を継続している。日本の大企業の中には，景気拡大局面ではCVC活動を活発化させる一方，景気下降局面ではCVC活動を停止してしまう企業がある。こうした日本企業の行動により，これまでベンチャー投資については，一過性の経営手法という認識が一部であった。しかしながら，ITバブルの崩壊や，リーマンショックといった景気下降局面においても，富士通は継続的にCVC活動を行っている。

1995年以降，富士通はどのような戦略的意図をもってCVC活動を展開してきたのであろうか。富士通の活動を，1995年から2005年頃，2006年から2014年頃，2015年以降の３つの段階に分けて解説したい。

【ステップ１／1995年から2005年頃：ベンチャー投資ノウハウの習得】

現在の富士通のCVCに関する取り組みの基礎となる活動は，1995年まで遡る。活動に向かわせた背景には，自社の商品力は短期的には優位性があるものの，将来性のある技術が不足しているという危機感があった。2000年代の富士通は，半導体，携帯電話といった自社商品単独で競争できる状況にあった。さらに，顧客である金融機関などは，テクノロジーに関する情報を，富士通の知

図表４－19　富士通のCVC活動の進化

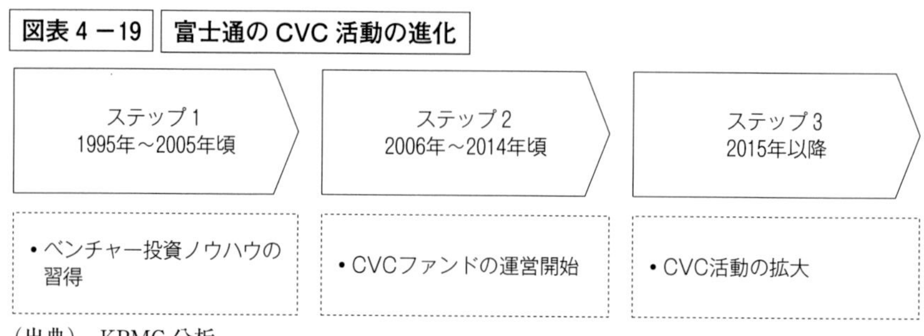

（出典） KPMG分析

見に頼っていた。しかしながら，富士通はこうした状況は永続しないと考え，CVC 活動を本格化させたのである。

1995年から2005年にかけて，同社は内部シーズと外部シーズ双方を活用した施策を展開している。内部シーズを活用した施策は，社内ベンチャーやスピンオフといった制度の制定である。スピンオフ制度は，社内の有望な事業アイデアに対してリスクマネーを供給する仕組みである。この制度を活用して富士通から誕生したスピンオフベンチャーは20社を超え，中には上場を果たしたスタートアップ企業もある。このように，内部シーズを活用することにより，富士通社内のスタートアップ企業に対する理解を深めることに成功している。

一方，外部シーズを活用した施策として，富士通は将来の有望技術の種を外部のスタートアップ企業に求めた。社内ベンチャー制度やスピンオフ制度の制定と並行して，富士通は米国の Walden International など，複数のベンチャーキャピタルに対する LP 出資を決定している。これらの LP 出資を通じて，スタートアップ投資の情報やファンド運営ノウハウが社内に蓄積され，2006年以降の活動に活かされることとなる。

【ステップ 2 ／2006年-2014年頃：CVC ファンド運営の開始】

2006年以降，CVC 活動の目的は，LP 出資によるスタートアップ企業の情報収集から，事業部門とのアライアンス構築を目的としたものへと進展を見せることとなる。富士通は，2006年に第 1 号ファンド，2010年に第 2 号ファンドを組成した。完全子会社が GP，自身が LP となるグループ内の CVC ファンドである。2006年以降，富士通は，同様のベンチャー投資スキームを採用している。

この時期における投資対象のスタートアップ企業には，短期的な戦略リターンの創出に加え，長期的に革新性が見込まれる企業も含まれていた。具体的には，ツールベンダーや先進的な素材開発を行うファブレスメーカーなどに対する投資であった。複数のファンドの運営を通じて，富士通はスタートアップ企業との協業ノウハウを獲得することとなる。

【ステップ3／2015年以降：CVC活動の拡大】

2006年～2014年頃と比べて，2015年以降は富士通を取り巻く外部環境や内部環境が変化した。まず，外部環境には大きく2つの変化が生じた。1つ目は，半導体分野などでもIoT技術といったソフトウェア技術を組み込むことで，商品の機能を拡張する必要が生じ，商品特性が変化した点である。2つ目は，富士通の顧客が最新のテクノロジー情報の取り込みを積極化させ始めた点である。金融機関等の顧客もスタートアップ企業への投資や提携を通じて，自ら最新のテクノロジー情報を習熟しつつあったのである。

2006年段階では，顧客は最新のテクノロジー情報を収集するために，顧客にとってのサプライヤーである富士通を頼ってきた。しかしながら，2015年頃の富士通と顧客との関係性からいえることは，顧客もサプライヤーもスタートアップ企業のテクノロジーを必死に取り込もうとしているということである。例えば，ITソリューション企業である富士通も，顧客である金融機関も，双方がFinTech系のスタートアップ企業を自社に取り込もうとしている。換言すれば，業界の水平分業が進展するにつれ，産業と産業の間に狭間が生じ，それを埋めるスタートアップ企業が勃興している状況にある。そして，顧客とサプライヤーの双方がスタートアップ企業の技術を自社に取り込もうとしているのである。

次に内部環境については，垂直統合から水平分業へ急速に変化する業界構造の中で，富士通内部のリソースだけでは変化に対応することができないという認識を強めていた。一般的に，垂直統合の業界においては，バリューチェーン上の各プロセスで擦り合わせによる最適化が図られている。一方で，水平分業が進んでいる業界においては，擦り合わせではなくモジュール化が重要となる。

垂直統合から水平分業に業界がシフトした際に，垂直統合型のプレイヤー群にとっては，バリューチェーン上の最適化された擦り合わせプロセスを水平分業にあわせて柔軟に転換するのは困難であるが，その一例が日本の携帯電話業界である。NTTドコモは，iモードを基軸とし，携帯電話サプライヤーとの密接な連携のもと，携帯電話のハードとソフト（アプリ）といったバリューチェーンを統合する垂直統合型プレイヤーであった。携帯電話を製造する富士通も，携帯電話のバリューチェーンに組み込まれていたものと想定される。

AppleのiOS，GoogleのAndroidの登場により，ハードとソフトを統合する意義が低下し，国内の携帯電話業界では水平分業が進むこととなった。iOSやAndroidではアプリの規格が公開されたことで，スマートフォンに搭載するアプリを提供する企業の参入が相次いだ結果，携帯電話業界ではアプリの多様性が競争優位に繋がることになった。結果的に，iOSやAndroidとは反対に，アプリの規格を公開しなかったNTTドコモなどが販売する携帯電話（ガラケー）の出荷量は減少した。NTTドコモは，ｉモードを搭載したドコモケータイの出荷停止を2016年に発表したが，これは，業界がガラケーを中心とした垂直統合型から，スマートフォンを中心とした水平統合型に移行したことを示唆していた。

外部環境と内部環境の構造的な変化に対してCVC活動をさらに活発化させるために，富士通は，2015年に50億円規模の第3号ファンドを組成することとなる。第3号ファンドは，既存のファンドと比べて，事業の発展に直接的に貢献する事業を投資領域と定義している。具体的な投資領域として，ビジネスイノベーション分野（クラウド，モバイル，ビッグデータ，セキュリティ）とソーシャルイノベーション分野（車・交通，健康・医療，生活産業，食・農業，エネルギー，教育，環境）を設定している。さらに，富士通は，アクセラレータープログラムも運営しており，マッチング，開発支援，拡販プロモーション，資金調達といった支援を行っている。プログラムは，2017年8月時点で第4期目を迎えており，CVCファンドによるベンチャー投資とともにイノベーションを推進するうえで重要な施策となっている。

【グループ内の二人組合方式】

図表4－20に示したとおり，富士通は，CVC子会社を活用しており，当該子会社がGP，自身をLPとしたCVCファンドを運営している。CVCファンドは富士通の社内人材によって運営されており，社外のキャピタリスト人材は

図表４－20　富士通による投資スキーム

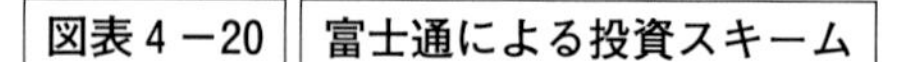

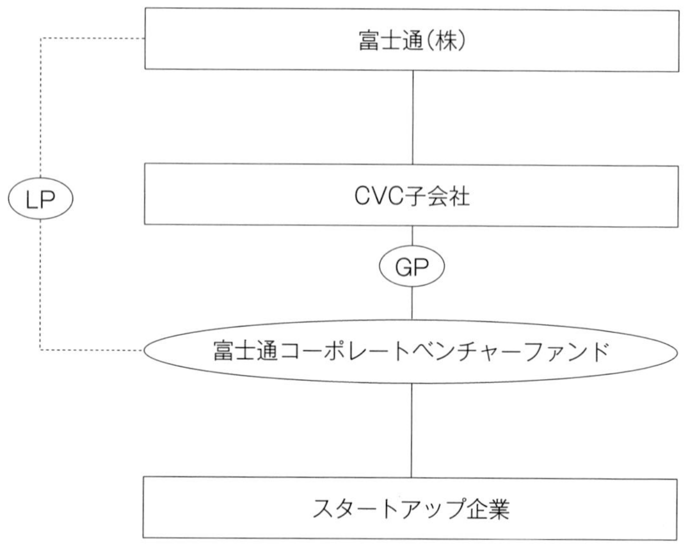

（出典）　KPMG 分析

採用していない。前述のとおり，富士通は米国の複数のベンチャーキャピタルに対するLP出資を通じてファンド運営に係るノウハウを蓄積していたため，社内人材のみでのファンド運営が可能となっている。では，この投資スキームにはどのような特徴があるか確認してみたい。

【意思決定の速度：CVC ファンドによる迅速な投資意思決定】

富士通のCVCでは，富士通本体による直接投資と比べて，スタートアップ企業に対する投資意思決定を簡略化することに成功している。富士通本体の役員がCVCファンドの投資意思決定にも参画してはいるものの，CVCファンドの投資意思決定に携わる人員数は，富士通本社の取締役会や経営会議との比較では大幅に少ない。これにより，積極的な議論や迅速な投資意思決定が実現している。

【社外PR：ファンドを活用することによるアピール】

CVCファンドを運営することは，ベンチャーコミュニティに対するアピールにも繋がる。CVC子会社による直接投資の場合にも，同様にベンチャーコミュニティに対してアピールすることはできるが，CVCファンドを活用する手法には2つの利点がある。1つ目の利点は，予算規模が明確になることである。CVC子会社による直接投資の場合には，投資予算額が公開されていないことが多いが，CVCファンドの場合には，ファンド規模という形で投資予算を社外に公表することになる。2つ目の利点は，ファンド運営期間である10年程度の時間軸でスタートアップ企業への投資にコミットすることが明確になる点である。CVC子会社による直接投資の場合には，運営の時間軸を示すことはできないが，CVCファンドは，10年という期間限定の仕組みであるという考え方もある。いずれにせよ，CVC活動の時間軸と整合させた組織設計が重要である。

なお，ファンドに対する資金拠出は，投資意思決定の都度LPに対して資金提供が要請されるキャピタルコール方式が主流である。したがって，大企業側は一時点でファンド予算を確保しておく必要は必ずしもなく，ファンドの投資計画に沿った予算を確保することで事足りるため，予算確保の柔軟性が担保されている。

【CVCファンドの組織形態：民法上の任意組合の特性を利用】

富士通コーポレートベンチャーファンドは，民法上の任意組合形式で組成されたファンドである。通常，ベンチャーキャピタルファンドやCVCファンドは，投資事業有限責任組合形式で組成されることが多い。しかしながら，投資事業有限責任組合の場合には，外国株式の取得制限があるため，海外のスタートアップ企業に投資する場合には一定の制約が生じる。一方で，民法上の任意組合の場合には，こうした外国株式取得に関わる制限は存在しないため，海外のスタートアップ企業への積極的な投資を企図する場合には，これが選択肢の1つとなり得る。実際に，富士通以外の事業会社が運営するCVCファンドでも，民法上の任意組合を採用しているケースもある。

ただし，民法上の任意組合の場合，出資者には原則として無限責任が課される点に留意が必要である。また，会計監査の視点からは，原則，任意組合の会計監査は義務づけられていないものの，ファンドの条件によっては会計監査が必要になる場合もある。この場合，ファンドの運営・管理に関するコストが増加することとなる。

スタートアップ企業の投資意思決定からExitまでのプロセスと事業部門との連携

【投資意思決定プロセス】

富士通は，スタートアップ企業への投資決定からExitまでの一連のプロセスにおいて，CVCファンドを運営するコーポレートと事業部門が連携するプロセスを組み込んでいる。**図表4－21**の富士通の投資意思決定からExitまでのプロセスを参照しつつ，解説したい。

【投資検討】

富士通の投資の条件は，戦略リターンと財務リターンの双方が一定水準以上の確率で実現する見込みが担保されていることである。戦略リターンについては，富士通グループとの協業，あるいはその可能性が見込まれること，事業の

図表4－21　富士通の投資意思決定からExitまでのプロセス

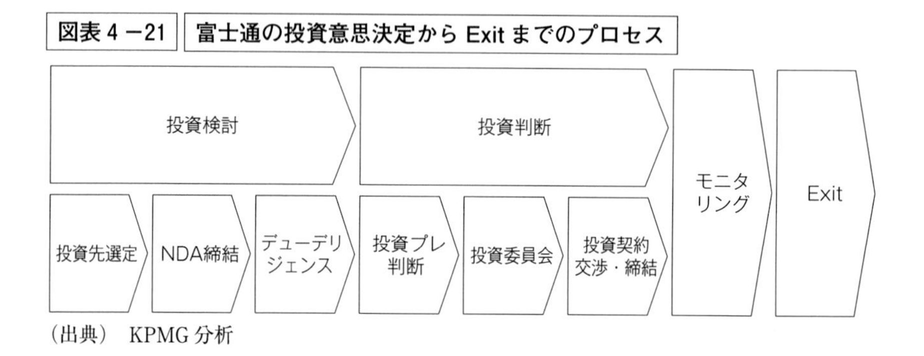

（出典）　KPMG分析

成長が見込まれることを条件としている。一方，財務リターンについては，将来の株式公開やM&Aが見込まれることを条件としている。スタートアップ企業や事業部門との協議のもと，戦略リターンや財務リターンの大枠が確認されると，CVCファンドの運営担当者が上席者と協議したうえで，スタートアップ企業とNDA（秘密保持契約：Nondisclosure Agreement）を締結する。

NDA締結後のデューデリジェンスでは，経営者の評価のほか，技術や財務の視点からもスタートアップ企業を評価する。具体的には，戦略リターンや財務リターン創出の蓋然性の背景となる経営者のバックグラウンドチェック，技術の精査，財務諸表チェック，Exit戦略の検討などを行う。

【投資判断】

投資判断については，前述のとおり，CVCファンドの投資委員会で決定される。当該投資委員会の特徴は，戦略リターンを確実に創出するために，投資委員会の場で事業部門のコミットメントを確認している点にある。

我々の調査では，「スタートアップ企業との共創に消極的な事業部がCVC活動の課題である」と答えた日本企業がある。特に，事業規模が大きく業績が良い事業部ほど，スタートアップ企業との共創には消極的なケースが多い。仮に補完型投資を行うとすれば，事業規模が大きい事業部ほどスタートアップ企業との共創から生じる戦略リターンも大きいはずである。富士通の場合は，こうした一般的な日本企業よりも一段階進んだステップにあるといえる。

そして最終的に，投資委員会を経て投資契約条件の交渉と，投資契約書の締結に至る。

【モニタリング】

富士通では，事業部門の担当者によるモニタリングとCVCファンドの運営担当者による二段階でモニタリングしている。

【Exit】

Exitの意思決定には様々な条件が設定されている。Exit判定の基準の1つは，協業が順調か否かである。

事業部門とCVCファンド双方の担当者がスタートアップ企業のモニタリングを継続することにより，投資実行時に想定した計画と実績の管理を可能とする仕組みとなっている。

日本企業への示唆

【新規事業創出に必要な資金と時間軸】

富士通のスピンアウトベンチャーの経営企画担当役員は，「日本の大企業が本当の意味で新規事業を創出しようとするのであれば，10年間で20億円程度の資金が必要と認識している。このような資金はPatient Money（痛みをともなう投資資金）となる可能性はあるものの，その覚悟が必要である」と指摘している。

スタートアップ企業との共創を通じた戦略リターンの創出のほか，スタートアップ企業との共創を企業文化として定着させるためには，少なくとも10年程度の継続的な取り組みが求められるのであろう。富士通の強みは，2000年以降の継続的なCVC活動を通じて各事業部門のメンバーがスタートアップ企業との共創に積極的な点にある。具体的には各事業部門が自部門の戦略を分析したうえで，スタートアップ企業に求める技術を整理しているのである。これからCVC活動を始めようとする日本企業も，仮に短期間で想定した成果が得られなかったとしても，CVC活動が定着するまで活動を継続することが極めて重要である。

[5] テックアクセルベンチャーズ

産官が連携した新たな技術事業プラットフォーム

【複数の有力プレイヤーが連携したベンチャーキャピタル】

これまで紹介してきたCVCの事例は，単独の事業会社が主体となっていた投資スキームであるが，日本には複数の事業会社が共同でベンチャー投資を進めている事例もある。オムロン，リコー，SMBCベンチャーキャピタルが共同で設立したベンチャー投資会社である合同会社テックアクセルベンチャーズ（以下「テックアクセルベンチャーズ」という）がそれである。

テックアクセルベンチャーズの投資スキームは，**図表4－22**のとおり，やや複雑である。まず，リコー，オムロン，そしてSMBCベンチャーキャピタルが共同で合同会社を設立する。次に，設立された合同会社をGP，政府系ファンドの産業革新機構と三井住友銀行をLPとして，テックアクセル1号投資事業有限責任組合（以下「テックアクセルファンド」という）が運営されている。オムロンとリコーという，互いにベンチャー精神を宿しつつも異なる企業文化

図表4－22　テックアクセルベンチャーズによる投資スキーム

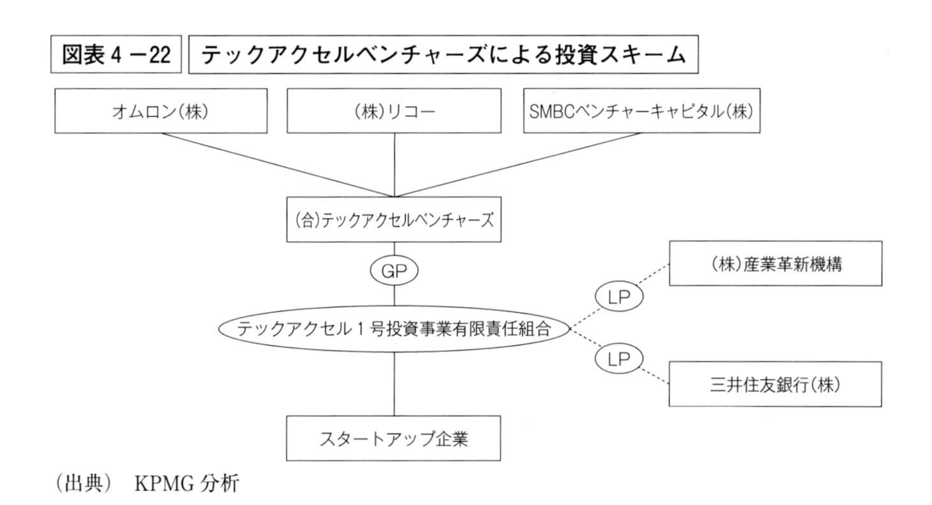

（出典） KPMG分析

を有する大企業同士が手を組んでファンドを運営するという試みは，日本においても数例しかない。このうえ，産業革新機構を巻き込んだテックアクセルベンチャーズは，単独の事業会社が運営するCVCとは性質を異にするものであるため，既存のCVCの投資スキームの枠組みとは区別して論じるのが適切であろう。

【シード・アーリーステージの研究開発型スタートアップに対する投資】

テックアクセルベンチャーズが運営するテックアクセルファンドは，2016年3月に設立され，研究開発型のテクノロジーを核にした事業を展開するシード・アーリーステージのスタートアップ企業に対する投資を企図する出資総額50億円のファンドである。投資領域は，IoT・AI・ロボティクス・ヘルスケア・スマート農業・社会インフラ・革新製造プロセスと幅広い。公開情報に基づく限り，2017年8月時点で，すでに5社に対する投資実績がある。各投資先の主要事業は以下のとおりである。

• A社：スマートカメラを用いたIoTソリューション開発

通行人の行動データに基づき，IoT技術を用いて，通行人の多い時間帯，通行人の関心度，通行人の注目度を可視化するソリューションの開発

• B社：パラメーター調整不要・低計算コストのAIアルゴリズム開発

ディープラーニングとは異なるアルゴリズムで動く独自の機械学習モデル。国立大学におけるAI技術の研究成果に基づき設立された大学発ベンチャー

• C社：3D触力覚技術（力覚・圧覚・触覚）の実用化サービス開発

あたかも物体に触れているような感触を実現する小型デバイスの開発。国立研究開発法人の研究成果に基づき設立された技術移転ベンチャー

• D社：超軽量の透明断熱材サプライヤー

これまで世界で利用されている不透明な断熱材に対して，熱損失を抑える透明断熱材の開発。国立大学における透明ゲル技術に基づき設立された大学発ベンチャー。同大学関連の大学ファンドからも出資を受けている。

• E社：IoTによる農業の生産性向上サービス開発

農業ハウスにおける地下部の環境を，ハウス内外に設置されたセンサー情報に基づき，最適な培養液量を算定して，自動で共有する農業支援システムの開発

投資先の属性は，インターネット系スタートアップ企業ではなく，研究開発型スタートアップ企業が中心となっている。加えて，投資先の中には大学発スタートアップ企業や，国立研究開発法人で開発された技術の技術移転スタートアップ企業が含まれる。例外はあるものの，研究開発型スタートアップ企業はインターネット系スタートアップ企業と比べて研究開発投資額が多額になる，事業がスケールアップするまでの期間を要する，といったように経営の難易度は高い。

このように，テックアクセルベンチャーズは，経営の難易度が高い研究開発型スタートアップ企業へ投資するという点において，単独の事業会社が運営するCVCや一般的なベンチャーキャピタルとは一線を画している。むしろ，複数の事業会社が政府系ファンドを巻き込みつつ日本の研究開発型スタートアップ企業を長期的な視座に立って育成する技術事業プラットフォームを構築する取り組みである。

研究開発型スタートアップ企業育成のための使命感

【日本の研究開発型スタートアップ企業を取り巻く課題】

テックアクセルベンチャーズの設立以前は，事業会社であるオムロンとリコーは，それぞれが個別にオープンイノベーションを推進していた。両社が共同でオープンイノベーションを推進するに至った背景にはどのような問題意識があったのであろうか。日本の研究開発型スタートアップ企業を取り巻く課題と，オムロンとリコーがテックアクセルベンチャーズという枠組みを活用して，これらの課題にどのようにアプローチしているかを確認したい。

テックアクセルベンチャーズ設立の背景には，オムロン，リコー，SMBC

ベンチャーキャピタル，および産業革新機構といったベンチャーコミュニティに深く関与するプレイヤーが抱く日本の研究開発型スタートアップ企業に対する強い課題意識があった。日本におけるテックベンチャーを取り巻く課題は，概ね3つに集約される。

• 日本における研究開発型スタートアップ企業の不足

日本に研究開発型スタートアップ企業が少ないのは，スタートアップ企業の創業者とリスクマネーの出し手であるベンチャーキャピタル双方に要因がある。創業者側の要因は，有望な技術シーズを有していたとしても，創業者に事業化するための知見が十分でないために，Proof of Concept から量産まで至らないケースが多く，ビジネスモデルの確立が困難な点である。なお，研究開発型スタートアップ企業の典型例である大学発スタートアップ企業も同様の課題を抱えているケースが多い。

大学発スタートアップ企業は，創業者が大学の教員を兼ねている場合がある。大学の教員は自身の研究には精通しているものの，必ずしも事業に精通しているわけではないため，事業のスケールアップを難しくしている。一方，ベンチャーキャピタル側の要因としては，技術の目利きができる人材が不足している点が挙げられる。日本の投資家には，米国と比較して，技術系の博士号を有しているキャピタリストや，研究開発型スタートアップ企業を興して Exit を経験したシリアルアントレプレナーの絶対数が不足している。近年，ようやく研究開発型スタートアップのために経営人材紹介機能を有するベンチャーキャピタルが台頭しはじめた段階である。このように，日本においては創業者とベンチャーキャピタル双方の要因により，研究開発型スタートアップ企業が育つ土壌が限定されている。

• 戦略リターンが明確な研究開発型スタートアップ企業を見つけにくい

特にシードステージにある研究開発型スタートアップ企業は，創業者がビジネスモデルを日々試行錯誤しながら見直している。その結果，大企業自身もスタートアップ企業との戦略リターンのプランを描きにくい。

さらに，そもそも大企業単体のソーシング力にも限界がある。大企業のソーシングには，アクセラレータープログラムの運営，ベンチャーキャピタルや証券会社からの持ち込み案件といった手法があるものの，１社でソーシングできるスタートアップ企業数にはどうしても限界がある。したがって，中長期的に自社との戦略リターンを創出できるスタートアップ企業への投資機会が十分にはない状況にある。

• 大企業のリスクテイク能力や経営資源の限界

スタートアップ企業の中でも，事業リスクを抱えるシードステージの研究開発型スタートアップ企業に対する積極的な資金の投下が困難な場合がある。大企業は，どうしても短期的な戦略リターンの実現を求めがちである。したがって，投資対象スタートアップ企業のステージは，ビジネスモデルが確立されつつあり，大企業との協業の青写真が比較的見えやすいミドル・レイターステージ以降のスタートアップ企業となってしまう。

さらに，スタートアップ企業が有する技術シーズの展開可能性や拡大可能性を第一に考えた場合には，大企業自身が有する経営資源のみでは，限界に突き当たる。特定の大企業の視座や事業経験のみでは，スタートアップ企業の成長を支援するのは困難ということである。

【テックアクセルベンチャーズによるスタートアップ企業の支援】

次に，オムロンとリコーがこうした日本特有の研究開発型スタートアップ企業を取り巻く課題に対して，テックアクセルベンチャーズというプラットフォームを用いて採ったアプローチを解説する。**図表４－23**に記載されているテックアクセルベンチャーズによる支援内容を参照しつつ，前述の課題ごとの打ち手を把握する。

• 日本における研究開発型スタートアップ企業の不足

⇒オムロンとリコーによる技術の目利きの実施

テックアクセルベンチャーズにおけるオムロンとリコーの重要な役割は，投資候補企業が持つ技術に対する目利き力である。具体的な投資案件が持ち込まれた際に，オムロンとリコー出身のそれぞれの投資担当者は，投資候補企業が

図表４－23　テックアクセルベンチャーズによるスタートアップ企業の支援内容

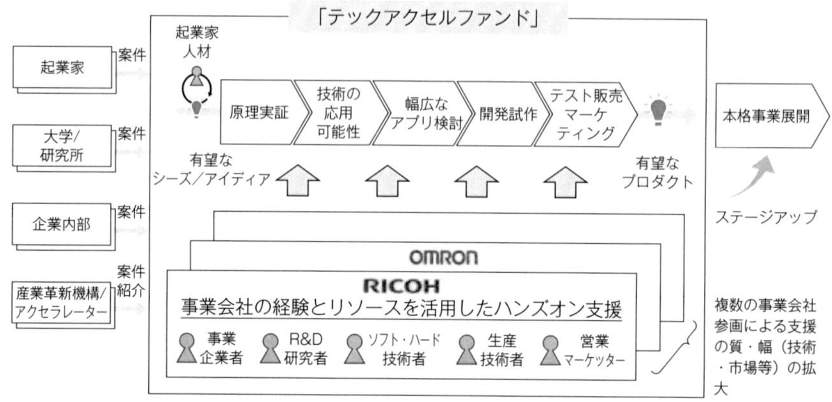

（出典）KPMG セミナー資料（2017年５月15日イノベーション懇話会）

持つ技術の精査に取り掛かる。そして，オムロンとリコーそれぞれが技術に精通した人材と議論することにより，当該技術の有望性を評価する。前述の投資先スタートアップ企業の１社が，テックアクセルベンチャーズを増資の引受先として選定した理由を同社の的確な技術評価力であると語っている。

また，オムロンとリコーは広範な技術を保有しているうえに，両社の保有技術に重複が少ないため，両社が手を組むことで技術の目利き力に関する補完関係が成立している。具体的な技術領域に関して，オムロンはセンシング＆コントロールをコア技術として，人間の知恵を表すThinkを加えて技術開発を進めている。機械やロボットを制御するコントローラーにThinkの概念を付与することにより，あたかも熟練工が柔軟に作業内容を変えるがごとく機械やロボットが躍動する技術を実現させようとしている。一方，リコーは，長年の複写機事業を通じて培った画像処理，光学，化学，ネットワーク，ソフトウェアなどの広範な技術知見を有している。

• 戦略リターンが明確な研究開発型スタートアップ企業を見つけにくい
⇒産業革新機構をはじめとする多様なソーシング手段の確保

テックアクセルベンチャーズのソーシング先は，起業家，大学・研究所関連，他の企業グループ，アクセラレーターと幅広い。特に，LPである産業革新機構は広範なネットワークを有しているため，テックアクセルベンチャーズのソーシングという面での貢献は大きいものと推測される。大企業がスタートアップ企業投資を行う際の重要な論点の1つは，いかにして優良なスタートアップ企業とのアクセスを確保するかである。

テックアクセルベンチャーズの投資意思決定上の重要なポイントは，同社が単独の大企業によるCVCではないため，スタートアップ企業とオムロンやリコーとの協業を前提としていない点にある。同社の理念は，あくまでも日本国内の研究開発型スタートアップ企業の育成にあり，仮にオムロンやリコーとの戦略リターンが生じない場合であっても，さほど問題にならない。

この仕組みは，研究開発型スタートアップ企業から見ても理にかなっている。有望なスタートアップ企業であればあるほど，特定の大企業の色が付くことを懸念する。複数の大企業や政府系ファンドによって構成されるファンドから出資を受けることは，スタートアップ企業が大企業によって「色付け」されないことを意味している。このようなファンドの中立性を維持する仕組みが，投資対象のスタートアップ企業の選択肢を広げることに寄与しているものと推測される。

• 大企業のリスクテイク能力や経営資源の限界
⇒オムロン，リコー，およびSMBCベンチャーキャピタルが共同でリスクを負担

テックアクセルベンチャーズの投資意思決定は，オムロン，リコー，SMBCベンチャーキャピタル各々の出身者で構成される投資委員会においてなされる。投資候補スタートアップ企業が持つ技術に対する目利きについても，前述のとおりオムロンとリコーの技術専門家の知見を活用して多面的に評価している。さらに，SMBCベンチャーキャピタルについては，これまでの投資経験から

スタートアップ企業の企業価値評価といった財務面を中心としたレビューを行うことにより，適切な価格での投資実行に寄与しているものと推測される。

このように，参画している各社がスタートアップ企業投資に関する自社の知見を最大限に活かすことにより，投資リスクを管理している。こうしたリスク管理の仕組みを構築することにより，リコーやオムロン単独のスタートアップ投資の検討であれば投資を回避していたであろうシードステージにあるスタートアップ企業への投資が可能となっている。これは，大企業のリスクマネーが，シードステージにある研究開発型スタートアップ企業に供給されるというエコシステムが成立していることにほかならない。

さらに，投資後のスタートアップ企業の事業拡大においても，複数の大企業が連携することによる相乗効果が見込まれる。テックアクセルベンチャーズでは，オムロンとリコーの人員が，技術の原理実証からテスト販売までの一連の支援を行うことで，スタートアップ企業のステージアップに貢献することを目指している。具体的な支援内容は下記のとおりである。

- 技術アドバイス，用途アドバイス，生産アドバイス
- 顧客接点支援，マッチング支援
- リソース支援（敷地・設備・機器の提供）
- 共同研究，協調マーケティング，共同事業検証

日本の研究開発型ベンチャーを取り巻く課題に対して，テックアクセルベンチャーズは，前述のとおり様々な仕組みを構築することで対応を試みている。オムロンやリコーといった各企業固有の目的とは別に，研究開発型スタートアップ企業を育成するという強い使命感が感じられる取り組みである。

合同会社という枠組み

【合同会社によるファンド運営の柔軟性の担保】

最後に，テックアクセルベンチャーズは通常の株式会社ではなく，合同会社という枠組みで組成された法人であるという点を指摘したい。投資会社を合同会社で設立することにはどのようなメリットがあるのだろうか。通常の株式会

社と比較して，合同会社の場合には，出資者間の合意に基づいて，柔軟な権利義務の設定が可能になる。

例えば，合同会社の場合は，出資比率にかかわらず利益分配方針を定款で柔軟に設定することが可能である。仮に，A社，B社，C社がそれぞれ，25%，25%，50%の出資比率で合同会社を設立したとしよう。この際，会社の利益分配は，必ずしもA社：B社：C社＝25%：25%：50%の比率である必要はない。合同会社の定款で，各社に対する利益分配割合を出資比率にかかわらず決定する旨を柔軟に規定することができるのである。ただし，利益配分に経済合理性がない場合には，社員間の利益の移転に係る課税問題が生じる点には留意が必要である。

このように，法人に関連する利害関係者が多い場合に，各利害関係者の権利・義務を柔軟に設定することができる点が合同会社の特徴である。テックアクセルベンチャーズの場合は，合同会社の枠組みを活用することにより，オムロン，リコー，およびSMBCベンチャーキャピタルの利害関係をうまく調整しているものと見られる。

日本企業への示唆

【スタートアップ企業を支援する座組みの重要性】

テックアクセルベンチャーズには，テックアクセルファンドのLPとなる事業会社を迎える構想がある。テックアクセルファンドに限らず，通常のベンチャーキャピタルにおいても，事業会社を中心としたLP構成となっているファンドがある。

複数の事業会社がLPとなった場合には，2つの留意点がある。以下，GP側の視点とLP側双方の視点から説明する。

1つ目は，GP側の視点として，事業会社間の利害対立を回避する仕組みである。事業会社とスタートアップ企業との協業を可能な限り平等にするためには，利害対立を避ける必要がある。あるベンチャーキャピタルは，コンフリクトを避けるために，一業種一社制の仕組みを採用している。例えば，航空会社のA社がLPとなっている場合には，ライバル企業であるB社をLPとして迎えることはしないといった方法である。また，LPの出資金額に応じて，LPに対する便益を松竹梅といった3段階で設定しているCVCもある。

2つ目は，LP側の視点として，事業会社自身がSilent LPにならないことである。Silent LPとは，資金は提供するものの，ファンドの運営には口を出さないLPの総称である。純然たるキャピタルゲインの獲得を狙う金融系LPの場合はSilent LPでも問題ないが，事業会社LPの目的はキャピタルゲインではなく，何らかの戦略リターンの獲得である。テックアクセルベンチャーズのようなファンドへの出資を検討する事業会社は，資金に加えて自社のどのような経営資源をスタートアップ企業に提供することができるか，またファンドやスタートアップ企業からどのような便益が得られるべきかなど，常にファンド側とコミュニケーションを図ることが求められる。

テックアクセルベンチャーズのように，複数の大企業からリスクマネーや経営資源を研究開発型スタートアップ企業に投下し，経営資源を提供しながら育成を図る仕組みによって成果が創出されることが，業界の起爆剤となるものと考えられる。複数の大企業がこの枠組みに賛同し，日本で研究開発型スタートアップ企業が育成される環境が整備されることを切に期待したい。

第5章

CVC 活動と企業価値との関係性

これまでCVC活動の戦略策定から運用までの一連の流れ，CVCの事例を紹介してきた。それでは，CVC活動は運営企業の「企業価値」にどの程度貢献しているのであろうか。本章においては，CVC巧者である米国企業を中心としたグローバル企業のCVCと時価総額の関係性を論じることにより，CVC活動と企業価値との関係性を考察したい。

5-1 グローバル企業のCVC活動

CB insightsによると，2014年から2016年にかけてのアクティブなCVCのランキングは**図表5－1**のとおりである。1位から10位までのランキング上位企業は，欧米のグローバル企業を中心として固定化している傾向が見てとれる。上位企業には，テクノロジー企業，重電・半導体等のメーカー，メディア企業，製薬企業といった多様な業界が名を連ねている。

本章では，アクティブなCVCランキングのうち，3年連続で上位に位置し，企業時価総額の相対比較が可能であるという観点から，ニューヨーク証券取引所に株式を上場している以下の10社を分析対象とする。

1. Intel Capital（Intel Corp.）
2. GV（旧Google Ventures）（Alphabet Inc.）
3. Salesforce Ventures（Salesforce.com Inc.）
4. Comcast Ventures（Comcast Corp.）
5. Qualcomm Ventures（Qualcomm, Inc.）
6. Cisco Investments（Cisco Systems Inc.）
7. GE Ventures（General Electric Co.）
8. Microsoft Ventures（Microsoft Corp.）
9. Johnson & Johnson Innovation（Johnson & Johnson）
10. Pfizer Venture Investments（Pfizer Inc.）

図表５－１ **グローバルにおけるアクティブなCVCランキング**

Rank	2014	2015	2016
1	**Google Ventures**	**Intel Capital**	**Intel Capital**
2	**Intel Capital**	**Google Ventures**	**Google Ventures**
3	**Salesforce Ventures**	**Qualcomm Ventures**	**Salesforce Ventures**
4	**Qualcomm Ventures**	**Salesforce Ventures**	**Comcast Ventures**
5	**Comcast Ventures**	**GE Ventures**	**Qualcomm Ventures**
6	Novartis Venture Funds	Samsung Ventures	**Cisco Investments**
7	Samsung Ventures	**Comcast Ventures**	**GE Ventures**
8	**Cisco Investments**	Bloomberg Beta	Bloomberg Beta
9	Siemens Venture Capital	**Cisco Investments**	Samsung Ventures
10	SR One	Novartis Venture Funds	**Microsoft Ventures**
11	Bloomberg Beta	SR One	CyberAgent Ventures
12	Fidelity Biosciences	Legend Capital	**Johnson & Johnson Innovation**
13	Second Century Ventures	Bertelsmann Digital Media Investments	**Pfizer Venture Investments**
14	**GE Ventures**	Recruit Strategic Partners	SBI Investment
15	Mitsui & Co. Global Investment	Nokia Growth Partners	Slack Fund
16	**Microsoft Ventures**	Renren Lianhe Holdings	Siemens Venture Capital
17	In-Q-Tel	CyberAgent Ventures	AXA Strategic Ventures
18	Verizon Ventures	**Johnson & Johnson Innovation**	Ping An Ventures
19	**Johnson & Johnson Development Corp.**	Novo Ventures	Swisscom Ventures
20	Bertelsmann Digital Media Investments	AXA Strategic Ventures	In-Q-Tel
21	Merck Global Health Innovation Fund	**Google Capital**	Telstra Ventures
22	Kaiser Permanente Ventures	Hearst Ventures	Brand Capital
23	Constellation Technology Ventures	In-Q-Tel	Verizon Ventures
24	Time Warner Investments	Verizon Ventures	SR One
25	Lilly Ventures	**Pfizer Venture Investments**	Legend Capital

（出典） CB Insights

5-2 グローバルCVC企業の投資活動と時価総額との関係性

CVC企業の投資活動は，企業の時価総額にどの程度影響を与えているのかを分析していく。上記10社のグローバルにおける2008年から2017年にかけての投資件数・売却件数は**図表５－２**のとおりである。投資件数は，各CVCが参

図表5－2　主要CVCの投資・売却件数の推移

		2008	2009	2010	2011	2012	2013	2014	2015	2016	2017
# of Investment as buyer											
1	Intel Capital	83	67	74	99	78	82	87	72	52	51
2	GV	2	6	24	55	75	84	85	69	55	67
3	QUALCOMM Ventures	11	9	16	20	39	39	51	51	35	39
4	Salesforce Ventures	n.a.	0	0	1	1	1	12	43	43	44
5	GE Ventures	n.a.	n.a.	n.a.	n.a.	n.a.	13	14	34	29	32
6	Comcast Ventures	6	8	11	16	12	19	22	26	35	25
7	Cisco Investments	5	7	11	8	5	7	13	17	28	13
8	Microsoft Ventures	n.a.	n.a.	n.a.	n.a.	8	9	15	5	16	29
9	Johnson & Johnson Innovation	9	12	9	8	6	14	13	15	15	10
10	Pfizer Venture Investments	4	4	6	4	7	5	9	7	10	9
11	Total	120	113	151	211	231	273	321	339	318	319
1	High	83	67	74	99	78	84	87	72	55	67
2	Average	17	14	19	26	26	27	32	34	32	32
3	Median	6	8	11	12	8	14	15	30	32	32
4	Low	2	0	0	1	1	1	9	5	10	9
# of Investment as seller (Exit)											
1	Intel Capital	17	13	26	27	34	30	19	18	15	22
2	GV	n.a.	0	1	0	7	11	19	16	8	8
3	QUALCOMM Ventures	0	1	3	3	7	5	7	8	8	3
4	Salesforce Ventures	n.a.	0	0	0	0	0	1	4	6	5
5	GE Ventures	n.a.	n.a.	n.a.	n.a.	n.a.	1	0	4	5	4
6	Comcast Ventures	2	3	3	6	5	1	7	6	3	8
7	Cisco Investments	0	1	0	2	2	3	2	2	2	2
8	Microsoft Ventures	n.a.	n.a.	n.a.	n.a.	0	1	0	1	1	1
9	Johnson & Johnson Innovation	2	5	4	0	0	3	3	1	1	2
10	Pfizer Venture Investments	0	2	1	2	0	0	1	0	2	3
11	Total	21	25	38	40	55	55	59	60	51	58
1	High	17	13	26	27	34	30	19	18	15	22
2	Average	4	3	5	5	6	6	6	6	5	6
3	Median	1	2	2	2	2	2	3	4	4	4
4	Low	0	0	0	0	0	0	0	0	1	1

（出典） Capital IQ

加した資金調達ラウンド数を，売却件数は各CVCが投資しているスタートアップ企業の株式を譲渡した件数を表している。なお，売却件数には，IPOを通じた売却は含まれていない。さらに，スタートアップ企業の投資・売却件数は，特定のデータベースに基づく集計である点に留意されたい。

投資件数に関しては，2009年を除いて継続的に増加している。直近の2016年から2017年においては，１社当たり年間投資件数の平均値・中央値は30件超で，年間売却件数の平均値・中央値は５件前後となっている。CVC運営企業が，

10年にわたって継続的に投資と売却を実行していることが見てとれる。

さて，このように過去10年にわたって積極的なスタートアップ企業への投資を進めているCVC運営企業の時価総額は，一般的な株式インデックスと比較してどのように推移しているのであろうか。**図表5－3**と**図表5－4**は，CVC運営企業10社の平均時価総額と時価総額の中央値を代表的な株式指数であるS&P500と比較したものである。2008年1月31日のS&P500のインデックスより，年末時点における市場終値とCVC運営企業10社の年末時点における時価総額（年末時点の株価の終値）を1.00として年次ベースで統計を作成している。

CVC運営企業の時価総額の平均値と中央値は，2008年から2017年にかけてS&P500のインデックスを上回っていることが見てとれる。なお，平均値が中央値を大幅に上回っているのは，Salesforce.com Inc.の時価総額の上昇が牽引しているためである。企業の株価は複雑な要因で形成されるものであるが，アクティブなCVC運営企業の株価がS&P500を上回っているという事実を踏ま

図表5－3　主要CVC運営企業の時価総額とS&P500の比較–平均値

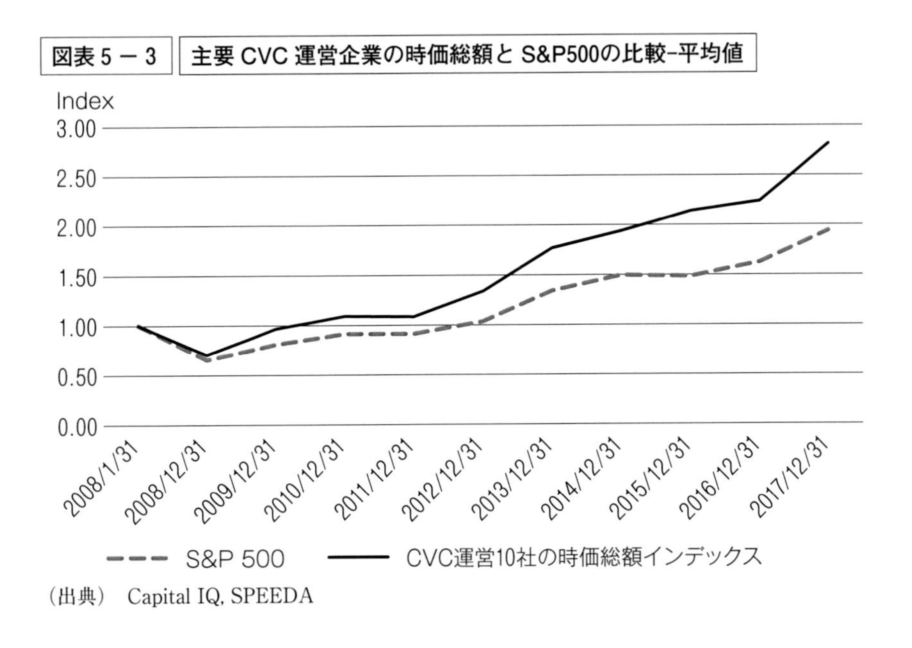

（出典） Capital IQ, SPEEDA

図表5－4　主要CVC運営企業の時価総額とS&P500の比較-中央値

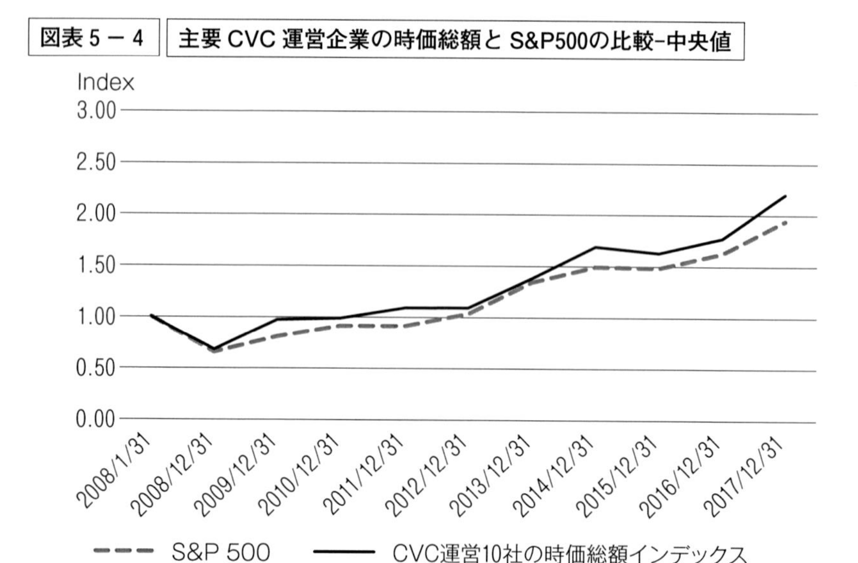

（出典） Capital IQ, SPEEDA

えて，株価形成とCVC活動との間に何らかの関係性を見出すことはできないであろうか。

図表5－5は，主要なCVC運営企業の2008年から2017年までの各年における累積投資件数の対数値と各社の株価インデックスとの比較である。各社の株価インデックスは，図表5－3，5－4と同様にS&P500を採用している。(図表5－5に関して，凡例はCVC運営組織の一般的な名称，株価インデックスはCVC運営組織の上場法人の数値を意味する)。

図表5－5から，累積投資件数の対数値が1.5を超過した辺りから，株価が上昇する関係性が見られる。累積投資件数の対数値と株価の因果関係に関しては，「①累積投資件数が増加するほどCVC運営企業の株価が上昇する」または「②CVC運営企業の株価が上昇するほど累積投資件数が増加する」という相関関係が考えられる。上述のとおり株価形成には本業の収益性や成長性を主とする多様な要因が影響していることを踏まえつつも，①に関しては，スタートアップ企業への積極的な投資活動によりCVC運営企業がイノベーションの

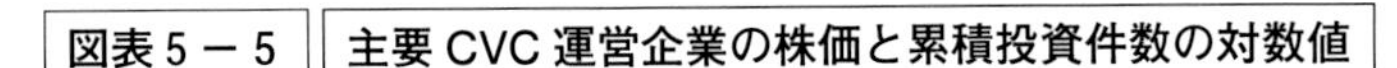

図表5－5　主要CVC運営企業の株価と累積投資件数の対数値

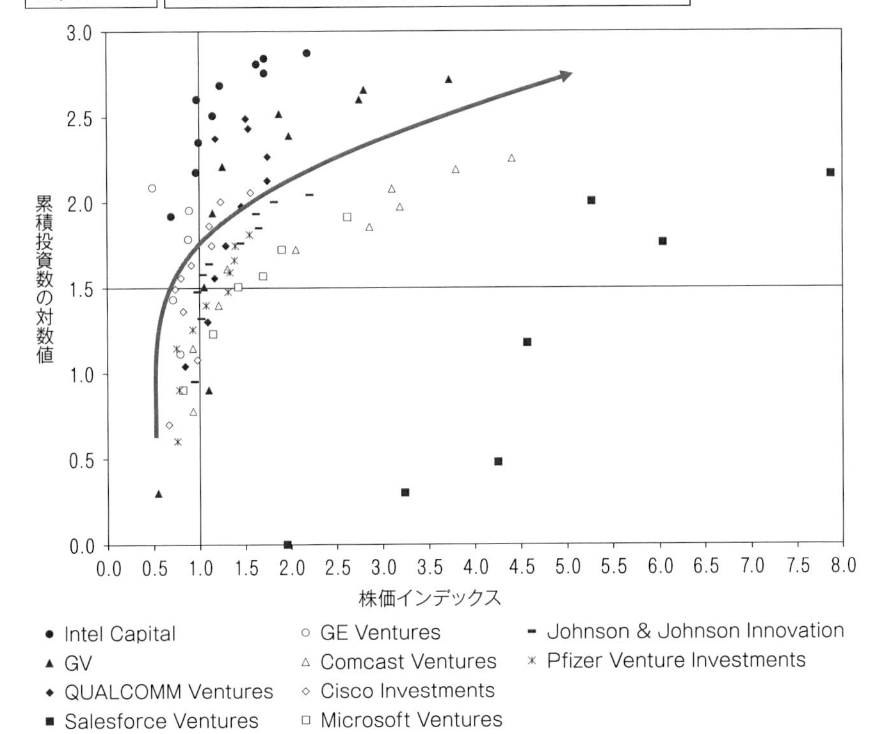

（出典）　Capital IQ, SPEEDA

萌芽を取り込んでいることが市場から評価されているのではないだろうか。また，②に関しては，好調な業績を受けて上昇した株価を梃に，CVC運営企業がイノベーション投資を重ねていると解釈することができそうである。結果として，グローバルにおけるアクティブなCVC運営企業は，①と②を通じてCVCの好循環サイクルを形成しているものと考えられる。換言すれば，グローバルにおけるアクティブなCVC企業は，CVCの好循環サイクルを形成することで，企業価値を増大させているといえるのではないだろうか。

因みに2008年から2017年にかけて時価総額が大幅に上昇したSalesforce.com Inc.は，他社とは異なる傾向を示している。Salesforce.com Inc.のCVC子会社であるSalesforce Venturesの投資方針は，Salesforceのプラットフォームの成長に資するスタートアップ企業への投資である。つまり，スタートアップ企業との協業がSaleforce.com Inc.の業績と関連性が高かった可能性もある。なお，Salesforce.com Inc.の場合も，CVC運営企業の累積投資件数と株価の間には一定の関係性があることには変わりない。

5-3 Alphabet Inc.の時価総額とGVの投資活動の関係性

では，個別の運営企業の時価総額とスタートアップ企業への投資活動との関係性は見られるだろうか。Alphabet Inc.の時価総額とGV（旧Google Ventures）の投資活動との関係性を基に分析を進める。**図表5－6**は，Alphabet Inc.の月末時点における時価総額，S&P500インデックス，およびGVの出資ラウンド金額の合計値を2008年から2017年まで各月で集計したものである。なお，図中の棒グラフは，Alphabet Inc.株式の月次出来高を示すものではない点に，留意されたい。さらに，GVの出資ラウンド金額の合計値は，GV自体が出資した金額ではなく，出資ラウンド全体の金額である。

GVの出資ラウンドの合計値に関して，GVは2013年1月頃から，2012年12月以前と比較して，大型ラウンドに出資する傾向が強まっているように見られる。具体的には，Gloudera，Uber Technologies，Space Exploration Technologies，Oscar Insurance Corporation，Jet.com等の先進サービスを提供するスタートアップ企業への大型投資ラウンドへ参加している。また，GVの売却案件の詳細な分析は割愛したが，2016年8月のWalmartに対するJet.comの売却（案件規模：USD 3,300 Million），2014年4月のBristol-Myers Squibbに対するiPierianの売却（案件規模：USD 725 Million）といった大型案件を経験している。更に，Nest Labsについては，2014年1月にAlphabet Inc.自身がGVから取得（案件規模：USD 3,200 Million）している。

図表5－6　Alphabet Inc. の月次時価総額と月次出資ラウンド金額の推移

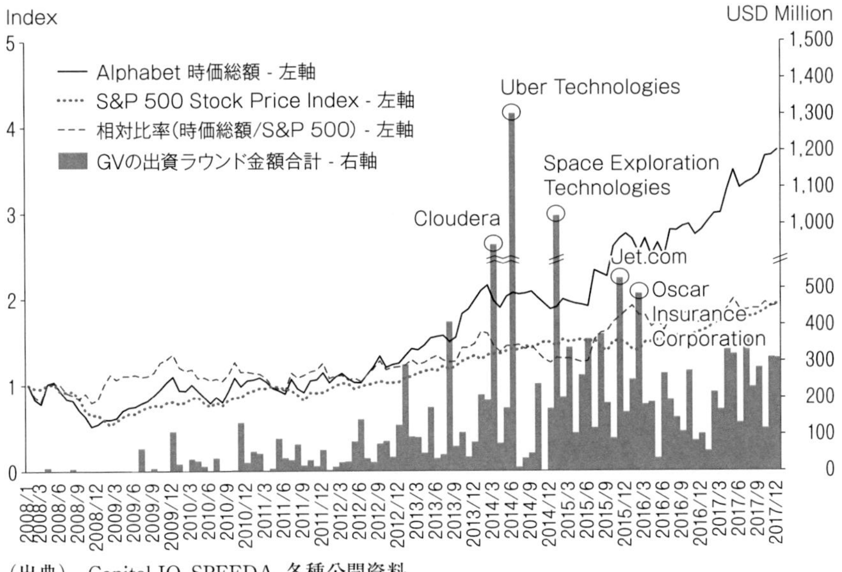

（出典）　Capital IQ, SPEEDA, 各種公開資料

同時期に，インデックスの相対比率（Alphabetの時価総額/S&P500）に基づくと，S&P500インデックスとAlphabetの時価総額との乖離が大きくなっている。これは，GVのスタートアップ企業への積極的な投資を含めて，株式市場がAlphabet Inc.の成長性を高く評価したためではないだろうか。それと同時に，株式市場による高評価に支えられて，GVがスタートアップ企業への投資を拡大させたという見方をすることができる。このように，CVC運営企業の投資活動と株価との間には一定の関連性があると見られる。

5-4　日本企業に向けて

グローバル企業は長期間にわたってCVC活動を継続させることにより常に

次世代の成長の萌芽を取り込んでいる。本章の分析でその一端を示すことができたと思う。更に先行研究においても同様の提言がなされている（2006 Dushnitsky and J. Lenox）。この先行研究では，トービンのqを目的変数とし，CVC投資，R&D費用，資本的支出，成長性，財務レバレッジ，資産規模，産業q（産業平均のトービンq），知財ストック，キャッシュフロー，技術機会といった説明変数を用いてその影響度合いを分析している。なお，トービンのqは，（負債の時価総額＋株式時価総額）÷資産の時価総額で計算され，企業が事業活動で生み出す価値が，保有資産の時価総額より大きいかどうかを見る指標を指す。トービンのqが1より小さいと株価は過小評価されていると考え，1より高いと株価は過大評価されていると考える。

この実証研究では，トービンのqが1を超えている企業1,173社を対象として分析しているが，産業qに次いで，CVC投資の影響が大きいことが提示されている。結論として，継続的なCVC活動が既存事業と新規技術を“つなぐ窓口”としての役割をアクティブに追求することが要因であると述べている。これは，継続的なCVC活動が組織内にイノベーションを志向する企業文化が根づいていることのあらわれである。

株式市場は，CVC運営企業のイノベーションを志向する企業文化，すなわち企業の成長性を評価しているのではないだろうか。日本においても，CVCが企業の経営インフラとして定着し，企業価値へ直結する活動となることを改めて期待したい。

巻末参考Ⅰ

CVC をめぐる会計処理の実務

I-1 企業の個別財務諸表におけるCVCファンドへの出資の会計処理

個別財務諸表上の会計処理を，［1］企業側の処理（LP出資），［2］CVCファンド側の処理の2つに分けて考える。

［1］ 企業側の処理（LP出資）

組合員たる企業が個別財務諸表上でCVCファンドに対する出資をどのように会計処理すべきかを考える（**図表Ⅰ－1①参照**）。

「金融商品に関する会計基準」（以下「金融商品会計基準」という）では，CVCファンドの純資産のうち持分相当額を出資金（組合出資がみなし有価証券となる場合は有価証券）として組合員である企業の貸借対照表に計上するとともに，同じく純損益のうち持分相当額を損益計算書に計上する方法（持分法的会計処理）を原則法としている（「金融商品会計に関する実務指針」（以下

図表Ⅰ－1　個別財務諸表におけるCVCファンドへの出資の会計処理

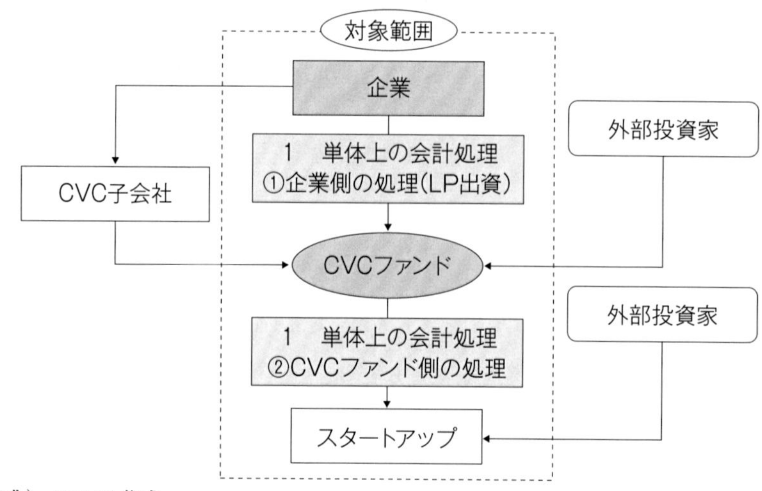

（出典） KPMG作成

「金融商品実務指針」という）132項）。

一方，CVC ファンドの貸借対照表および損益計算書の各項目を持分割合に応じて，組合員である企業の貸借対照表および損益計算書に計上する方法（比例連結的会計処理）のほか，これら２つの会計処理を折衷した方法も認められている。すなわち，CVC ファンドのうち純資産の持分相当額を出資金（組合出資がみなし有価証券となる場合は有価証券）として組合員である企業の貸借対照表に計上するが，損益計算書については項目ごとの持分相当額を収益および費用として損益計算書に計上する方法である（金融商品実務指針308項）。

組合員としての会計処理は，以上のように３つの方法が認められているが，CVC ファンドの契約内容の実態および経営者の意図を考慮して，経済実態を適切に反映する会計処理および表示を選択する必要がある。

なお，組合等が子会社・関連会社となる場合であっても，取得原価ではなく，前述の会計処理が必要となる（「金融商品会計に関する Q&A」（以下「金融商品 Q&A」という）Q71A）点に注意が必要である。

[２]　CVC ファンド側の処理

企業がCVC ファンドに対する出資を個別財務諸表に取り込む際のCVC ファンド側における財務諸表の会計処理について考える（図表Ⅰ－１②参照）。

CVC ファンド側の会計処理は，組合の財務諸表上の会計処理ではあるが，組合員である企業の財務諸表に直接取り込まれることから，企業の財務諸表作成に係る会計方針に準拠するものと考えられる。そのため，組合の財務諸表においても，一般に公正妥当と認められる企業会計の基準（日本基準）に準拠して会計処理され，スタートアップへの投資は，金融商品会計基準およびその実務上の適用指針である金融商品実務指針に従って会計処理されることになる。

金融商品会計基準19項⑵では，時価を把握することが極めて困難と認められる有価証券のうち，社債その他の債券以外の有価証券は取得原価をもって貸借対照表価額とするとしている。スタートアップへの投資など市場で売買されない株式はこの時価を把握することが極めて困難と認められる有価証券に該当するため，公正価値評価は行われず，取得原価が貸借対照表価額となる。つまり，たとえ何らかの方式により価額の算定が可能であったとしても，当該価額は時価あるいは合理的に算定された価額とはみなされない（金融商品実務指針63項但書）。

なお，スタートアップの財政状態の悪化や超過収益力等の低下により実質価額が著しく低下したときには，回復可能性が十分な証拠によって裏づけられる場合を除き，相当の減額を行い，評価差額は当期の損失として処理しなければならない点に留意が必要である（金融商品会計基準21項，金融商品実務指針92項，金融商品 Q&A Q33A）。ここで，実質価額とは，通常は，１株当たり純資産額に所有株式数を乗じた金額であるが，スタートアップの超過収益力や経営権等を反映して，１株当たりの純資産額を基礎とした金額に比べて相当高い価額が実質価額として評価される場合もある（金融商品実務指針92項）。

また，「投資事業有限責任組合における会計上及び監査上の取扱い」50項では，「未公開株式の実質価額が著しく低下している状況には至っていないものの，実質価額がある程度低下したときは健全性の観点から投資損失引当金を計上することができる」としている。ここで，投資損失引当金とは，子会社株式等の実質価額が「著しく」低下している状況までは至っていないものの，実質価額が「ある程度」低下したとき，もしくは，子会社株式等の実質価額について「回復可能性が見込める」と判断して減損処理を行わなかったものの，その回復可能性には不確実性が伴い，実務上万全な判断を行うのが困難なときに，健全性の観点から，こうしたリスクに備えて引当処理するものである（「子会社株式等に対する投資損失引当金に係る監査上の取扱い」2.(1))。

当該監査上の取扱いにおいて，特定プロジェクトのために設立された会社や事業投資会社等で，当該会社の経営に参画すること等により，子会社等と同程度に株式の実質価額の回復可能性等を判定できる会社の株式について準用するとされており（「子会社株式等に対する投資損失引当金に係る監査上の取扱い」3.(2))，スタートアップへの投資についても投資損失引当金の計上が認められるものと考えられる。

Ⅰ-2 組合自体に財務諸表の作成が求められる場合の会計処理

組合自体が財務諸表の作成を求められている場合がある（**図表Ⅰ－2**参照）。

基本的には，組合員が個別財務諸表にCVCファンドを取り込む際のCVCファンド側の会計処理（Ⅰ－1［2］参照）と同じであるが，投資事業有限責任組合（以下「LPS」という）の場合には異なる規定が設けられているため，注意が必要である。

LPSの場合は，「中小企業等投資事業有限責任組合会計規則」に従って処理しなければならない。同規則7条2項では，投資の貸借対照表価額は時価によらなければならないが，時価が取得価額を上回る場合には，取得価額によることも妨げないとしている。なお，時価の評価方法は，同条3項で組合契約に定めることとされている。

そのため，LPSにおけるスタートアップ投資の評価方法は，取得原価で評

図表Ⅰ－2　組合自体に財務諸表作成が求められる場合の会計処理

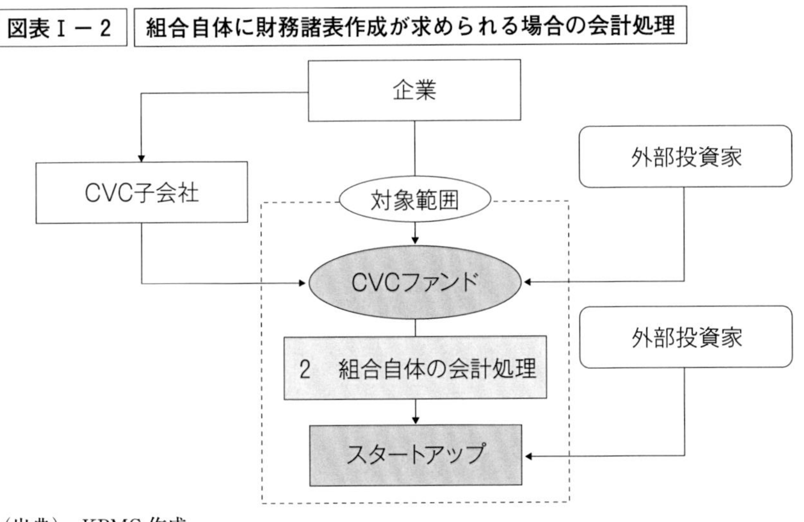

（出典）　KPMG作成

価する前述したCVCファンド側（Ⅰ－1［2］参照）とは異なる会計処理となる。ただし，実務上，当該評価方法は，組合契約に定めることができるため，組合員がそのまま取り込めるように，CVCファンド側の会計処理（Ⅰ－1［2］参照）と整合させ，複数の会計処理を行うことによる負担を軽減しているケースもあるであろう。

Ⅰ-3 企業の個別財務諸表におけるCVC子会社への出資の会計処理

企業がCVC子会社へ出資する際の個別財務諸表上の会計処理をCVC子会社の形態別に考える（**図表Ⅰ－3**参照）。

株式会社（以下「KK」という）への出資については，子会社株式として取得原価をもって貸借対照表価額とする。

合同会社（以下「LLC」という）への出資については組合的出資の色彩が強

図表Ⅰ－3　企業の個別財務諸表におけるCVC子会社への出資の会計処理

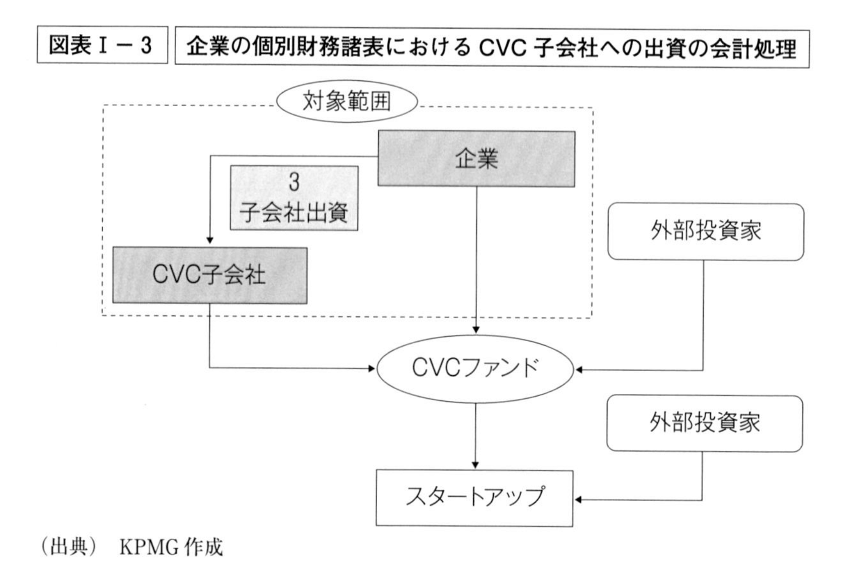

（出典）KPMG作成

いが，法的性質は組合よりもKKに近い部分もあることから，組合出資と同様の処理ではなく，株式と同様の処理を行う。(「有限責任事業組合及び合同会社に対する出資者の会計処理に関する実務上の取扱い」Ｑ３Ａ)。すなわち，KKの場合と同様に，子会社株式として取得原価をもって貸借対照表価額とする。

なお，いずれの形態でも，減損処理や投資損失引当金の取扱いはⅠ－１と同様である。

Ⅰ-4 企業の連結財務諸表（日本基準）におけるCVCファンドへの出資の会計処理

[1] CVCファンドに対する子会社・関連会社・共同支配企業の判定

「連結財務諸表に関する会計基準」(以下「連結会計基準」という）５項および「持分法に関する会計基準」(以下「持分法会計基準」という）４－２項では，子会社および関連会社の範囲を会社，組合その他これらに準ずる事業体としており，CVCファンドもこれに該当する。そのため，企業の連結財務諸表上，CVCファンドが子会社・関連会社・共同支配企業に該当するか否かを検討する必要がある（**図表Ⅰ－４**参照)。

ここで，子会社とは，親会社が他の企業の意思決定機関を支配している場合の他の企業をいい，連結会計基準はKKを想定した議決権をベースとする判定基準を設けている（連結会計基準６項７項)。また，関連会社とは，企業が，出資，人事，資金，技術，取引等の関係を通じて，子会社以外の他の企業の財務および営業または事業の方針の決定に対して重要な影響を与えることができる場合における子会社以外の他の企業をいうとしており，持分法会計基準も同様にKKを想定した議決権をベースとする判定基準を設けている（持分法会計基準５項，５－２項)。共同支配企業とは，複数の独立した企業により共同で支配される企業をいい（「企業結合に関する会計基準」(以下「企業結合会計基

図表Ⅰ－4　企業の連結財務諸表における連結の範囲

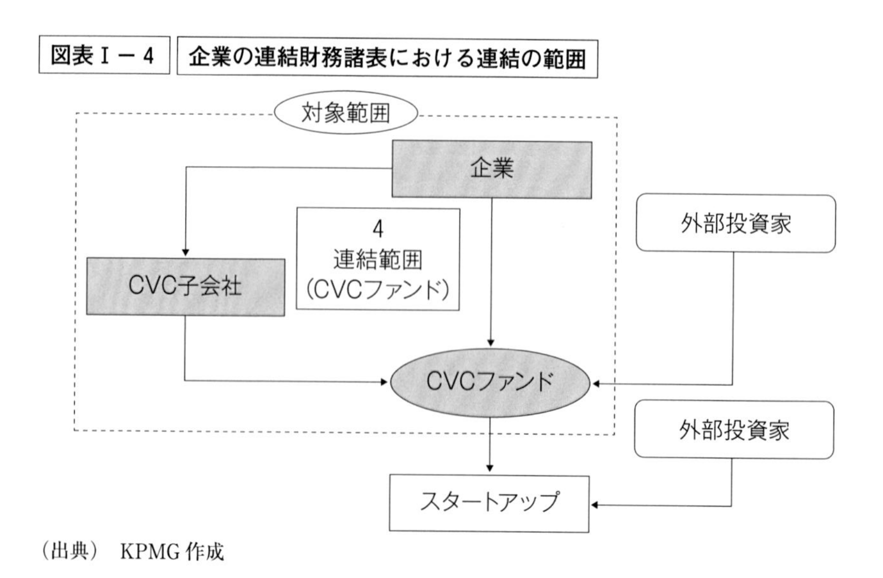

（出典）KPMG作成

準」という）11項），その判定は，独立企業要件，契約要件，対価要件，およびその他の支配要件のすべてを満たすこととされている（「企業結合会計基準及び事業分離等会計基準に関する適用指針」（以下「企業結合及び事業分離等適用指針」という）175項）。

なお，CVCファンドについて判定する際は，企業だけでなくCVC子会社も含めて，子会社・関連会社・共同支配企業の判定を行わなければならない（連結会計基準6項，持分法会計基準5項）。

［2］　子会社判定

CVCファンドの形態ごとに，子会社に該当するか否かを判定する。

LPS，NKに対する子会社判定

LPS，任意組合（以下「NK」という）に関しては，「投資事業組合に対する支配力基準及び影響力基準の適用に関する実務上の取扱い」（以下「投資事業組合実務上の取扱い」という）に，支配力基準を各組合に適用する場合の考え方が規定されている。

「支配」を判定する際には，意思決定への関与度合がポイントになる。LPSの業務執行は無限責任組合員が決定するが（投資事業有限責任組合法7条1項），無限責任組合員が複数いる場合には，その過半数をもって決定する（同条2項）。また，NKの業務執行は組合員の過半数をもって決定する（民法670条1項）が，組合契約で業務執行組合員を定めた場合には，当該業務執行組合員の過半数をもって決定する（民法670条2項）。

以上を踏まえて，次の場合には，業務執行者が当該組合の財務および営業または事業の方針を決定できないことが明らかであると認められる場合を除き，当該組合は業務執行者の子会社に該当する（投資事業組合実務上の取扱いQ1A2）。

(1) 当該組合の業務の執行を決定することができる場合（業務執行者が複数いる場合には，業務執行を決定する権限全体のうち，その過半の割合を自己（子会社含む。以下同じ）の計算において有している場合）

(2) 当該組合の業務執行の権限全体のうち，その100分の40以上，100分の50以下を自己の計算において有している場合であって，かつ，次のいずれかの要件に該当する場合

① 自己の計算において有している業務執行の権限と緊密な者および同意している者が有している業務執行の権限とを合わせて，当該組合に係る業務執行の権限の過半の割合を占めていること

② 当該組合の重要な財務および営業または事業の方針の決定を支配する契約等が存在すること。

③ 当該組合の資金調達額（貸借対照表上の負債に計上されているもの）の総額の概ね過半について融資を行っていること（緊密な者が行う融資を合わせて過半となる場合も含む）。

④ 当該組合の資金調達額（貸借対照表上の負債に計上されているものに限らない）の総額の概ね過半について融資および出資を行っていること（緊密な者が行う融資を合わせて過半となる場合も含む）。

⑤　当該組合の投資事業から生ずる利益または損失の概ね過半について享受または負担することとなっていること（緊密な者が享受または負担する額を合わせて当該利益または損失の概ね過半となる場合を含む）。

⑥　その他当該組合の財務および営業または事業の方針の決定を左右すると推測される事実が存在すること。

⑶　自己の計算において有している当該組合に係る業務執行の権限（権限を有していない場合も含む）と，緊密な者および同意している者が有している業務執行の権限とを合わせて，当該業務執行の権限の過半の割合を占めているときであって，かつ，上記⑵の②から⑥までのいずれかの要件に該当する場合。

ここで，緊密な者とは，自己と出資，人事，資金，技術，取引等において緊密な関係があることにより，自己の意思と同一の内容の業務執行の権限を行使すると認められる者をいう。また，同意している者とは，自己の意思決定と同一の内容の業務執行の権限を行使することに同意していると認められる者（個人を含む）をいう。

併せて，子会社判定においては，以下についても留意が必要とされている（投資事業組合実務上の取扱いＱ１Ａ３）。

⑴　出資者が組合の業務執行の権限の100分の40以上を有していない場合でも，出資額又は資金調達額の総額の半分を超える多くの額を拠出している場合や投資事業から生ずる利益または損失の半分を超える多くの額を享受または負担する場合等には，当該組合の業務執行の権限の過半の割合を有する者が当該出資者の緊密な者に該当することが多いと考えられ，この場合には，当該組合は当該出資者の子会社に該当する。

⑵　出資者の子会社に該当しない他の会社等や個人を介在させている場合であっても，当該出資者が当該組合の財務および営業または事業の方針を決定しているときには，当該組合は当該出資者の子会社に該当する。

以上から，形式的には，CVC ファンドがLPS の形態を採る場合にはGP の子会社に該当し，NK の形態を採る場合で業務執行組合員が定められている場合には当該組合員の子会社に該当する（ただし，業務執行組合員が複数いる場合には該当しない場合もある）ものと考えられる。

しかしながら，仮に企業や CVC 子会社が直接 CVC ファンドを運営せず，上記に該当しなかった場合でも，業務執行権限を有する者が企業や CVC 子会社の「緊密な者」や「同意している者」に該当するか否かを慎重に判断する必要がある。企業が投資もしくは事業を行う目的で CVC ファンドを組成している場合，形式的には業務執行権限を有していなくとも，業務執行権限を有する者を通じて，実質的に業務執行を支配している場合が考えられるためである。

例えば，法的な業務執行者ではないが，組合に投資委員会や諮問委員会を設け，そこでの決定を受けて業務執行者が執行しているに過ぎない場合や，諮問内容が実質的な意思決定になっている場合などが挙げられる。

子会社の判定は，形式的ではなく全体の投資スキームおよび契約内容を詳細に分析したうえで，企業（CVC 子会社含む）が実質的に意思決定を行っているか否かを判断する必要がある。

CVC ファンドが子会社となる場合の会計処理

CVC ファンドが子会社と判定された場合，企業は CVC ファンドを連結しなければならない（連結会計基準13項）。したがって，当該 CVC ファンドの資産・負債を連結するとともに親会社に帰属しない部分は非支配株主持分とする必要がある（金融商品 Q&A Q71A）。この場合，個別財務諸表上の組合出資の会計処理を取り消し，全体を改めて連結する方法が実務的とされている。なお，企業の連結財務諸表に取り込む際の CVC ファンドにおけるスタートアップ投資に係る会計処理は，前述したⅠ－1［2］と同様である。

VC 条項

日本基準上，一定の要件を満たした場合には，支配の要件を満たしていたとしても子会社には該当しないとする例外規定があり，当該規定は VC 条項（図

図表Ⅰ－5　VC条項の適用範囲

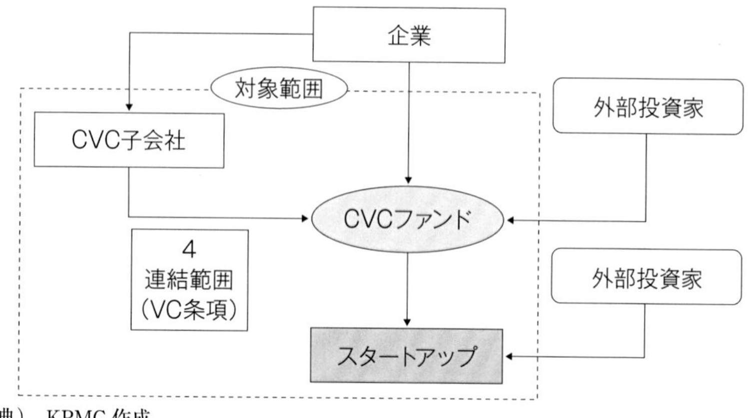

（出典） KPMG作成

表Ⅰ－5参照）といわれている。

VC条項とは，投資育成や事業再生を図ることでキャピタルゲインの獲得を狙うベンチャーキャピタルなどの投資企業が，営業取引として他の企業の株式や出資を有している場合は，連結会計基準7項にいう他の企業の意思決定機関を支配していることに該当する要件を満たしていたとしても，次のすべてを満たすようなとき（ただし，当該他の企業の株主総会その他これに準ずる機関を支配する意図が明確であると認められる場合を除く）には，子会社に該当しない（「連結財務諸表における子会社及び関連会社の範囲の決定に関する適用指針」16項(4)）とする条項をいう。

(1)　売却等により当該他の企業の議決権の大部分を所有しないこととなる合理的な計画があること

(2)　当該他の企業との間で，営業取引として行っている投資または融資以外の取引がほとんどないこと

(3)　当該他の企業は，自己の事業を単に移転したり自己に代わって行うものとはみなせないこと

(4)　当該他の企業との間に，シナジー効果も連携関係も見込まれないこと

なお，他の企業の株式や出資を有している投資企業は，実質的な営業活動を行っている企業である必要があり，また，当該投資企業が含まれる企業集団に関する連結財務諸表にあっては，当該企業集団内の他の連結会社（親会社およびその他の連結子会社）も上記(2)から(4)の事項を満たすことが必要とされる。

CVC は，通常の VC とは異なり，キャピタルゲイン獲得目的ではなく，事業投資の性質を有していることから，一般的には上記要件を満たさないと考えられる。

また，VC 条項は関連会社の範囲を判定する際も同様に適用される（「連結財務諸表における子会社及び関連会社の範囲の決定に関する適用指針」24項）。

CVC がスタートアップへ20％以上出資する場合には，VC 条項の内容に照らして連結の要否を慎重に検討し，安易に子会社または関連会社から除外することのないように留意が必要である。

［3］ 関連会社判定

子会社判定の場合と同様に，関係会社に該当するか否かの判定についても CVC ファンドの形態ごとに検討する。

LPS・NK に対する関連会社判定

LPS，NK が関連会社に該当するか否かの判定基準に関しては，「投資事業組合実務上の取扱い」において，影響力基準を各組合に適用する場合の考え方が規定されている。

次の要件に該当する組合は，業務執行者の関連会社とされる（投資事業組合実務上の取扱いＱ６Ａ２）。

(1) 当該組合に係る業務執行の権限の100分の20以上を自己の計算において有している場合

(2) 当該組合に係る業務執行の権限の100分の15以上，100分の20未満を自己の計算において有している場合であって，かつ，次のいずれかの要件に該当する場合

① 当該組合の財務および営業または事業の方針の決定に重要な影響を与える契約が存在すること。

② 当該組合に対して重要な融資（債務保証および担保の提供を含む）または出資を行っていること。

③ 当該組合の多くの投資先との間に，重要な投資育成や再生支援等，営業上または事業上の取引があること。

④ その他当該投資事業組合の財務および営業または事業の方針の決定に対して重要な影響を与えることができることが推測される事実が存在すること。これには，例えば，当該組合の組成への関与を通じて，その後も重要な影響を与えている場合なども含む。

(3) 自己の計算において有している当該組合に係る業務執行の権限と緊密な者および同意している者が有している業務執行の権限とを合わせて，当該業務執行の権限の100分の20以上を占めているときであって，かつ，上記(2)の①から④までのいずれかの要件に該当する場合。

関連会社の判定も子会社判定と同様に，形式的ではなく全体の投資スキームおよび契約内容を分析したうえで，実質的に判定することが必要となる。

CVC ファンドが関連会社となる場合の会計処理

CVC ファンドが関連会社と判定された場合，企業は CVC ファンドを持分法で会計処理しなければならない（持分法会計基準 6 項）。

なお，連結財務諸表上で持分法を適用する場合には，すでに企業の個別財務諸表上で持分相当額を取り込んでいることから，当該会計処理を取り消さずに連結財務諸表にそのまま取り込む（投資事業組合実務上の取扱い Q 6 A 2）ことになる。この取扱いは，企業の個別財務諸表上で比例連結的な会計処理または折衷法を採用している場合でも同様である。ただし，CVC ファンドにおいて，企業および CVC 子会社以外の出資者が負担しない損失が発生している場合には，当該損失の追加計上が必要となる（金融商品 Q&A Q71A）。

企業の連結財務諸表に取り込む際の CVC ファンドにおけるスタートアップ

投資に係る会計処理は，前述したⅠ－１［２］と同様である。

［4］ 共同支配企業判定

CVC ファンドが次の要件のすべてを満たす場合には共同支配企業に該当する（企業結合及び事業分離等適用指針175項）。

⑴ 【独立企業要件】共同支配投資企業となる企業は，複数の独立した企業から構成されていること

⑵ 【契約要件】共同支配投資企業となる企業が共同支配となる契約等を締結していること

⑶ 【対価要件】企業結合に際して支払われた対価のすべてが，原則として，議決権のある株式であること

⑷ 【その他の支配要件】⑴から⑶以外に支配関係を示す一定の事実が存在しないこと

なお，対価要件の議決権のある株式とは，株主総会において重要な経営事項に関する議決権が制限されていない株式（企業結合及び事業分離等適用指針180項）とされている。組合の場合は議決権のある株式は存在しないため，重要な経営事項に関する業務執行の決定が制限されていない組合員としての地位と考えられる。

上記判定の結果，CVC ファンドが共同支配企業となる場合には，企業はCVC ファンドを持分法で会計処理しなければならない（企業結合会計基準39項⑵）。なお，持分法適用の際の CVC ファンドにおける会計処理は，［3］と同様である。

［5］ CVC ファンドが子会社・関連会社・共同支配企業以外となる場合の会計処理

前述の判定の結果，CVC ファンドが子会社・関連会社・共同支配企業のいずれにも該当しないとされた場合には，企業の個別財務諸表上の処理がそのま

ま連結財務諸表に引き継がれることなる。

I-5 企業の連結財務諸表（国際財務報告基準（IFRS））におけるCVCファンドへの出資の会計処理

企業が指定国際会計基準を適用する場合の連結財務諸表上の会計処理について解説する。なお，現状指定国際会計基準と国際会計基準審議会（IASB）が発行するIFRSに差異はないため，以降の解説はIFRSに基づくものである（**図表I－6**参照）。

［1］ 子会社判定

IFRSでは，投資者が，投資先への関与により生じる変動リターンに対するエクスポージャーまたは権利を有し，かつ，投資先に対するパワーにより当該

図表I－6　企業の連結財務諸表における連結範囲（IFRS）

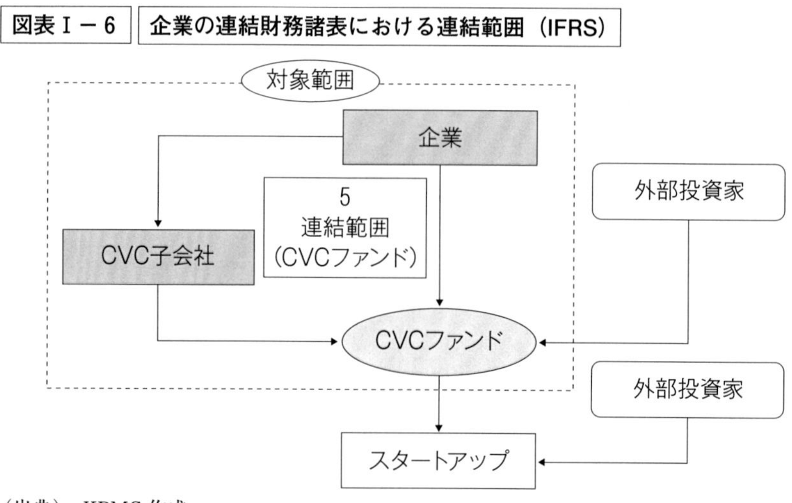

（出典） KPMG作成

リターンに影響を及ぼす能力を有している場合に，当該投資先を支配していると考える（IFRS10.6）。

具体的には，投資者が次の要素をすべて満たす場合に投資先を支配しているとされる（IFRS10.7）。

(1) 投資先に対するパワー
(2) 投資先への関与により生じる変動リターンに対するエクスポージャーまたは権利
(3) 投資先のリターンの額に影響を及ぼすように投資先に対するパワーを用いる能力

投資先に対するパワーは，投資先のリターンに重要な影響を及ぼす活動に関連性のある活動を指図する現在の能力を与える既存の権利（IFRS10.10）である。CVCファンドのスタートアップへの投資の意思決定が関連性のある活動と考えられ，例えば，企業がCVC子会社を通じて，CVCファンドによるスタートアップへの投資に関して意思決定する権利を有している場合には，CVCファンドに対するパワーを有すると認められる。

次に，投資者は，その関与により生じる投資者のリターンが投資先の業績の結果によって変動する可能性がある場合，投資先への関与により生じる変動リターンに対するエクスポージャーまたは権利を有しているとされる（IFRS10.15）。なお，当該変動リターンには，規模の経済を得るための営業機能の統合，コストの節減，希少な製品の調達，独占的な知識へのアクセス獲得，または投資者の他の資産の価値を増大させるための一部の営業もしくは資産の制限等の定性的なリターンも含む（IFRS10. B57）点に注意が必要である。企業は直接CVCファンドへ出資している場合もあれば，CVC子会社を通じてCVCファンドへ出資している場合もある。したがって，変動リターンに対するエクスポージャーまたは権利を有していると認められる。

そのうえで，投資先への関与により生じるリターンに影響を及ぼすように投資先に対するパワーを用いる能力を有している場合には投資先を支配していることになる（IFRS10.17）ため，パワーと変動リターンがリンクしているか否かを分析する必要がある。CVC子会社を含む企業グループは運用の意思決定権を有するため，パワーとリターンの分析において，本人か代理人かを判定する必要がある。代理人か否かの判定では，以下の点が検討される（IFRS10.B60-B72）。

⑴ 単一の当事者（CVCファンド投資家）の実質的な解任権の有無。他の投資家が単独で解任権を有している場合には，企業グループは代理人である。

⑵ 意思決定者の報酬が市場価格である。

⑶ 上記の⑴および⑵で判断できない場合，企業グループの意思決定権限の範囲や，他の投資家が保有する実質的権利，企業グループが有する経済的関与（企業およびCVC子会社が保有するCVCファンドの持分，企業グループが受取る報酬およびその他の変リターン（あれば））を分析して判断する。

パワーとリターンの分析において企業グループが本人と判断される場合，CVCファンドを企業グループが支配していることになり，企業はCVCファンドを連結しなければならない。なお，この企業の連結財務諸表に取り込む際のCVCファンドにおけるスタートアップへの投資の会計処理については，会計方針を統一しなければならない（IFRS10.19）ため，CVCファンドにおいてもIFRSに基づく会計処理を行わなければならない。

IFRSでは，スタートアップへの投資は公正価値で測定し，その変動は純損益として計上しなければならない（IFRS9.9.1.4）。ただし，資本性金融商品については，トレーディング目的に該当しない場合には，事後の公正価値の変動をその他の包括利益に計上するという取消不能の選択を行うことができる（IFRS9.4.1.4）。このオプションを選択する場合，配当以外は純損益として計上されない（減損損失や売却損益は計上されず，すべてその他の包括利益に計上される）。スタートアップへの投資がスタートアップ自身の資本性金融商品で決済されることはないと仮定すると，資本性金融資産となるのは，次のような義務を含んでいない場合である（IAS32.16(a)）。

(1) 現金またはその他の金融資産を引き渡す義務
(2) 当該発行者にとって潜在的に不利な条件で，他の企業と金融資産または金融負債を交換する義務

以上から，CVC ファンドは，スタートアップへの投資を公正価値で評価し，その評価差額を当期の純損益として計上する。ただし，スタートアップへの投資が資本性金融商品に該当する場合には，当該評価差額をその他の包括利益に計上する（IFRS9.9.1.4）というオプションを選択することができる。

[2] 関連会社判定

IFRS では，関連会社とは，投資者が重要な影響力を有している企業をいう。重要な影響力とは，投資先の財務および営業の方針決定に参加するパワーであるが，当該方針に対する支配または共同支配ではないものをいう（IAS28.3）。

ここで，企業による重要な影響力は，通常，次のいずれかの方法で証明される（IAS28.6）。

(1) 投資先の取締役会または同等の経営機関への参加
(2) 方針決定プロセスへの参加
(3) 企業と投資先との間の重要な取引
(4) 経営陣の人事交流
(5) 重要な技術情報の提供

また，投資先の議決権の20％以上を直接的にまたは間接的に保有している場合には，重要な影響力がないことを明確に証明できない限り，企業は重要な影響力を有していると推定される。反対に，企業が，直接的にまたは間接的に，投資先の議決権の20％未満しか保有していない場合には，重要な影響力が明確に証明できる場合を除き，企業は重要な影響力を有していないと推定される

(IAS28.5)。

CVC ファンドが子会社に該当しない場合には，上記に従って，企業および CVC 子会社が重要な影響力を有しているか否かを検討する必要がある。

その結果，CVC ファンドが関連会社となる場合には，企業はCVC ファンドを持分法で会計処理しなければならない（IAS28.16)。持分法を適用するに際しては，企業とCVC ファンドの会計方針は統一しなければならない(IAS28.27）点には留意が必要である。

［3］ 共同支配企業判定

次のいずれの条件も満たす場合で，当事者のすべてまたは当事者のグループが取決めのリターンに重要な影響を与える活動を指図するためにともに行動しなければならない場合には，集団で投資先を支配していると判断される(IFRS11.8)。

(1) 投資先との関与により生じる変動リターンに対するエクスポージャーまたは権利を有している。

(2) 投資先に対するパワーによりそのリターンに影響を及ぼす能力を有している。

さらに，上記に従い集団的支配が存在する場合，関連性のある活動に関する意思決定が，支配を共有している当事者の全員一致の合意を必要とする場合に，共同支配があると判定される（IFRS11.7)。

共同支配に該当する場合，当該共同支配が「共同支配事業」なのか「共同支配企業」なのかによって会計処理が異なるため，これらの分類が問題となる。

これらの分類は，**図表Ⅰ－7**のフローチャートで判定される。このフローチャートによる判定の結果，CVC ファンドが共同支配企業となる場合，企業はCVC ファンドを持分法で会計処理しなければならない（IFRS11.24)。

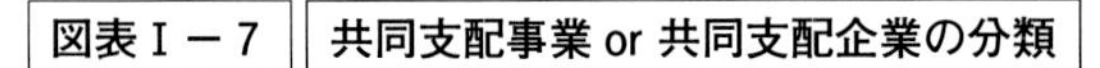
図表Ⅰ－7　共同支配事業 or 共同支配企業の分類

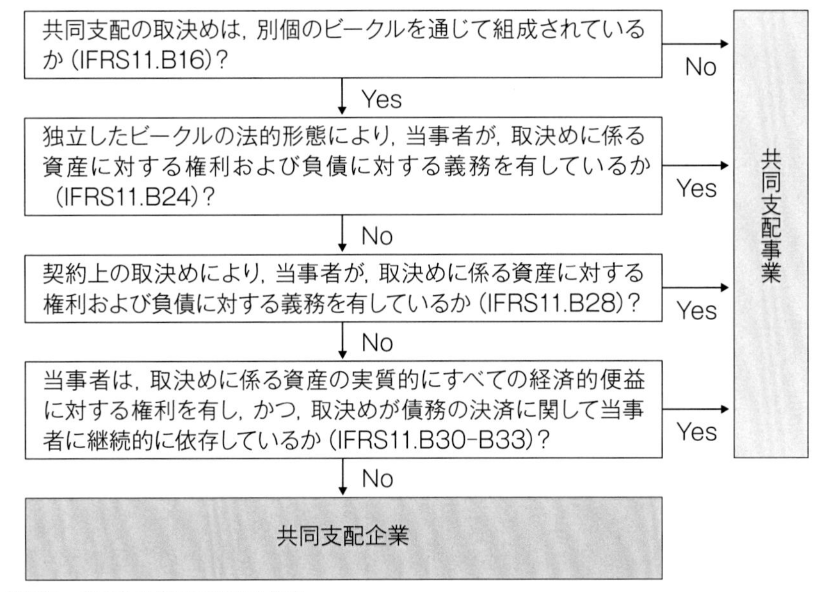

（出典）　IFRS を基に KPMG 作成

［4］　CVC ファンドが子会社・関連会社・共同支配企業以外となる場合の会計処理

CVC ファンドが子会社・関連会社・共同支配企業以外となる場合は，CVC ファンドへの投資という金融資産を IFRS 9 に基づいて会計処理する必要がある（［1］参照）。

CVC ファンドへの投資は，毎期公正価値で測定し，その変動を純損益として計上しなければならない（IFRS9.9.1.4）。しかしながら，［1］に記載のとおり，資本性金融商品である場合には，事後の公正価値変動をその他の包括利益に計上するという取消不能の選択を行うことができる（IFRS9.4.1.4）ため，CVC ファンドへの出資が，資本性金融商品に該当するか否かが問題となる。

CVC ファンドの各形態における出資が資本性金融商品に該当するか否かを判定するにあたってはIAS32の資本性金融商品の定義を満たす必要がある。

IAS32では，金融負債の定義に該当するものの，発行者が資本性金融商品として計上することを例外的に認めている特定のプッタブル商品は，上述の選択の対象とならない（IFRS9.BC5.21）ため，注意が必要である。特定のプッタブル商品には，あらかじめ決められた存続期間終了時に持分割合に応じて分配されるような商品や，プットバックできる商品が該当する。CVCファンドへの投資に係る契約内容を分析し，特定のプッタブル商品に該当する場合には，公正価値で測定し，その評価差額は純損益に計上しなければならない。

I-6　スタートアップ投資の公正価値評価

最後に，CVCファンドを管理・運用する担当者から多い相談事項の1つとして，未公開株式の評価の問題を取り上げる。企業が連結財務諸表において指定国際会計基準を採用する場合には，スタートアップへの投資もしくはCVCファンドへの出資を公正価値で測定しなければならない。

欧州では，PE/VC協会が中心となり，PE/VCを運用するファンドが非上場有価証券等の公正価値評価を行う際の評価方法について取りまとめたInternational Private Equity and Venture Capital Valuation Guideline（以下「IPEVガイドライン」という）がある。

IPEVガイドラインは，ファンドマネジャーがファンドの運用状況を投資家に報告するにあたり，より適切な判断材料の提供を主な目的としており，PE/VCが運用するファンドにおけるIFRSでの未公開株式の評価実務において参照されている。ただし，当該IPEVガイドラインは，IFRSの一部を構成するものではない点には留意が必要である。

ここでは，参考までにIPEVガイドラインにおける評価方法を紹介したい。なお，**図表I－8**は，IPEVガイドラインに記載されている投資先のステージ・状況に応じた評価手法を一覧にしたものである。

図表Ⅰ－8　IPEVガイドラインにおける評価手法の概要

IPEVガイドラインにおける投資先区分と評価手法の関係性

凡例
○：適用推奨*
△：補完的，あるいは二次的に利用可能

		マーケット・アプローチ		インカム・アプローチ		コスト・アプローチ
		直近投資価格	マルチプル	投資先のDCF	投資のDCF	純資産
		•評価対象企業に対する投資が最近行われている場合に，その投資価格を評価基準とする。	•評価対象企業の利益等に対して適切な倍率を乗じて企業価値を算定する。	•評価対象企業（投資自体ではない）の将来CFの現在価値を計算することで企業価値を算定する。	•投資自体の将来CFに基づく。負債・メザニンといった非エクイティ投資，およびリアライゼーション目前の価格合意に適する。	•評価対象企業の純資産価値をもとに企業価値を算定する。
事業が順調に進捗	シード・アーリーステージ企業	○	○	−	△	−
	R&D型スタートアップ	○	○	−	△	−
	ビジネスモデル確立企業	△	○	△	△	−
	Exit予定企業	−	−	△	○	−
事業進捗に疑義あり	継続性に疑義がある企業／リビングデッド	−	−	−	○	○
	清算中または清算予定の企業	−	−	−	○	○

（出典）　IPEVガイドラインなどに基づきKPMG作成

［1］　事業が順調に進捗している投資先

Exit予定企業を除き，基本的な投資先の評価手法としては，マルチプルによる評価方法が望ましい。しかし，シード・アーリーステージの企業では，まだ十分にビジネスモデルが確立されていなかったり，R&D型スタートアップ企業では売上や利益がほとんど計上されていなかったりするため，マルチプルによる評価に適さないケースも存在する。そのような場合には，直近の投資価格に基づく評価を参照する。また，Exit予定の企業に関しては，公開予定価格など投資回収可能額をもとにした評価が妥当である。なお，DCF法による評価については客観性に乏しいことから，クロスチェックに用いるなど参考情報として考慮するに留める点には注意が必要である。

［2］　事業の進捗に疑義のある投資先

一方，事業の進捗に疑義が生じており，いわゆるリビングデッドの投資先，更に経営が悪化し，経営破綻や清算予定等の状況に陥っている投資先については，純資産に基づく評価，あるいは清算金額や売却可能価額に基づく回収見込み額による評価が妥当と考えられる。

このIPEVガイドラインは，評価技法についての説明のみでなく，バックテスト[注1]やキャリブレーション[注2]といった投資先の評価実務におけるその他の有用なガイダンスなども紹介しており，未公開株式の公正価値評価を検討するうえでは非常に有益である。

【注1】 バックテストとは，実際に投資先のM&A，IPOなどが実現した際に，売却価格やIPOによる時価と直近に算定した公正価値の見積りとを比較するプロセスである。測定日から投資回収日までの個社情報，マーケット状況等の変化を分析し，より厳密な公正価値の算定ができるように改善することを目的とする。

【注2】 キャリブレーションとは，投資先への初期投資価格が適正な公正価値であると考えられる場合，特定の評価方法に初期投資時点のインプット・データを用いて初期投資の公正価値が算定されることを検証したうえで，将来の各測定日においても，当該評価方法に直近のインプット・データを適用することにより公正価値を適切に算定するプロセスである。

巻末参考Ⅱ

CVC をめぐる税務規定

Ⅱ-1　受取配当金の益金不算入

投資企業がベンチャー企業から配当金を受領した場合には，その受取配当金は会計上は収益となるが，法人税の計算では，その配当金のもととなる株式の保有割合に応じて，その配当金の全部または一定の割合により計算した金額が益金不算入となる（法法23）。

この規定は，配当金を支払う法人に対して法人税を課税し，配当金を受け取った法人に対して再び課税するといった二重課税を排除する趣旨から設けられている。

一方で，ベンチャー投資のシード・アーリーステージは，まず少額の投資を実施し，その後追加的に株式を取得していくケースもあることから，当初は株式の保有割合が少ない少額投資の場合も考えられる。その場合には**図表Ⅱ－1**に示すとおり，配当金全額が益金不算入とならずに所得が生じることとなる。投資回収手段として，配当を期待している場合には，ベンチャー投資の保有割合をどのように決定するかも重要な要素の1つと考えられる。

図表Ⅱ－1　株式の保有割合の区分に応じた受取配当金の益金不算入のイメージ

株式用保有割合（株式等の区分）	受取配当等の額	
100%（完全子法人株式等）	100%益金不算入	
1/3超 100%（関連法人株式等）	100%益金不算入	負債利子控除
5% 1/3以下（その他の株式等）	50%益金不算入	
5%以下（非支配目的株式等）	20%益金不算入	

（出典）　各種資料を参考にKPMGが作成

Ⅱ-2　有価証券の評価損益の税務上の取扱い

有価証券のうち，上場株式等で税務上の売買目的有価証券に区分されるものは，その事業年度末の時価が株式の期末評価額になり，その評価損益は法人税の計算において，益金または損金の額に算入される。

一方で，ベンチャー投資の対象となるのは，主として非上場株式である。非上場株式は税務上の売買目的外有価証券に区分され，取得金額が期末評価額となるため，会計上計上した評価損益は法人税の計算上において，益金または損金の額に算入されない（法法61の3，法令119の12）。

[1]　有価証券の減損損失に係る税務上の要件

シード・アーリーステージのベンチャー企業に対する投資では収益性が乏しいなどの理由から損失が先行し，投資企業が保有するベンチャー企業の株式は，会計上減損処理の対象となるケースも考えられる。会計上株式を減損処理した場合でも，税務上は一定の要件を満たさない限り損金にはならない。この一定の要件については，次節以降で解説する。

特にシード・アーリーステージのベンチャー企業にマイノリティー投資をする場合においては，投資先のベンチャー企業の財務諸表など，税務上の要件を満たすか否かを判断することができる書類が提出されない場合がある。この場合，発行法人の純資産価額を証明することができず，損金として認められない可能性がある。そのため，投資の担当者に対して事前に減損損失が税務上損金として認められるための要件を認識してもらい，投資先のベンチャー企業に財務状況等の書類を適宜依頼する等の対応が必要となる。

[2]　上場有価証券の減損損失に係る税務上の要件

投資対象であるベンチャー企業が上場した場合など，投資企業が保有する上場有価証券の時価が著しく低下し，帳簿価額を下回ることになった場合に認識した減損損失は，帳簿価額とその価額（時価）との差額を限度として減損損失の損金算入が認められる（法法33②，法令68①二イ）。

この場合，「価額の著しい低下」とは，①対象となる有価証券の事業年度終了の時における価額（時価）がその時の帳簿価額の概ね50%相当額を下回ることとなり，かつ，②近い将来，その価額の回復が見込まれない状況【注】をいう（法基通9－1－7）。

【注】「近い将来，その価額の回復が見込まれないこと」の判断については，国税庁が「上場有価証券の評価損に関するQ&A（平成21年4月3日）」の中で，いくつかの事例が示されている。

① 法人の側から，過去の市場価格の推移や市場環境の動向，発行法人の業況等を総合的に勘案した合理的な判断基準が示される限りにおいては，税務上その基準は尊重される。
② 専門性を有する第三者である証券アナリストなどによる個別銘柄別・業種別分析や業界動向に係る見通し，株式発行法人に関する企業情報などを用いて，当該株価が近い将来回復しないことについての根拠が示されるのであれば，これらに基づく判断は合理的な判断であると認められる。
③ 法人が策定した株価の回復可能性の判断基準について，監査法人からその合理性についてチェックを受け，継続的に使用するのであれば，その基準に基づく判断は合理的な判断であると認められる。

［3］ 非上場有価証券の減損損失に係る税務上の要件

投資企業が保有する非上場有価証券の発行体であるベンチャー企業の純資産価額が著しく低下し，帳簿価額を下回ったために帳簿価額を減額したときは，帳簿価額とその純資産価額との差額を限度として減損損失の損金算入が認められる（法法33②，法令68①二ロ）。

規定上は，「発行法人の資産状態の著しい悪化」とされているが，これは次に掲げる事実が生じたことをいう。

①　有価証券を取得して相当の期間を経過した後にベンチャー企業について次に掲げる事実が生じたこと。

イ　特別清算開始の命令があったこと

ロ　破産手続開始の決定があったこと

ハ　再生手続開始の決定があったこと

ニ　更生手続開始の決定があったこと

②　事業年度終了の日におけるベンチャー企業の１株当たりの純資産価額が株式を取得した時のベンチャー企業の１株当たりの純資産価額に比較して，概ね50％以上下回ることとなったこと。

また，「価額の著しい低下」とは，有価証券の事業年度終了の時における価額がその時の帳簿価額の概ね50％相当額を下回ることとなり，かつ，近い将来，その価額の回復が見込まれないことをいう。「近い将来，その価額の回復が見込まれない状況」については，前節で解説している上場有価証券の場合と同様である（法基通９－１－11）。

図表Ⅱ－２　有価証券の時価評価と減損損失に係る税務上の要件のまとめ

	保有目的	期末評価	減損
上場有価証券	売買目的	時価	なし（時価評価）
	売買目的外	原価	あり
非上場有価証券	売買目的外	原価	あり

	価額の著しい低下	回復の見込み
上場有価証券	帳簿価額の50％相当額を下回る	近い将来，回復の見込みがない
非上場有価証券	取得した時と比較して１株当たりの純資産価額が50％以上下回る	帳簿価額の50％相当額を下回る 近い将来，回復の見込みがない
	会社更生，民事再生開始の決定	該当なし

（出典）　各種資料を参考にKPMGが作成

なお，投資企業が株式を保有しているベンチャー企業の増資を引き受け，新株を取得した場合には，仮にベンチャー企業が増資直前で債務超過の状態にあり，かつ，その増資後においてなお債務超過の状態が解消していないとしても，その増資後におけるベンチャー企業の株式については，上場有価証券等以外の有価証券に係る評価損が損金として認められる事実には該当しないものとされている。ただし，増資から相当の期間経過後に改めて債務超過等の事実が生じた場合には，有価証券評価損が損金として認められる（法基通9-1-12)。

Ⅱ-3 Exit時の課税関係（キャピタルゲイン／ロス）

Exit時は，その保有する有価証券の帳簿価額と譲渡価額との差額が譲渡益または譲渡損として認識される。投資企業は発生した譲渡益または譲渡損を事業より生じた所得や他の投資の損益と合算し，最終的な法人税等の税金を計算することとなる。したがって，譲渡時における自社の損益や繰越欠損金の状況によっては，譲渡に伴う納税額が大きく異なるため，投資のExit戦略を検討するうえでは自社の税務ポジションを理解しておくことが有効な税務戦略の1つと考えられる。

［1］ 有価証券の譲渡損益の算定方法および計上時期

投資企業がベンチャー企業の株式を譲渡した場合には，原則として約定日（取引日）に譲渡損益を認識し，利益が生じている場合には譲渡対価から譲渡原価を控除した金額を益金の額に，損失が生じている場合には譲渡原価の額から譲渡対価の額を控除した金額を損金の額に算入する。

この場合に譲渡原価となる1単位当たりの帳簿価額は，有価証券の区分ごとに，かつ，その同じ銘柄ごとに，移動平均法または総平均法により算出する（法法61の2，法令119の2）。

移動平均法

有価証券を銘柄ごとに区別し，その銘柄を同じくする有価証券を取得するたびに，次の算式により１単位当たりの帳簿価額を算出する方法

$$１単位当たりの帳簿価額 = \frac{取得直前の帳簿価額＋取得した有価証券の取得価額}{取得直前の有価証券の数＋取得した有価証券の数}$$

総平均法

移動平均法と同様に区分し，次の算式により１単位当たりの帳簿価額を算出する方法

$$１単位当たりの帳簿価額 = \frac{期首の有価証券の帳簿価額＋期中に取得した有価証券の取得価額}{期首の有価証券の数＋期中に取得した有価証券の数}$$

Ⅱ-4　ファンドに係る課税上の取扱いの概要

一般的にファンドとして利用される組織体（ビークル）としてはLPS，NKおよびLLPなどがあるが，それぞれの組織体においては課税関係は生じず（課税上，パススルーとして取り扱われ），投資企業に直接課税関係が生じるという取扱いは基本的に変わらない。ここでは，ファンドとして最も一般的に用いられるLPSの課税上の取扱いについて解説を行う。

［１］ LPSに係る税務上の取扱いの概要

投資事業有限責任組合は，その組合の業務を執行する無限責任組合員（GP）と，出資の金額を限度として組合の債務を弁済する責任を負う有限責任組合員（LP）から構成され，組合員相互の信頼関係に基づいて共有財産を運用しながら共同事業を行う組合であり，法人税においては，法人とみなされる人格のな

い社団等ではないことから，投資事業有限責任組合自体は納税義務の主体にはならない。

そのため，投資事業有限責任組合において行われる事業から発生する利益または損失に対しては，組合の段階では課税されず，各組合員の所得と合算した上で課税される（法基通14-１-１）。

また，組合員である投資企業またはCVC子会社（以下「投資企業等」という）は，LPSの損益を出資割合等の一定の計算に応じて自社の損益と合算し，法人税の計算を行うこととなる。

［２］ LPSの損益の計上時期

投資企業等が組合員となっている組合事業に係る利益等のうち，投資企業等の所得の金額として計上される，利益の分配を受けるべき金額または損失の負担をすべき金額は，原則として組合員である投資企業等の各事業年度に対応する組合事業に係る個々の損益を計算したうえで課税所得の計算に反映させる。

なお，組合事業から発生する利益等は，各組合員に直接帰属するものであり，各組合員が組合から実際に分配を受けているかどうかは問わない。

ただし，実務上の納税事務負担に配慮し，次に掲げる①および②のいずれにも該当する場合には，組合事業の計算期間をもとに利益の分配を受けるべき金額または損失の負担をすべき金額を計算し，その組合の計算期間の終了の日を含む投資企業等の事業年度の益金または損金の額に算入することができる。

① 組合事業に係る損益を毎年１回以上一定の時期において計算すること

② 法人への個々の損益の帰属がその損益発生後１年以内であること

（法基通14-１-１の２）

［３］ LPSから分配を受ける利益等の計算方法

投資企業等が利益の分配を受けるべき金額または損失の負担をすべき金額を各事業年度の益金または損金の額に算入する場合，次の⑴総額方式による計算を原則とするが，組合において多額の減価償却費を前倒しで計上した場合など，課税上の弊害がない限り，継続適用を要件として，次の(2)中間方式または(3)純額方式による計算も認められる。

(1) 総額方式：組合事業の収入金額，支出金額，資産，負債等をその分配割合に応じて各組合員の金額として計算する方法。この(1)総額方式および(2)中間方式による場合，組合員に分配されるものとして計算される収入金額・支出金額・資産・負債等の額は，課税上の弊害がない限り，組合員における固有の収入等の金額に含めないで計算することができる。また，減価償却資産の償却方法および棚卸資産の評価方法は，組合事業を組合員の事業所とは別の事業所として選択することができる。

(2) 中間方式：組合事業の収入金額，その収入金額に係る原価および費用ならびに損失の額をその分配割合に応じて各組合員の金額として計算する方法。この方法による場合，各組合員は組合事業の取引等について「受取配当等の益金不算入」，「所得税額の控除」等の規定の適用はあるが，「引当金の繰入れ」，「準備金の積立て」等の規定が適用されない。

(3) 純額方式：組合事業について計算される利益または損失の額をその分配割合に応じて各組合員に分配または負担させる方法。この方法による場合，各組合員は組合事業の取引等について，「受取配当等の益金不算入」，「所得税額の控除」，「引当金の繰入れ」，「準備金の積立て」等の規定が適用されない。また，組合事業の支出金額のうち，寄附金または交際費の額があるときは，組合事業を資本または出資を有しない法人とみなして，一括して寄附金または交際費等の損金不算入額を計算し，その損金不算入額を加算したところにより各組合員に分配すべき純損益の額を計算する（法基通14-1-2)。

このように，(3)の純額方式は簡便的な方法ではあるが，受取配当金の益金不算入制度が適用できないなどの税制上のデメリットもあることから，実務的な経理処理の対応を考慮し，(1)の総額方式や(2)の中間方式による経理処理の適用可能性を検討することとなる。

なお，消費税については，(2)の中間方式や(3)の純額方式は認められていない

図表Ⅱ－3　組合損益の税務上の取込方法

	内容	備考
総額方式	貸借対照表・損益計算書とも各項目の持分相当額を計上する方法	✓組合員に係るものとして計算される収入金額・支出金額・資産・負債等の額は，課税上の弊害がない限り，組合員における固有のこれらの金額に含めないで別個に計算することができる ✓減価償却資産の償却方法および棚卸資産の評価方法は，組合事業を組合員の事業所とは別個の事業所として選択することができる
中間方式	貸借対照表は純額で計上し損益計算書は損益項目の持分相当額を計上する方法	✓組合員に係るものとして計算される収入金額・支出金額・資産・負債等の額は，課税上の弊害がない限り，組合員における固有のこれらの金額に含めないで別個に計算することができる ✓減価償却資産の償却方法および棚卸資産の評価方法は，組合事業を組合員の事業所とは別個の事業所として選択することができる ✓各組合員は当該組合事業の取引等について，受取配当等の益金不算入，所得税額の控除等の適用はあるが，引当金の繰入，準備金の積立て等の規定の適用はない
純額方式	貸借対照表・損益計算書とも持分相当額を純額で計上する方法	✓各組合員は当該組合事業の取引等について，受取配当等の益金不算入，所得税額の控除，引当金の繰入，準備金の積立て等の規定の適用はない

（出典）　各種資料を参考にKPMGが作成

ため，会計上純額方式で経理処理を行った場合には，総額方式でのLPSの売上（仮受消費税）や非課税売上となる株式の譲渡対価および費用（仮払消費税）を調整し，消費税額を計算する必要がある。

執筆者紹介

岩崎拓弥（第１章）
株式会社 KPMG FAS　執行役員パートナー／米国公認会計士
事業企画所属。米国 KPMG（ロサンゼルス）を経て，2006年 KPMG FAS 入社。

岡本　准（第２章）
株式会社 KPMG FAS　執行役員パートナー
グローバルストラテジーグループ所属。シンクタンク，総合系コンサルティングファーム M&A 部門，外資系企業再生ファームを経て2010年 KPMG FAS 入社。

上山　啓（第３章）
株式会社 KPMG FAS　執行役員パートナー
インテグレーション＆セパレーション部門所属。大手電機メーカー，戦略系コンサルティングファーム，大手 M&A アドバイザリーファームを経て2014年 KPMG FAS 入社。

篠原　暁（第３章）
株式会社 KPMG FAS　執行役員パートナー
ディールアドバイザリー所属。日系大手投資銀行を経て2010年 KPMG FAS 入社。

中西弘士（第３章，巻末参考Ⅰ）
有限責任 あずさ監査法人　シニアマネージャー／公認会計士
テクノロジーイノベーション支援部所属。総合電機メーカー，日系大手証券会社，外資系生命保険会社を経て2014年あずさ監査法人入社。

渡邉直人（第３章，巻末参考Ⅱ）
KPMG 税理士法人　パートナー／税理士
ファイナンス＆テクノロジー所属。1999年入社し，2011年に大手 IT 企業へ転籍，2014年に KPMG 税理士法人に復帰。

平松直樹（第３章，巻末参考Ⅱ）
KPMG 税理士法人　ディレクター／税理士
ファイナンス＆テクノロジー所属。2002年入社し，2010年からシンガポール，マレーシアにて勤務，2016年に KPMG 税理士法人に復帰。

白谷智成（第４章）
株式会社 KPMG FAS　シニアアソシエイト
グローバルストラテジーグループ所属。外資系戦略コンサルティングファームを経て2015年 KPMG FAS 入社。

上中　直（第４章，第５章）
株式会社 KPMG FAS　マネージャー
グローバルストラテジーグループ所属。外資系コンサルティングファームの通信・ハイテクセクターを経て2014年 KPMG FAS 入社。

編者紹介

KPMG

KPMGは，監査，税務，アドバイザリーサービスを提供するプロフェッショナルファームのグローバルネットワークです。世界154の国と地域のメンバーファームに約200,000名の人員を擁し，サービスを提供しています。

KPMGジャパンは，KPMGの日本におけるメンバーファームの総称であり，監査，税務，アドバイザリーの3分野にわたる7つのプロフェッショナルファームに約8,100名の人員を擁しています。

監査：有限責任あずさ監査法人
税務：KPMG税理士法人，KPMG社会保険労務士法人
アドバイザリー：株式会社KPMG FAS
KPMGコンサルティング株式会社
KPMGあずさサステナビリティ株式会社
KPMGヘルスケアジャパン株式会社

実践 CVC ―戦略策定から設立・投資評価まで―

2018年10月20日　第1版第1刷発行
2025年3月1日　第1版第16刷発行

編　者　KPMG　FAS
発行者　山　本　　継
発行所　㈱中央経済社
発売元　㈱中央経済グループパブリッシング

〒101-0051　東京都千代田区神田神保町1-35
電話　03（3293）3371（編集代表）
03（3293）3381（営業代表）
https://www.chuokeizai.co.jp
製版／東光整版印刷㈱
印刷・製本／昭和情報プロセス㈱

＊頁の「欠落」や「順序違い」などがありましたらお取り替えいたしますので発売元までご送付ください。（送料小社負担）

ISBN978-4-502-28141-9 C3034